As 100 Seleções mais malucas do futebol

As 100 Seleções mais malucas do futebol

JOGADORES COM NOMES DE BICHOS, PLANTAS, COMIDAS, ROQUEIROS, MEIOS DE TRANSPORTE, PERSONAGENS DO CINEMA E OUTRAS ABOBRINHAS

Ideia original de
Juan Tigre Peyrú

Adaptação brasileira de
Paulo Unzelte

PANDA BOOKS

Texto © Juan Tigre Peyrú
Adaptação © Paulo Unzelte

Diretor editorial
Marcelo Duarte

Diretora comercial
Patty Pachas

Diretora de projetos especiais
Tatiana Fulas

Coordenadora editorial
Vanessa Sayuri Sawada

Assistentes editoriais
Mayara dos Santos Freitas
Roberta Stori

Assistente de arte
Mislaine Barbosa

Diagramação
Flavio Peralta

Capa
Laboratório Secreto

Tradução
Gustavo Gonk
Mayara Fortin

Preparação
Maria Sylvia Correa

Revisão
Gustavo Longhi de Carvalho
Juliana de Araujo Rodrigues
Sérgio Miranda Paz

Impressão
Bartira

CIP-BRASIL. CATALOGAÇÃO NA PUBLICAÇÃO
SINDICATO NACIONAL DOS EDITORES DE LIVROS, RJ

Peyrú, Juan Tigre
As 100 seleções mais malucas do futebol / Juan Tigre Peyrú ; adaptação Paulo Unzelte. – 1. ed. – São Paulo: Panda Books, 2016. 240 pp.

ISBN 978-85-7888-497-0

1. Futebol – Ficção. 2. Ficção argentina. I. Unzelte, Paulo. II. Título.

15-21107 CDD: 868.99323
CDU: 821.134.2(82)-3

2016

Um selo da Editora Original Ltda.
Rua Henrique Schaumann, 286, cj. 41
05413-010 – São Paulo – SP
Tel./Fax: (11) 3088-8444
edoriginal@pandabooks.com.br
www.pandabooks.com.br
Visite nosso Facebook, Instagram e Twitter.

APRESENTAÇÃO

A ideia básica deste livro foi juntar muitos jogadores de futebol da história, famosos ou não, agrupando-os e classificando-os segundo o significado de seus nome ou apelidos.

Como na edição original, em espanhol, alguns trocadilhos com os nomes dos jogadores não faziam muito sentido em português, esta versão contou com a pesquisa e adaptação do jornalista Paulo Unzelte. Todos os jogadores presentes nesta edição são reais, assim como seus dados, e estão dispostos em suas posições originais. Disputaram campeonatos estaduais, nacionais, Libertadores, Champions League – vários deles até Copas do Mundo.

Abaixo de cada jogador está um de seus times e o período em que ele atuou. Trata-se apenas de uma referência para ajudar na identificação.

Outra ideia deste livro, criado pelo argentino Juan Tigre Peyrú, é que você também dê asas para seu espírito criativo e invente outros times. Ou até mesmo que, durante a leitura, você se lembre de outros jogadores que poderiam se encaixar nessas cem equipes bizarras.

PREFÁCIO

Este livro nasceu como um jogo.

Eu e meu irmão de vida, Juan Ernesto Gullo, nos juntávamos quando podíamos para passar noites inteiras e delirantes escutando discos. Juancho era especialista nos anos 1980. Eu, nos 1960, e entre nós dois, tirávamos o melhor dos anos 1970 por aproximação.

A ideia era fazer o outro escutar os melhores discos da época que cada um dominava. Acredito que abri seus olhos ao lhe apresentar Almendra, Los Gatos, Os Mutantes, Pink Floyd com Barrett, El Kinto, The Zombies, os Kinks e tantos outros. Ele me aproximou do Television, New Order, Joy Divison, New York Dolls, Madness e muitos outros. Podíamos passar a noite toda aproveitando essas obras de mestres. Às vezes, para terminar a noite, colocávamos algum disco de vinil especial. Me lembro de escutar a versão original de "Revolver" dos Beatles e descobrir concertos novos, porém velhos, coisas que eles tinham eliminado das misturas originais quando fizeram as reedições em CD, como um violão ao contrário em *I'm only sleeping* que aparece antes do solo do George.

Em uma dessas noites viciantes, ele, torcedor do Independiente, e eu, fanático do Racing, decidimos que cada um montaria uma equipe com os jogadores mais bizarros que tivéssemos visto jogar com a camisa dos nossos times do coração. Ainda que tivéssemos uma lógica (porém amável) rivalidade, nos matávamos de rir juntos ao falar nomes como La Fata, Kohary, Gambirassi, Seleno ou Zaccanti no meu caso, ou Ubaldi, Boldorini, Hicks, Pekarnik ou Arzeno, no caso dele.

Para nós, pareciam engraçadas as circunstâncias que envolviam esses jogadores, que na maioria dos casos eram protagonistas de times paupérrimos e de momentos do nosso futebol em que se jogava muito mal e havia muitos pernas de pau. Foi assim que fiquei entretido com a ideia de formar equipes; devo ter montado uns dez times com os nomes que me vieram à cabeça rapidamente, mas usando o sentido dos sobrenomes, literalmente. Aí aconteceu tudo.

Uma noite, em uma reunião em casa, outro amigo que conhecia minha mais vergonhosa e oculta obsessão me disse: "Tiger... me traz os times bizarros que você monta". Eu fiquei vermelho igual a um tomate, de tanta vergonha. Não podia acreditar que ele tinha me exposto assim, em público, dessa forma. "Vão pensar que sou um retardado", pensei.

O pior é que já não tinha mais como negar. O interesse dos outros convidados havia sido despertado. Não tinha como voltar atrás. Então eu me dei valor e disse: "Já era". E mostrei as dez ou 15 equipes que tinha. A reação de todos me deixou boquiaberto. Começaram a soar gargalhadas por todos os lados, e as folhas circulavam entre as pessoas. Inclusive meninas que não sabiam nem tinham nenhum interesse em futebol faziam comentários. Foi aí que me dei conta de que era algo divertido, que despertava curiosidade e risadas. Nessa noite, todos me incentivaram a fazer algo sério com isso. Que não deixasse em *stand by*.

Então, de pouquinho em pouquinho, quando eu podia, ia somando nomes e seleções. Comecei com um livro maravilhoso que um tio, Alfredo Vercelli, que trabalhava na Editora Atlántida, me deu de presente aos dez anos. Na capa dura e vermelha do enorme livro estava gravado em letras douradas do lado direito: Juan "Tigre" Peyrú, nome que minha avó tinha escolhido, mas que o Cartório Civil militar em 1978 não permitiu, além do título: *Copa Libertadores da América: 30 anos*. Era a história da Copa, dos anos 1960 aos 1990, ano a ano, jogo a jogo, todas as informações, todos os jogadores. Esse foi meu principal alimento e meu motor nesse paciente divagar.

Aos poucos foram se somando... a história das Copas, o futebol nacional, a segunda divisão, Itália, Espanha... Assim até chegar a cada esquina escondida onde se jogava bola. Sempre dentro da marca do profissionalismo, é claro. Considerando também o profissionalismo dos primeiros anos do nosso querido futebol, que apesar de amador, era jogado com mais seriedade que agora. Também das ligas do interior, das províncias, caras que se matam treinando, a todo vapor, para algum dia, talvez, chegar a algum time grande. Muitos conseguiram: Kempes, Corbatta, Batistuta, Abbondanzieri e tantos outros. Muitos conseguirão. Este livro é em homenagem a todos eles. Espero que o encarem com humor e que ninguém se ofenda... (é para vocês!). Está feito com humor e amor, em agradecimento a todos os jogadores que nos deram tantas alegrias, ou frustrações, ou momentos inesquecíveis, não importa... Nos fizeram vibrar ao ritmo de nossa paixão, que é a bola, que não se quebra nem entorta, sempre traz nova música, mas as cores não mudam.

Os jogadores são feitos para o futebol. E este livro também.

Obrigado outra vez, garotos.

Tigre

SUMÁRIO

GRUPO DE CORPO & ALMA

GRUPO MÚSICA

GRUPO ARTES

GRUPO VALE-TUDO

GRUPOS

ANIMAIS

NATUREZA

GASTRONOMIA

MERCADO

FÉ

FAMÍLIA

GEOGRAFIA

ESPORTES

CORPO & ALMA

MÚSICA

ARTES

VALE-TUDO

GRUPO
ANIMAIS

SELEÇÕES

BICHOS
CACHORROS
FELINOS
AVES E PÁSSAROS
CONTROLE DE PRAGAS
FAZENDA

SELEÇÃO BICHOS

1 – Aranha (Mário Lúcio Duarte Costa)
Palmeiras – 2015
Iniciou na Ponte Preta, passou pelo Atlético (MG) e chegou ao Santos em 2011, clube em que permaneceu até 2014 e conquistou vários títulos relevantes, com destaque para a Copa Libertadores da América de 2011. Ganhou o apelido ainda jovem, em homenagem ao goleiro soviético Lev Yashin. Foi vítima de racismo ao ser xingado de "macaco" durante a partida Grêmio X Santos, válida pela Copa do Brasil de 2014. Em 2015 esteve no Palmeiras.

2 – Coelho (Dyego Rocha Coelho)
Corinthians – 2003
Lateral-direito revelado pelo Corinthians, considerado um dos principais jogadores na conquista do Brasileirão de 2005. Jogou ainda no Atlético (MG), Bologna (ITA), Bahia e futebol turco.

3 – Eli Sabiá (Eli Sabiá Filho)
Santos – 2009
Zagueiro de força física revelado pelo Paulista de Jundiaí, passou pelo Santos em 2009. Também jogou na Suíça, Atlético (PR), São Caetano, Criciúma e Botafogo (RP).

4 – Reginaldo Cachorrão (Reginaldo Henrique Sossai)
Atlético (PR) – 1992
Compensava a técnica limitada com raça, firmeza e persistência. Começou nas categorias de base do Coritiba e após passagem pelo Paranavaí chegou ao Atlético (PR), clube em que viveu os melhores momentos da carreira, em 1992. Permaneceu no Furacão por quase oito anos e conquistou a Série B do Brasileirão de 1995 e a seletiva da Libertadores em 1999. Jogou ainda no Guarani, São Paulo, futebol chinês e no Bahia.

6 – Marcelo Cordeiro (Marcelo Cordeiro de Souza)
Internacional (RS) – 2009
Lateral-esquerdo que rodou por diversas equipes de menor expressão até 2008, quando foi contratado pelo Vitória. Acumula passagens pelo Internacional (RS), Botafogo, Portuguesa e Sport.

5 – Carlos Alberto Pintinho (Carlos Alberto Costa Dias)
Fluminense – 1973
Volante de grande qualidade técnica e visão de jogo. Começou a carreira no Fluminense. Fez parte do histórico time tricolor que ficou conhecido como "A Máquina". Disputou os Jogos Olímpicos de 1972, em Munique (ALE), pela Seleção Brasileira. Jogou também no Vasco, Sevilla (ESP), Cádiz (ESP), e Farense (POR).

8 – Júnior Urso (Ocimar de Almeida Júnior)
Coritiba – 2012
Volante canhoto de marcação que começou no Santo André. Após boas passagens pelo Ituano, Avaí e Paraná Clube, foi contratado pelo Coritiba, clube onde se projetou e foi campeão paranaense em 2012 e 2013. Passou pelo Shandong Luneng, da China, e em 2016 jogou pelo Atlético Mimeiro (MG).

10 – Pet (Dejan Petkovic)
Flamengo – 2000
Meia sérvio que teve a primeira experiência no futebol brasileiro atuando pelo Vitória, de 1997 a 1999, após ter atuado pelo Estrela Vermelha (SER) e pelo Real Madrid (ESP), entre outros clubes europeus. Após fazer sucesso no time baiano, Pet passou rapidamente pelo Venezia (ITA) e retornou ao Brasil, desta vez para o Flamengo, em 2000. Em 2002, transferiu-se para o arquirrival Vasco, clube para o qual retornou em 2004, após jogar na China. Iniciou uma fase de declínio na carreira em 2005, quando foi jogar na Arábia e depois passou sem destaque pelo Goiás, Santos e Atlético (MG). Em 2009, retornou para o Flamengo com pouca expectativa, porém, contrariando as previsões, foi um dos maiores responsáveis pelo título do Brasileirão de 2009. Encerrou a carreira em 2011 pelo próprio Mengão.

7 – Edmundo Animal (Edmundo Alves de Souza Neto)
Vasco da Gama – 1992
Revelado no Vasco em 1992, teve passagem brilhante pelo Palmeiras. Foi no Verdão que recebeu o apelido de Animal do locutor Osmar Santos. Em seguida teve passagens apagadas pelo Flamengo e Corinthians e reencontrou o bom futebol no Vasco, em 1997. Jogou ainda na Fiorentina (ITA), Santos, Cruzeiro, futebol japonês e Fluminense. Renasceu no Nova Iguaçu e no Figueirense e retornou pela última vez para o Palmeiras e Vasco. Disputou a Copa do Mundo de 1998 e seria o substituto de Ronaldo na finalíssima contra a França.

9 – Yuri Mamute (Yuri Souza Almeida)
Grêmio – 2011
Atacante com físico privilegiado, que chegou a ser comparado a Adriano "Imperador". Despontou nas categorias de base da Seleção Brasileira, tendo poucas oportunidades pelo seu clube, o Grêmio. Para ganhar experiência, foi emprestado para o Botafogo, em 2014, fazendo parte do elenco rebaixado no Brasileirão do mesmo ano. Após voltar para o Grêmio, foi emprestado para o Panathinaikos, da Grécia.

11 – Mário Lobo Zagallo (Mário Jorge Lobo Zagallo)
Flamengo – 1951
O velho Lobo Zagallo é considerado um mito do futebol brasileiro. Atuava como ponta-esquerda, mas graças ao seu senso tático, ficou marcado por revolucionar o modo de jogar nessa posição, já que auxiliava o lateral na marcação e também reforçava o meio de campo. Jogou pelo América (RJ), Flamengo e Botafogo. Também foi titular da Seleção Brasileira nas conquistas do bicampeonato Mundial de 1958 e 1962. Iniciou a carreira de treinador em 1966, no Botafogo. Dirigiu a Seleção Brasileira na conquista do tricampeonato, em 1970, no México, e nas Copas da Alemanha, 1974, e da França, em 1998. Conquistou a Copa do Mundo de 1994, nos Estados Unidos, como auxiliar técnico de Carlos Alberto Parreira. A dobradinha foi repetida sem o mesmo sucesso na Copa do Mundo de 2006.

SELEÇÃO CACHORROS

1 – Moacir Cachorrão (Moacir Genuário)
Portuguesa – 1977
Destacou-se na Portuguesa na década de 1970. Ao sair da Lusa, perambulou pelo Brasil e passou a jogar em equipes menores.

2 – Canini (Michelle Canini)
Cagliari (ITA) – 2009
Zagueiro italiano que jogou por sete anos no Cagliari (ITA). Também atuou pelo times Atalanta (ITA), clube onde começou, Genoa (ITA), Chievo Verona (ITA), e desde 2014 está no FC Tokyo (JAP).

3 – Lulu
Ypiranga (SP) – 1945
Defensor que atuou por um longo tempo pelo Ypiranga (SP), equipe extinta e que disputava a divisão principal do Campeonato Paulista, na década de 1940, formando a histórica linha de defesa: Barbosa, Lulu e Sapólio.

4 – Mauro Pastor (Mauro Rodrigues dos Santos)
Internacional (RS) – 1979
Zagueirão que conciliava força e qualidade técnica. Surgiu para o futebol nacional atuando pela Ferroviária de Araraquara. Em 1979, foi contratado pelo Internacional (RS), quando formou a zaga com seu xará Mauro Galvão e conquistou o Campeonato Brasileiro de 1979. Recebeu o apelido de Pastor por ser evangélico.

6 – Bidu (Márcio Guindani Soares)
Avaí – 2004
Defensor e volante, formado nas categorias de base do Friburguense. Seu melhor momento foi atuando pelo Avaí em 2004, quando o time catarinense quase conseguiu o acesso na Série B do Brasileirão.

5 – Perrotta (Simone Perrotta)
Roma (ITA) – 2004
Volante campeão da Copa do Mundo de 2006 pela Itália. Jogou pela Roma de 2004 a 2013, se caracterizando como um volante de forte marcação, versátil e de boa qualidade técnica. Também teve breve passagem pela Juventus (ITA). A principal curiosidade é que Perrotta nasceu na Inglaterra. E para torná-lo ainda mais internacional, vale lembrar que cachorro em espanhol é *perro*.

8 – Dino Sani (Dino Sani)
São Paulo – 1954
É considerado um dos maiores volantes da história do futebol brasileiro. Tornou-se ídolo no São Paulo e no Milan, sagrou-se campeão europeu na temporada 1962/63. Também jogou pelo Palmeiras, Boca Juniors (ARG) e Corinthians. Fez parte do grupo da Seleção Brasileira campeã mundial de 1958, tendo começado a competição como titular, mas sendo substituído por Zito devido a uma contusão. Tornou-se um dos mais importantes treinadores do Brasil após se aposentar como atleta, chegando a ser convidado para assumir a Seleção Brasileira às vésperas da Copa de 1970. Dino não teria aceitado o cargo por ser muito amigo de João Saldanha, o técnico demitido e que seria substituído.

10 – Bernardo (Bernardo Vieira de Souza)
Vasco da Gama – 2011
Meia-esquerda que surgiu no Cruzeiro. Já jogou pelo Goiás, Vasco da Gama, Santos e fez parte do grupo do Palmeiras no Brasileirão de 2014. É filho de Hélio Doido, ex-jogador do Fluminense e do Palmeiras. Após jogar pelo Ceará em 2015, foi transferido para o Ulsan Hyundai, da Coreia do Sul.

7 – Cláudio Pitbull (Cláudio Melojaro)
Grêmio – 1999
Atacante que começou a carreira no Grêmio, seu apelido está relacionado a sua força física e valentia para encarar os zagueiros adversários. Também jogou no Brasil pelo Juventude (RS), Santos, Fluminense e Bahia. Correu o mundo jogando em Portugal, na Arábia Saudita, Romênia e Turquia.

9 – Totó Schillaci (Salvatore Schillaci)
Juventus (ITA) – 1989
Atacante que brilhou na Copa do Mundo de 1990, quando saiu do banco de reservas e tornou-se artilheiro da competição com seis gols. Consagrou-se na Juventus (ITA), e passou pela Internazionale (ITA). Encerrou a carreira no futebol japonês, em 1998. Chegou a ser acusado de fazer parte da máfia após ameaçar um adversário, mas nada ficou comprovado. Tornou-se apresentador de programa esportivo e também participou de um *reality show* italiano.

11 – Lato (Grzegorz Lato)
Seleção Polonesa – 1974
Um dos melhores atacantes poloneses de todos os tempos. Veloz e técnico, Lato sagrou-se artilheiro da Copa do Mundo de 1974, com sete gols. Jogou também as Copas de 1978 e de 1982. Suas maiores conquistas foram a Medalha de Ouro na Olimpíada de 1972, em Munique (ALE), e a Medalha de Prata em 1976, em Montreal (CAN). Jogou futebol por 22 anos e, ao pendurar as chuteiras, entrou para a política e exerceu o cargo de senador na Polônia.

SELEÇÃO FELINOS

1 – Gatti (Hugo Gatti)
Boca Juniors (ARG) – 1976
Goleiro argentino irreverente que ganhou o apelido de El Loco. Usava uniformes espalhafatosos e foi um dos primeiros a deixar a área para dar combate aos atacantes adversários. Defendeu a Argentina na Copa do Mundo de 1966. Começou no Atlanta (ARG), em 1962. Jogou também no River Plate (ARG), Gimnasia y Esgrima La Plata (ARG) e Unión (ARG) mas foi no Boca Juniors (ARG) que brilhou. É o segundo jogador com mais partidas pelo clube, com 417 aparições, sendo duas jogando na linha, uma como meio-campista e outra como atacante. Foi o titular na conquista das duas primeiras Libertadores do Boca, em 1977 e 1978, e do primeiro Mundial de Clubes, em 1977. Abandonou os gramados aos 44 anos, em 1988.

2 – Léo Moura (Leonardo da Silva Moura)
Flamengo – 2005
Lateral-direito que surgiu no Botafogo. Após passagens frustradas pelo futebol belga e holandês, retornou para o Glorioso. Jogou ainda no Vasco, Palmeiras, São Paulo, Fluminense e no Sporting (POR), sem muito brilho. Chegou ao Flamengo em 2005, tornando-se ídolo da torcida após as conquistas das Copas do Brasil de 2006 e 2013 e do Brasileirão de 2009. Em 2015, transferiu-se para o Fort Lauderdale Strikers (EUA). Passou pelo F. C. Goa, da Índia, e pelo Metropolitano, antes de ser contratado pelo Santa Cruz.

3 – De León (Hugo Eduardo De León Rodríguez)
Grêmio – 1983
Zagueiro e líder nato, que aos 17 anos já exercia a função de capitão do Nacional (URU), equipe que o formou e pela qual conquistou a Libertadores e o Mundial Interclubes, em 1980. Transferiu-se para o Grêmio, em 1981, e conquistou o Brasileiro de 1981

e novamente a Libertadores e o Mundial Interclubes, em 1983. Em 1985, foi para o Corinthians, que estava montando uma verdadeira seleção. De León não repetiu as atuações dos tempos do Grêmio e foi repassado para o Santos. Fora do auge, jogou na Espanha, retornou para o Nacional (URU), por mais três vezes, passou pelo River Plate (ARG), Botafogo e pelo futebol japonês. Encerrou a carreira em 1993 e tornou-se treinador.

4 – Onça (Mário Filipe Pedreira)
Flamengo – 1968
É considerado um dos quartos-zagueiros mais identificados com a torcida do Flamengo. Sua principal característica era a força física e a marcação, mas com lealdade. Também jogou no Galícia (BA), Fluminense (BA), Sport, Bahia e Sergipe.

6 – Gato Preto (Arthur da Silva Cristino)
Rubro Social – 2013
Jovem zagueiro que busca espaço no futebol brasileiro. Ganhou a atenção dos torcedores mais pelo apelido do que pelo próprio futebol. Aliás, a origem desse apelido não tem nada a ver com superstição, mas com o fato de ele trabalhar com o pai, desde garoto, instalando antenas parabólicas e ter habilidade de felino para subir nos telhados.

5 – Gattuso (Genaro Gattuso)
Milan (ITA) – 2011
Campeão da Copa do Mundo de 2006, era um volante sem grandes qualidades técnicas, mas que compensava tal defeito com muita garra e vontade. O Milan (ITA) foi a principal equipe na sua carreira, sendo campeão da Champions League da Uefa em duas oportunidades (2002/03 e 2006/07) e do Mundial de Clubes da Fifa, em 2007. Começou a carreira de técnico no Sion (SUI), último clube onde atuou.

8 – Lopes Tigrão (Wellington Nogueira Lopes de Avellar)
Palmeiras – 2002
Meia que surgiu como grande revelação do futebol brasileiro, em 1999, jogando pelo Volta Redonda. Foi contratado pelo Palmeiras e atuou ainda pelo Flamengo, Fluminense, Santos, Cruzeiro, Atlético (MG), futebol japonês e muitos outros times menores, sem nunca deixar de ser uma promessa.

10 – Donizete Pantera (Osmar Donizete Cândido)
Botafogo – 1995
Atacante velocista e bom finalizador, teve passagens pelo Botafogo, onde foi campeão brasileiro de 1995, Corinthians e Vasco, onde foi campeão da Libertadores de 1998. Também jogou pelo Cruzeiro, Palmeiras, Benfica (POR), futebol japonês e futebol mexicano. Voltou a jogar em 2016, aos 47 anos, pelo Sport Linhares.

7 – Gatão (Vicente Naval Filho)
Corinthians – 1952
Centroavante revelado pelo XV de Piracicaba, que atuou com brilho pelo Corinthians. Vestiu ainda a camisa da Ponte Preta e voltou para o XV de Piracicaba para encerrar a carreira. Também foi treinador de equipes do interior.

9 – El Tigre (Arthur Friedenreich)
Paulistano – 1925
Foi um dos primeiros grandes jogadores de futebol do Brasil, atuando na era amadora. Atacante de grande capacidade técnica, inteligência e faro para gol, revolucionou o esporte com a introdução do drible curto, da finta de corpo e do chute com efeito.
Ganhou o apelido de El Tigre dos uruguaios após marcar o gol do título da Seleção no Campeonato Sul-Americano de 1919. Apesar de ter sido importante nos primeiros anos da Seleção Brasileira, nunca disputou um Mundial, sendo impedido pelo presidente da Liga Paulista de se apresentar para a Copa do Mundo de 1930, no Uruguai, já que o Brasil seria representado apenas por cariocas. Jogou em diversos clubes, marcando época no Paulistano e São Paulo da Floresta.

11 – Ademar Pantera (Ademar Miranda Júnior)
Palmeiras – 1964
Atacante com porte físico avantajado, por isso o seu apelido. Foi revelado na Prudentina. Contratado pelo Palmeiras, em 1964, viveu o seu melhor momento. Ainda jogou no Flamengo, Fluminense e Coritiba.

SELEÇÃO AVES E PÁSSAROS

1 – Pato Abbondanzieri (Roberto Carlos Abbondanzieri)
Boca Juniors (ARG) – 1996
Pato Abbondanzieri deixou o seu nome marcado na história do Boca Juniors (ARG). Com duas passagens pelo clube, esteve presente na conquista de 14 campeonatos, sendo três Taças Libertadores da América e dois Mundiais de Clubes. Foi o titular da Seleção Argentina na Copa do Mundo de 2006. Em 2010, chegou ao Internacional (RS) e foi campeão da Libertadores pela quarta vez.

2 – Pavão (Marcelo Pereira Moreira)
São Paulo – 1994
Lateral-direito revelado pelo São Paulo, despontou como uma grande promessa. Devido à sua instabilidade, acabou perdendo espaço no Tricolor e passou a perambular pelos clubes brasileiros e do exterior, jogando na Áustria e Espanha.

3 – Gallo (Alexandre Gallo)
Santos – 1992
Volante defensivo que começou no Botafogo (RP) e teve passagens destacadas pelo Vitória, Santos, Portuguesa e São Paulo. Jogou também no Guarani, Botafogo, Atlético (MG) e Corinthians, mas sem tanto brilho. Ainda atleta, exercia a função de comandante da equipe, sendo o braço direito dos seus treinadores. Isso o credenciou a dedicar-se à carreira de técnico após pendurar as chuteiras. Exerceu o cargo de coordenador técnico e treinador das categorias de base da Seleção Brasileira. Foi demitido às vésperas do Mundial Sub-20, disputado na Nova Zelândia.

4 – Gavião (Carlos Alberto Rodrigues Gavião)
Grêmio – 1998
Defensor e volante que surgiu no Grêmio. Jogou também no Jubilo Iwata (JAP) e passou sem brilho pelo Santos. Em 2011, encerrou a carreira no Pelotas (RS).

6 – Édson Cegonha (Édson de Sousa Barbosa)
São Paulo – 1970
Lateral-esquerdo e volante com excelente qualidade técnica, que se destacou no Corinthians, São Paulo e Palmeiras nas décadas de 1960 e 1970. Foi casado com a sambista Beth Carvalho.

5 – Falcão (Paulo Roberto Falcão)
Internacional (RS) – 1973
Era um meio-campista de futebol clássico. Revelado pelo Internacional (RS), foi essencial na conquista dos campeonatos brasileiros de 1975/76 e 1979. Em 1980, foi jogar na Roma (ITA), onde ganhou o apelido de Rei de Roma, e ajudou o time a vencer o título nacional após quarenta anos, na temporada de 1982/83. Encerrou a sua carreira em 1986, atuando pelo São Paulo. Foi titular na Copa do Mundo de 1982 e reserva em 1986. Tornou-se comentarista de televisão e passou a ser treinador de futebol em 1990, assumindo a Seleção Brasileira. Dirigiu ainda o América (MEX), Internacional (RS) e Seleção Japonesa. Voltou a ser comentarista de televisão no período de 1996 a 2010 e depois retornou à condição de treinador, em 2011.

8 – Neto Coruja (Ismael Soares Bastos Neto)
Vitória – 2007
Volante que surgiu no Vitória. O apelido Coruja foi dado pelo atacante Marcelo Moreno, com quem atuou nas categorias de base do clube baiano.

10 – Ganso (Paulo Henrique de Chagas Lima)
Santos – 2008
Um dos últimos meias com estilo clássico do futebol brasileiro. Surgiu no Santos em 2008 e, ao lado do seu parceiro Neymar, conquistou o tricampeonato paulista em 2010/11/12, Copa do Brasil de 2010, Copa Libertadores da América de 2011 e Recopa Sul-Americana de 2012. Foi contratado pelo São Paulo, em 2012. Seu apelido tem origem ainda na adolescência quando buscava uma vaga no time juvenil da Tuna Luso, do Pará. O massagista do clube viu o grupo de jovens chegando e disse: "Lá vem aquele monte de gansos". Paulo Henrique conseguiu passar na peneira, e o apelido ficou.

7 – Mané Garrincha (Manoel Francisco dos Santos)
Botafogo – 1953
Um dos maiores jogadores de futebol do Brasil e do mundo de todos os tempos. Mané Garrincha era um grande driblador, apesar de alguns médicos terem afirmado que, por causa das suas pernas tortas, ele não poderia nem jogar futebol. Chegou ao Botafogo em 1953. Após detonar num treino, Nílton Santos teria pedido a contratação dele para não ter que encontrar Mané como adversário. Jogou pelo Glorioso até 1965, quando se transferiu para o Corinthians. Logo voltou para o Rio de Janeiro, defendendo o Flamengo e encerrando a carreira no Olaria. É um dos mais importantes jogadores da Seleção Brasileira, com a qual atuou de 1955 a 1966, conquistando as Copas do Mundo de 1958 e de 1962. Aliás, com a contusão de Pelé, em 1962, Mané assumiu a responsabilidade e conduziu o escrete canarinho para o título. O apelido Garrincha é em homenagem a um pássaro comum na região onde o jogador nasceu e cresceu.

9 – Pato (Alexandre Rodrigues da Silva)
Internacional (RS) – 2006
Revelado pelo Internacional (RS), em 2006, Alexandre Pato, na época com apenas 16 anos e com algumas poucas partidas como titular, foi um dos principais responsáveis pelo título do Mundial de Clubes da Fifa do Colorado no mesmo ano. Foi transferido para o Milan (ITA), em 2007, tornando-se ídolo da equipe rapidamente. Mas um vasto histórico de lesões acabou atrapalhando o seu desempenho. Voltou para o Brasil em 2013, quando foi contratado pelo Corinthians. Não conseguiu se firmar e, em 2014, foi emprestado para o São Paulo. Vestiu a camisa do Chelsea (ING) em 2016. O apelido vem do fato de Alexandre ter nascido na cidade de Pato Branco (PR).

11 – Canário (Darcy Silveira dos Santos)
Real Madrid (ESP) – 1960
Ponta-direita que foi revelado pelo América (RJ) e fez a sua carreira no futebol espanhol. Jogou e fez sucesso no Real Madrid (ESP) de 1959 a 1962, sendo o primeiro brasileiro, ao lado de Didi, a conquistar uma Copa dos Campeões da Europa, em 1960, ano em que também sagrou-se campeão do Mundial de Clubes pelos merengues.

CONTROLE DE PRAGAS

1 – Abelha (João Batista Lopes)
São Paulo – 1984
Sua primeira oportunidade numa grande equipe foi no Flamengo, em 1983. No ano seguinte foi transferido para o São Paulo e depois rodou pelo Brasil e Japão. Ao parar de jogar, exerceu diversas funções, como treinador, assistente técnico, treinador de goleiros, diretor e superintendente.

2 – Eduardo Ratinho (Eduardo Correia Piller Filho)
Corinthians – 2005
Lateral-direito que surgiu no Timão em 2005, ano em que se sagrou campeão brasileiro. Passou ainda pelo CSKA (RUS), Toulouse (FRA), Fluminense, Sport, entre outros clubes menores. Ganhou o apelido ainda nas categorias de base do Corinthians por ser rápido, ágil e o menor da turma.

3 – Barata (Lair Paulo de Barata Ribeiro)
América (RJ) – 1921
Defensor do América (RJ) que disputou o Campeonato Sul-Americano de 1921. Pelo seu clube foi campeão carioca de 1922.

4 – Vespa (Líber Ernesto Vespa Legarralde)
Argentinos Juniors (ARG) – 1992
Volante uruguaio aposentado que primava pela forte marcação e que fez a carreira em equipes da Argentina e do Uruguai. Pela seleção de seu país, foi vice-campeão da Copa América de 1999.

6 – Piolho (Antônio Jesuíno da Silva)
Vitória – 1973
Piolho foi um defensor que se caracterizava pela raça. Começou no Conquista, time do interior baiano. Em 1973, foi para o Vitória e, no ano seguinte, ignorando a enorme rivalidade, assinou com o Bahia. Ganhou o apelido ainda garoto, por perturbar a todos.

5 – Formiga (Miraildes Maciel Mota)
Seleção Brasileira Feminina – 1996
Uma das primeiras estrelas do futebol feminino brasileiro. É a única jogadora do mundo que participou das cinco primeiras edições dos Jogos Olímpicos em que o esporte foi disputado: Atlanta 1996, Sydney 2000, Atenas 2004, Pequim 2008 e Londres 2012. Também disputou cinco Copas do Mundo (1995, 1999, 2003, 2007 e 2011).

8 – Siriri (Carlos Torres)
Santos – 1927
Meio-campista que é considerado um dos primeiros ídolos da história do Santos. Chegou ao clube em 1923 e fez parte da linha dos cem gols no Campeonato Paulista de 1927. Era irmão de Camarão, outro craque santista da época.

10 – Tatu (Altino Marcondes)
Corinthians – 1920
Meia-esquerda que jogou pelo Corinthians na década de 1920. Suas atuações lhe valeram a convocação pela Seleção para disputar o Campeonato Sul-Americano de 1922, quando se sagrou campeão. Em 1926, transferiu-se para o Vasco e encerrou a carreira na Portuguesa. Ganhou o apelido por furar as defesas como um tatu.

7 – Mosquito (Thiago Rodrigues da Silva)
Atlético (PR) – 2012
Jovem atacante revelado nas categorias de base do Vasco da Gama. Em 2012, numa negociação tumultuada, transferiu-se para o Atlético (PR). É figurinha carimbada nas categorias de base da Seleção Brasileira desde o Sub-15.

9 – Flávio Caça-Rato (Flávio Augusto do Nascimento)
Santa Cruz – 2011
O curioso apelido é decorrente da época em que ainda era pequeno e ficava na beira do campo de futebol caçando ratos com seu estilingue. Este atacante também chama a atenção por pintar o cabelo com frequência e por usar o apelido CR-7, o mesmo do craque português Cristiano Ronaldo. Ganhou fama jogando pelo Santa Cruz.

11 – Mosca (Carlos Henrique Mosca)
Ponte Preta – 1970
Atacante que surgiu no XV de Piracicaba e logo se transferiu para a Ponte Preta. Foi contratado pelo Corinthians em 1974, mas não emplacou.

SELEÇÃO FAZENDA

1 – Mazarópi (Geraldo de Matos Filho)
Grêmio – 1983
O forte deste goleiro era a colocação. Surgiu no Vasco e teve passagem pelo Coritiba, Náutico, Figueirense e Guarani (BA), onde encerrou a carreira. O melhor momento de sua carreira aconteceu nas duas vezes em que jogou pelo Grêmio, em 1983 e entre 1984 a 1990. No tricolor gaúcho foi campeão da Libertadores da América e do Mundial Interclubes de 1983, além de seis campeonatos estaduais e da Copa do Brasil de 1989. O apelido lhe foi dado pelo zagueiro Brito, por causa das roupas simples que o goleiro usava ao chegar no Vasco, comparando-o ao comediante que interpretava o caipira mais famoso do Brasil.

2 – Fidélis Touro Sentado (José Maria Fidélis)
Bangu – 1966
Lateral-direito de muita resistência física e que marcava em cima os habilidosos ponteiros. Disputou a Copa de 1966, vencendo a concorrência com o jovem Carlos Alberto Torres. Suas passagens pelo Bangu e Vasco foram as mais relevantes. Ganhou o apelido de Touro Sentado pela valentia e por parecer com o nativo indígena americano.

3 – Cabrini (Antonio Cabrini)
Seleção Italiana – 1982
Lateral-esquerdo de grande capacidade técnica. Seu primeiro clube foi a Cremonese (ITA), mas foi na Juventus (ITA) que brilhou. Disputou três Copas do Mundo: 1978, 1982 e 1986, sendo que na Copa da Espanha foi um dos principais nomes do tricampeonato mundial italiano. Treinou algumas equipes pequenas da Itália e atualmente é comentarista esportivo.

4 – Roberto Cavalo (Roberto Fernando Schneiger)
Vitória – 1993
Volante de marcação e que se especializou na proteção à zaga. Seu chute de fora da área, assim como as suas

cobranças de faltas, eram temidos pelos adversários. Foi no Vitória, em 1993, que ganhou projeção ao fazer parte do time vice-campeão brasileiro daquele ano. Passou ainda pelo Criciúma, Botafogo, Sport e Avaí. Tornou-se um requisitado treinador de equipes intermediárias do futebol brasileiro.

6 - Vacaria (Olávio Dorico Vieira)
Internacional (RS) – 1975
Lateral-esquerdo com chute potente e marcação implacável que marcou época no Internacional (RS), sendo bicampeão brasileiro em 1975/76, além de conquistar seis campeonatos gaúchos. Seu último clube foi o Palmeiras. Tornou-se treinador.

5 - Agrícola
São Cristóvão – 1932
Jogava como centromédio, o atual volante, e disputou e conquistou a Copa Rio Branco de 1932 pela Seleção Brasileira. Na mesma época atuava pelo São Cristóvão, clube que nesse período era considerado uma força relevante no futebol carioca e costumava ceder seus atletas para o selecionado.

8 - Marco Antonio Boiadeiro (Marco Antonio Ribeiro)
Guarani – 1986
Meia que começou no Botafogo (RP) e que passou a ser conhecido quando foi contratado pelo Guarani. Jogou no Vasco, Cruzeiro, Flamengo e Corinthians. Em má fase, começou a rodar por equipes menores, até que em 1998 acertou com o Atlético (MG), permanecendo no Galo até 1999. Encerrou a carreira em 2000, mas retornou em 2013 para jogar a quarta divisão do Campeonato Paulista pelo Tanabi (SP).

10 - Palhinha (Vanderlei Eustáquio de Oliveira)
Cruzeiro – 1976
Atacante que surgiu muito jovem no Cruzeiro. Em 1976, foi considerado um dos principais jogadores na conquista cruzeirense da Libertadores da América, quando foi o artilheiro do torneio com 13 gols. Em 1977, foi vendido ao Corinthians por um milhão de dólares, a maior transação do futebol brasileiro à época. Mas o investimento valeu a pena, e Palhinha se destacou na conquista do Campeonato Paulista de 1977, que acabou com o jejum de quase 23 anos sem títulos. Jogou ainda no Atlético (MG) e antes de pendurar as chuteiras atuou pelo Santos, Vasco e América (MG), além de retornar ao Cruzeiro. Tornou-se treinador e dirigiu alguns clubes de expressão, como Atlético (MG), Corinthians e Cruzeiro.

7 - Bode (Marco Bode)
Werder Bremen (ALE) – 1988
Jogava como meia, atacante e até lateral-esquerdo, embora marcar gols fosse sua especialidade, pois tinha 1,90 m de altura. Foi leal ao Werder Bremen (ALE), único clube onde atuou em toda a carreira, entre 1988 a 2002. Jogou a Copa do Mundo de 2002, quando fez um gol na partida Alemanha 2 X 0 Camarões.

9 - Vaca (Joselito Vaca)
Oriente Petrolero (BOL) – 1999
Joselito Vaca é um meia-atacante boliviano. Em 2010, foi anunciado como reforço do Náutico, mas a negociação não deu certo e a vaca foi pro brejo.

11 - Aloísio Boi Bandido (Aloísio dos Santos Gonçalves)
São Paulo – 2013
Atacante que compensa a falta de técnica pela raça, vontade e força técnica. Destacou-se no Brasileirão de 2012 e foi contratado pelo São Paulo, quando ajudou o clube a se livrar do rebaixamento no Campeonato Brasileiro de 2013. Seu desempenho garantiu uma proposta irrecusável do futebol chinês.

GRUPOS

ANIMAIS

NATUREZA

GASTRONOMIA

MERCADO

FÉ

FAMÍLIA

GEOGRAFIA

ESPORTES

CORPO & ALMA

MÚSICA

ARTES

VALE-TUDO

GRUPO

NATUREZA

SELEÇÕES

- RIOS E MARES
- AR
- FOGO
- TERRA
- ÁGUA
- ÁRVORES
- PLANTAS
- DATAS ESPECIAIS
- TEMPO
- COLORIDA
- BRANCA

SELEÇÃO RIOS E MARES

1 – Juca Baleia (Juvenal Marinho dos Passos)
Sampaio Corrêa – 1992
O goleiro com a forma física mais contestável de todos os tempos, tanto que o apelido Baleia é uma homenagem aos seus quilinhos a mais. Fez a sua carreira como jogador no futebol maranhense. Ficou conhecido em 1992, quando o Sampaio Corrêa enfrentou o Palmeiras pela Copa do Brasil. Mesmo nitidamente muito acima do peso, Juca fez belas defesas e mostrou uma leveza invejável no gol.

2 – Mark Fish (Mark Antony Fish)
Seleção da África do Sul – 1998
Zagueiro que é considerado um dos maiores jogadores da história da África do Sul. Com uma boa qualidade técnica, jogou na Lazio (ITA) e acumulou passagens pelo futebol inglês. O ápice da carreira foi disputar a Copa do Mundo de 1998, a primeira disputada pela África do Sul.

3 – Polvo (Alfredo Ramos Castilho)
São Paulo – 1950
Defensor que fez parte da Seleção Brasileira na Copa do Mundo de 1954. Sua carreira começou no Santos, permanecendo no clube praiano no período de 1947 a 1950. Depois jogou no São Paulo até 1957. O Corinthians foi o último clube de sua carreira, encerrada em 1959. Também foi treinador, entre outras equipes, do Timão, em duas oportunidades.

4 – Lúcio Surubim (Lúcio Jorge da Silva Rego)
Náutico – 1987
Zagueiro sério e líder, destacou-se no Náutico. Ao deixar o futebol, formou-se em odontologia, mas não aguentou ficar longe do futebol e passou a ser comentarista esportivo e, mais tarde, dirigente de várias equipes.

6 – Renato Peixe (Renato da Cunha Pereira)
Figueirense – 2001
Lateral-esquerdo que atuou principalmente em equipes do interior de São Paulo. O apoio ao ataque é o seu ponto forte.

5 – Pintado (Luís Carlos de Oliveira Preto)
São Paulo – 1992
Volante no estilo carregador de piano. Foi criado nas categorias de base do São Paulo, tendo a sua primeira oportunidade como profissional no Bragantino, acumulando três passagens por essa equipe em toda a carreira. No São Paulo, já como profissional, foi bicampeão da Libertadores (1992 e 1993) e do Mundial de Clubes (1992). Também ganhou o respeito no México jogando pelo Cruz Azul (MEX). Virou um andarilho do futebol e jogou pelo Santos, América (MG), Atlético (MG), Portuguesa, entre outras equipes. Abriu mão da carreira de treinador para ser assistente no São Paulo em 2016.

8 – Camarão (Aníbal de Andrade Torres)
Santos – 1923
Um dos primeiros ídolos do Santos, muito antes da Era Pelé. Tinha uma grande qualidade técnica, tanto que jogava como ponta-direita, meia ou ainda no ataque. Vestiu a camisa alvinegra de 1923 a 1932, marcando 150 gols. Treinou o Santos de 1937 a 1939. Era irmão de Siriri, outro grande jogador do clube praiano.

10 – Lulinha (Luís Marcelo Morais dos Reis)
Corinthians – 2007
Quando surgiu, o meia-atacante foi considerado o futuro craque do futebol brasileiro. Com apenas 17 anos, a multa de transferência passou de US$ 5 milhões para incríveis US$ 50 milhões. Fez parte do time do Corinthians na péssima campanha do Brasileirão de 2007, que culminou no rebaixamento alvinegro. Lulinha teve outras oportunidades, sem nunca convencer. A partir de 2008 passou a perambular por vários clubes: Estoril e Olhanense (POR), Bahia, Ceará e Criciúma. Após reencontrar o bom futebol no Red Bull Brasil, teve passagem discreta pelo Botafogo. Disputou o Paulistão de 2016 pelo Mogi Mirim.

7 – Edmar (Edmar Bernardes dos Santos)
Palmeiras – 1986
Ganhou destaque ao ser artilheiro do Paulistão de 1980 pelo Taubaté. Após jogar no Cruzeiro, Grêmio e Flamengo, foi no Guarani que voltou a chamar a atenção ao tornar-se artilheiro do Campeonato Brasileiro de 1985. A seguir atuou pelo Palmeiras e Corinthians, indo jogar no Pescara (ITA) em 1988. Retornou no ano seguinte e vestiu as camisas de outros grandes clubes, como Atlético (MG), Santos e novamente Guarani. Ainda passou pelo futebol japonês antes de encerrar a carreira em 1998, no Campinas, clube que fundou ao lado do atacante Careca.

9 – Jacaré (Érmison José Leopoldo)
Avaí – 1997
Atacante que ficou mais conhecido por ser amigo do tenista Guga e jogar no Avaí, time pelo qual ele torcia, do que pelos seus gols. Jogou no Grêmio, Náutico e Santa Cruz. Passou rapidamente pelo futebol da Malásia e de Portugal, assim como pelo Londrina, América (RN) e Atlético Ibitirama (SC), onde encerrou a carreira.

11 – Peixinho (Arnaldo Poffo Garcia)
São Paulo – 1960
Ponta-direita que é filho do também ex-jogador Peixe, que se destacou no Santos. Peixinho entrou para a história do São Paulo e do futebol brasileiro por ser o autor do primeiro gol do Estádio do Morumbi, em 2 de outubro de 1960, na partida São Paulo 1 X 0 Sporting (POR).

SELEÇÃO AR

1 - Armando Colonezzi (Armando Colonezzi)
Corinthians – 1971
Goleiro revelado pelo Corinthians na década de 1970 e que se destacou no Juventus (SP), quando passou a ser conhecido como Colonezzi.

2 - Christina Katrina Julien (Christina Katrina Julien)
Canadá – 2014
Jogadora de canto de campo que atua como atacante e lateral. Atuando na Alemanha, é considerada um bom valor no seu país, o Canadá.

3 - Arlindo (Arlindo Galvão)
São Paulo – 1971
Quarto zagueiro que fazia da marcação o seu ponto forte. Teve duas passagens pelo São Paulo. Também era conhecido como Arlindo Galvão e jogou no Tricolor ao lado de craques como Roberto Dias, Gérson, Pedro Rocha e Toninho Guerreiro.

4 - Tempesta (Osvaldo Dario Tempesta)
Gimnasia (ARG) – 1987
Defensor argentino de forte marcação que atuou sem grande brilho no futebol de seu país.

6 - Ventoso (Leonel Ventoso)
Centro Español (ARG) – 2006
Volante de marcação que despontou em clubes menores da Argentina.

5 - Ventilador
Vitória – década de 1970
Meia e atacante que fez sucesso no futebol baiano pelo seu curioso apelido, cuja origem, de acordo com os torcedores, se devia ao fato de que girava muito pela direita como um ventilador. Jogou no São Cristóvão (BA), Vitória e Leônico (BA).

8 – Furacão da Copa (Jair Ventura Filho)
Botafogo – 1970
Jogador versátil que atuava como ponta de lança e também como ponta-direita. Suas principais características eram velocidade, força física, técnica apurada e muita valentia. É considerado um dos grandes ídolos da história do Botafogo, clube onde começou como gandula, em 1958, permanecendo até 1974. Passou ainda pelo Olympique Marseille (FRA) e Cruzeiro, além de clubes menores. Foi um dos principais jogadores na conquista do Brasil na Copa do Mundo de 1970, marcando gol em todas as partidas. Tal feito lhe proporcionou o apelido Furacão da Copa. Com a amarelinha disputou três Copas do Mundo (1966, 1970 e 1974). Fora de campo foi técnico e o descobridor de Ronaldo Fenômeno.

10 – Fernando "El Niño" Torres (Fernando José Torres Sanz)
Atlético de Madrid (ESP) – 2001
Atacante espanhol veloz e de finalizações precisas. Também é um dos melhores cabeceadores da atualidade. Revelado pelo Atlético de Madrid em 2001, permaneceu no clube até 2007, transferindo-se para o Liverpool (ING). Chegou ao também inglês Chelsea (ING) em 2011, mas não repetiu o seu bom futebol e foi emprestado para o Milan (ITA). A volta ao Atlético de Madrid (ESP) foi anunciada no final de 2014. Jogou em todas as categorias de base da seleção espanhola, fazendo parte da melhor geração que o país já produziu. Com a camisa da Fúria, conquistou os títulos da Eurocopa 2008 e 2012 e o título da Copa do Mundo de 2010.

7 – O Filho do Vento (Euller Elias de Carvalho)
Palmeiras – 1999
A velocidade era o diferencial deste atacante que começou a carreira no América (MG), onde recebeu o apelido O Filho do Vento, dado pelo locutor esportivo Milton Naves, da Rádio Itatiaia de Belo Horizonte. Teve passagens destacadas pelo São Paulo, Atlético (MG), Palmeiras, Vasco, São Caetano e futebol japonês. Suas principais conquistas foram os títulos da Copa Libertadores da América de 1999, pelo Palmeiras, e o Campeonato Brasileiro de 2000, pelo Vasco.

9 – Flávio Minuano (Flávio Almeida da Fonseca)
Corinthians – 1967
Centroavante forte e com grande presença de área. Mesmo sendo um goleador nato, teve que carregar por quase toda a carreira a fama de perder muitos gols, criada na época em que jogou no Corinthians. Começou no Internacional (RS) e, em 1964, foi negociado com o Corinthians. Foi nessa época que recebeu o apelido de Minuano, em referência ao vento que é característico do Rio Grande do Sul, dado pelo locutor esportivo Geraldo José de Almeida. Porém, a falta de um título pesou para que Flávio saísse do Corinthians e fosse atuar pelo Fluminense. Jogou também em outros clubes grandes, como Porto (POR), Santos e novamente o Internacional (RS).

11 – Pauleta, O Ciclone dos Açores (Pedro Miguel Carreiro Resendes)
Paris Saint-Germain (FRA) – 2003
Atacante e um dos maiores goleadores de Portugal de todos os tempos. Destacou-se atuando no La Coruña (ESP), Bordeaux (FRA), e Paris Saint-Germain (FRA). Anunciou o fim da carreira em 2008, mas retornou em 2010 para jogar pelo Grupo Desportivo São Roque, dos Açores, sua terra local. Pauleta disputou pela Seleção Portuguesa as Copas do Mundo de 2002 e 2006 e as Eurocopas de 2000 e 2004.

SELEÇÃO FOGO

1 – Rayo (Leonardo Rayo)
Seleção Chilena Sub-17 – 2009
Despontou no Colo Colo (CHL), clube do qual se desligou em 2011, e fez carreira nas categorias de base da Seleção Chilena. Tem atuado em equipes menores do seu país.

2 – Fogueira (Wanderley Nonato)
Corinthians – 1970
Lateral-esquerdo que jogou no Corinthians em 1970, tendo passado antes pelo América (SJRP) e Ferroviária de Araraquara. Também atuou na Portuguesa, inclusive no jogo de abertura do Canindé.

3 – Carbonari (Horácio Carbonari)
Rosario Central (ARG) – 1995
Apelidado de El Petaco, que pode ser traduzido livremente como O Pedaço, foi um dos maiores ídolos do Rosario Central (ARG) na década de 1990, principalmente após marcar dois gols na final da Copa Conmebol de 1995, quando o time argentino e o Atlético (MG) venceram seus jogos em casa por 4 X 0. A decisão foi para os pênaltis e o Rosario venceu por 4 X 3. Mesmo sendo zagueiro, Carbonari costumava marcar muitos gols.

4 – Del Nero (José del Nero)
Palestra Itália – 1936
Defensor que ganhou o apelido de Puro Sangue. Raçudo e valente, tornou-se um grande ídolo do Palestra. Jogou no Ypiranga (SP) e voltou para o seu clube de coração, que já havia mudado o nome para Palmeiras, para encerrar a carreira. É o pai de Marco Polo Del Nero, ex-presidente da Federação Paulista e atual presidente da CBF.

6 – Orlando Fumaça (Orlando Monteiro do Nascimento)
Vasco da Gama – 1983
Zagueirão que se destacava pela raça e força. Muitos atacantes tinham medo de encará-lo. Defendeu diver-

sas equipes, como América (SJRP), Ponte Preta, Cruzeiro e Atlético (PR). Ganhou o apelido quando jogou no Vasco, por ter uma moto que soltava uma fumaça escura.

5 – Heleno Faísca (Heleno dos Santos Alves)
Santos – 2007
Volante de marcação que atuou em diversos clubes. O ápice da sua carreira foi quando fez parte do elenco do Santos, em 2007. Também se destacou no Vila Nova (GO), Sport, Ceará e Fortaleza.

8 – Foguinho (Guilherme Seefeldt Krolow)
Ceará – 2013
Jovem volante especialista na marcação, ganhou o apelido por ser ruivo. Já vestiu as camisas do Pelotas (RS), Grêmio, Atlético (GO), Ferroviário (CE), Ceará e Icasa.

10 – Torrado (Gerardo "Torrado" Díez de Bonilla)
Cruz Azul (MEX) – 2005
Volante e meia que ganhou fama no México, seu país, por usar uma cabeleira ao estilo do craque colombiano Valderrama. Pela Seleção Mexicana jogou as Copas do Mundo de 2002, 2006 e 2010, e apesar de ter disputado a Copa das Confederações de 2013, não fez parte do grupo da Copa de 2014.

7 – Elionar Bombinha (Elionar Nascimento Ribeiro)
São Bernardo – 2014
Atacante veloz, que defendeu vários times pequenos no Brasil. De 2007 a 2010 jogou no Rizespor (TUR), equipe da primeira divisão da Turquia, onde faz sucesso com seus gols. Também disputou uma temporada no futebol coreano.

9 – Roberto Dinamite (Carlos Roberto de Oliveira)
Vasco da Gama – 1971
É considerado o maior ídolo da história do Vasco da Gama, clube onde jogou por mais de mil vezes, marcando 705 gols e tendo vestido a camisa alvinegra em 21 dos seus 22 anos como atleta profissional. Também jogou no Barcelona (ESP), Portuguesa e Campo Grande (RJ). Pela Seleção Brasileira disputou as Copas do Mundo de 1978 e de 1982. Na Copa de 1982 foi chamado no último minuto para substituir o contundido Careca. Ao pendurar as chuteiras, dedicou-se à política e depois tornou-se presidente do próprio Vasco da Gama.

11 – Carlos Vela (Carlos Alberto Vela Garrido)
Arsenal (ING) – 2006
Atacante mexicano que despontou como grande promessa após a conquista do Mundial Sub-17 de 2005. Disputou a Copa de 2010 pela sua seleção, porém negou a convocação para a Copa de 2014, por ter sido suspenso pela federação mexicana devido à participação em uma festa de arromba. Após muita insistência, Vela voltou à seleção num amistoso contra a Holanda, em setembro de 2014.

SELEÇÃO TERRA

1 – Frank Fielding (Frank Fielding)
Derby Country (ING) – 2010
Goleiro inglês que jogou nas categorias de base da sua seleção e desde que se profissionalizou vem atuando em equipes locais menos significativas. Lembrando que a palavra *field* quer dizer "campo".

2 – Marquinhos Pedroso (Marcos Garbellotto Pedroso)
Figueirense – 2012
Lateral-esquerdo que está no Figueirense desde as categorias de base. Atuou emprestado no Guarani e no Grêmio.

3 – Belterra (Jorge Wilson Whangon Coelho)
Remo – 1989
Zagueiro que teve a sua carreira baseada no futebol paraense, onde foi campeão estadual em dez oportunidades. Jogou e conquistou títulos pelos três grandes: Tuna Luso, Remo e Paysandu. Porém, foi no Remo que teve as suas maiores conquistas e tornou-se símbolo e ídolo da torcida.

4 – Terranova (Emanuele Terranova)
Palermo (ITA) – 2005
Emanuele Terranova é um defensor italiano fisicamente forte e bom de cabeça. Às vezes confunde vigor com violência. Destacou-se no Palermo (ITA), Livorno (ITA) e Lecce (ITA).

6 – Gladstone (Gladstone Pereira Della Valentina)
Cruzeiro – 2003
Surgiu com enorme potencial nas categorias de base do Cruzeiro e teve as primeiras oportunidades como profissional a partir de 2003. Acumulou passagens pela Juventus (ITA), Verona (ITA) e Sporting (POR). Também jogou no Palmeiras, Náutico e Portuguesa, sem maior sucesso.

5 – Rui Barros (Rui Gil Soares de Barros)
Porto (POR) – 1987
Meia português de boa qualidade técnica. Baixinho, se caracterizava pela ousadia, rapidez e qualidade para encarar os adversários. É considerado um dos melhores jogadores da sua geração e atuou com destaque no Porto (POR), Juventus (ITA) e Mônaco (FRA).

8 – Tiago Terroso (Tiago André Ramos Terroso)
Rio Ave (POR) – 2007
Meio-campista português habilidoso que iniciou a carreira como profissional em 2007, no Rio Ave (POR). Desde então atuou apenas em equipes medianas e pequenas de seu país. A grande oportunidade surgiu em 2013, ao ser contratado pelo Vitória de Setúbal (POR).

10 – Pedro Rocha (Pedro Virgílio Rocha Franchetti)
São Paulo – 1970
Craque uruguaio que foi contratado a peso de ouro pelo São Paulo, em 1970, vindo do Peñarol (URU). Seu apelido era El Verdugo, ou seja, O Carrasco, e em pouco tempo o meia conquistou a torcida tricolor, sendo considerado até hoje um dos maiores jogadores da história do São Paulo em todos os tempos. Em 1972, foi o artilheiro do Campeonato Brasileiro com 17 gols e assim transformou-se no primeiro estrangeiro a alcançar tal proeza no nosso futebol. Teve passagens rápidas e apagadas no fim da carreira pelo Coritiba, Palmeiras, Bangu, futebol mexicano e árabe. É o único jogador do seu país que disputou quatro Copas do Mundo (1962, 1966, 1970 e 1974). Rocha era tão bom que Pelé o considera um dos cinco maiores jogadores que já viu. Também foi técnico e dirigiu principalmente equipes do futebol paulista.

7 – Luis Montes (Luís Arturo Montes Jiménez)
Pachuca (MEX) – 2006
Atacante canhoto que surgiu no Pachuca (MEX). Era nome certo para disputar a Copa do Mundo de 2014, mas sofreu grave lesão durante um amistoso preparatório contra o Equador, não se recuperando a tempo.

9 – Campos (Cosme da Silva Campos)
Atlético (MG) – 1972
Centroavante brigador, rápido e oportunista. Ótimo cabeceador, foi revelado pelo Atlético (MG), permanecendo no Galo até 1975. Tornou-se um andarilho do futebol brasileiro, atuando em dez outros clubes, como Guarani, Náutico, Santos e Portuguesa.

11 – Cleiton Pedra (Cleiton Campos)
Portuguesa – 2010
Atacante que começou a carreira de profissional aos 26 anos no Vilavelhense. Seu maior feito foi fazer parte do elenco da Portuguesa na campanha do título da Série B de 2011, que garantiu o acesso para a principal divisão do Campeonato Brasileiro. Também jogou na Romênia e no Guaratinguetá.

SELEÇÃO ÁGUA

1 – Marolla (Fiordemundo Marolla Júnior)
Santos – 1980
Foi um goleiro com excelente colocação e muito arrojado. Revelado pelo XV de Jaú, o Santos o contratou em 1980, e ele permaneceu no clube praiano até 1985. Também atuou brilhantemente pelo Atlético (PR).

2 – Oceano (Oceano Andrade da Cruz)
Sporting (POR) – 1982
Lateral e meio-campista nascido em Cabo Verde, colônia portuguesa que o permitiu atuar com a camisa da seleção de Portugal. É lembrado com carinho pelos torcedores pela sua qualidade e força física. Sporting (POR), Real Sociedad (ESP), e Toulouse (FRA) foram os principais clubes nos quais atuou. Jogou pela Seleção Portuguesa, mas não teve a chance de disputar Copas do Mundo.

3 – Rio Ferdinand (Rio Gavin Ferdinand)
Manchester United (ING) – 2002
Zagueiro inglês muito técnico que é lembrado pelos 12 anos que jogou com brilho pelo Manchester United (ING). Disputou três Copas do Mundo: 1998, 2002 e 2006, perdendo a edição de 2010 por contusão.

4 – Arévalo Ríos (Egídio Raúl Arévalo Ríos)
Botafogo – 2011
Típico volante mordedor e especialista na marcação, este uruguaio se destacou jogando pelo Peñarol (URU). Tornou-se conhecido no Brasil pela sua breve atuação pelo Botafogo, em 2011. Esteve nas Copas do Mundo de 2010 e desde 2014 joga no futebol mexicano.

6 – Tsunami (Wenderson de Freitas Soares)
Remo – 2014
Zagueiro revelado pelo Remo, ganhou o apelido pelas suas chegadas fortes, limpando e tirando tudo do ca-

minho. Apesar da força, conta com uma boa técnica. Chegou a ser testado no Cruzeiro e acabou jogando o Campeonato Paraense de 2016 pelo desconhecido Tapajós.

5 – Toró (Rafael Ferreira Francisco)
Fluminense – 2004
Volante que foi relevado pelas categorias de base do Fluminense, onde recebeu o apelido por "fazer chover gols nos jogos" na época em que jogava futsal. Com os constantes problemas disciplinares e um futebol abaixo da média, Toró foi dispensado do Fluminense. Depois atuaou pelo Flamengo, Atlético (MG), Figueirense, Bahia e futebol japonês.

8 – Danilo Rios (Danilo Rios Maia Pereira)
Bahia – 2006
Meia canhoto habilidoso revelado pelo Bahia, mas que nunca passou de promessa. Rodou por diversos clubes brasileiros, como Grêmio, Vitória, Atlético (MG), Guarani, São Caetano, Juventude, entre outros. Destacou-se no Remo em 2014 e foi apelidado pela torcida de Maestro.

10 – Aquilani (Alberto Aquilani)
Fiorentina (ITA) – 2012
Volante e meia italiano com técnica apurada e passes precisos. Costuma arriscar chutes de longa distância, uma das suas maiores qualidades. Revelado pelo Roma (ITA), em 2002, passou por diversas equipes, como Liverpool (ING), Juventus (ITA) e Milan (ITA), até se recuperar das constantes contusões e alcançar destaque com a camisa da Fiorentina (ITA). Foi um dos melhores jogadores da Itália na Copa do Mundo de 2014.

7 – Adriano Chuva (Adriano Neves Pereira)
Grêmio – 2002
Atacante de boa estatura e presença de área. É mais um exemplo de jogador que joga pela Seleção Brasileira nas categorias de base, mas não alcança o mesmo sucesso como profissional. Revelado pelo Juventude, teve passagens por grandes times: Atlético (MG), Cruzeiro, Grêmio, Palmeiras, Sport, além de atuar na Arábia Saudita e na Coreia do Norte.

9 – Agüero (Sérgio Agüero)
Manchester City (ING) – 2011
Kun Aguero é um atacante argentino que pintou com tudo como uma das grandes promessas do futebol mundial em 2003, jogando pelo Independiente (ARG). Após passagem brilhante pelo Atlético de Madrid (ESP), foi contratado pelo Manchester City (ING). Fez parte da Seleção Argentina que conquistou a medalha de ouro nos Jogos Olímpicos de 2008, além de disputar as Copas do Mundo de 2010 e 2014. No lado pessoal, foi genro de Diego Maradona.

11 – Cascata (Antônio Givanildo da Silva Santos)
ABC – 2011
Meia-atacante que jogou a maior parte da sua carreira em times do Nordeste e de São Paulo, como ASA, São Caetano, Náutico, América (RN) e Sampaio Corrêa. Também passou brevemente pelo futebol árabe.

SELEÇÃO ÁRVORES

1 – Acácio (Acácio Cordeiro Barreto)
Vasco da Gama – 1985
Goleiro reserva da Seleção na Copa do Mundo de 1990, foi no Vasco que alcançou os melhores resultados, inclusive sendo campeão brasileiro de 1989.

2 – Ronaldo Angelim (Ronaldo Simões Angelim)
Flamengo – 2006
Zagueiro que começou no futebol cearense, jogando no Icasa, Juazeiro, Ceará e Fortaleza, permanecendo no clube tricolor por cinco anos. Em 2006, desembarcou no Flamengo e apenas em 2007 é que se firmou jogando ao lado de Fábio Luciano. O auge aconteceu em 2009, quando marcou o gol da conquista do título do Campeonato Brasileiro. Em 2012, teve passagem apagada pelo Grêmio Barueri e encerrou a carreira jogando pelo Fortaleza, em 2013.

3 – Pinheiro (João Carlos Batista Pinheiro)
Fluminense – 1951
Xerife da zaga do Fluminense entre 1948 a 1963, Pinheiro era viril e impunha respeito com os seus 1,87 m de altura. Curiosamente, antes de desembarcar no Fluminense, jogou como goleiro, zagueiro, meia e até centroavante no Americano (RJ). Só vestiu a camisa da Seleção Brasileira em 17 oportunidades e mesmo assim entrou para a história por ser o titular do time na Copa do Mundo de 1954. Após jogar no Bonsucesso e Bahia, encerrou a carreira de jogador e passou a trabalhar como treinador.

4 – Jatobá (Carlos Roberto Jatobá)
Corinthians – 1986
Zagueiro raçudo oriundo do Pinheiros (PR), um dos times que formariam no futuro o Paraná Clube. Em 1986, desembarcou no Corinthians e conquistou a torcida pela vontade, força e pelos gols de cabeça.

Em 1987 foi negociado e passou a jogar no desconhecido futebol iugoslavo.

6 – Ricardo Carvalho (Ricardo Alberto Silveira de Carvalho)
Chelsea (ING) – 2004
É considerado o melhor zagueiro da história do futebol português. Teve passagens marcantes em grandes clubes europeus, como o Porto (POR), quando se sagrou campeão da Taça Uefa (2002/03) e da Champions League (2003/04), Chelsea (ING), de 2004 a 2010, e Real Madrid (ESP), de 2010 a 2013. Atualmente joga no Monaco (FRA). Pela Seleção Portuguesa jogou com destaque as Eurocopas de 2004 e 2008 e as Copas do Mundo de 2006 e 2010.

5 – Marcelo Oliveira (Marcelo Oliveira Ferreira)
Palmeiras – 2014
Jogador eclético que atua como volante, lateral-esquerdo e zagueiro. Revelado pelo Corinthians, foi emprestado pelo Timão algumas vezes. Desligou-se do Alvinegro e assinou com o Cruzeiro em 2012. Chegou ao Palmeiras por empréstimo em 2013, quando disputou a Série B do mesmo ano, e em 2015 foi anunciado pelo Grêmio.

8 – Pedro Bambu (Pedro Gonzaga)
Atlético (GO) – 2013
Meio-campista com carreira iniciada no Nacional (AM), que atuou por clubes modestos do Nordeste. Em 2013 foi contratado pelo Atlético (GO).

10 – Renato Cajá (Renato Adriano Jacó Morais)
Ponte Preta – 2008
Meia técnico revelado pelo Mogi Mirim, já atuou pelo Juventude, Grêmio e Vitória. Também jogou na Arábia Saudita, Japão, China, Turquia e Emirados Árabes. Acumula ainda três passagens pela Ponte Preta. Em 2016 foi anunciado pelo Bahia para a disputa da Série B do Brasileirão. Entrou para a história do Estádio da Fonte Nova, em Salvador, por ser o autor do primeiro gol após a reinauguração, quando o Vitória, clube que Cajá defendia, goleou o Bahia por 5 X 1, em 7 de abril de 2013.

7 – Luís Figo (Luís Filipe Madeira Caeiro *Figo)*
Sporting (POR) – 1989
Meia-atacante português que foi escolhido o Melhor Jogador do Mundo pela Fifa, em 2001. Defendeu apenas quatro equipes em toda a carreira: Sporting (POR) (de 1989 a 1995), Barcelona (ESP) (de 1995 a 2000), Real Madrid (ESP) (de 2000 a 2005) e Internazionale (ITA) (de 2005 a 2009). Sua transferência do Barcelona para o Real Madrid causou a revolta dos torcedores do Barça, e Figo era vaiado sempre que jogava no Camp Nou. Com a Seleção Portuguesa disputou as Eurocopas de 1996, 2000 e 2004, além das Copas do Mundo de 2002 e 2006, tendo sido o capitão da equipe nesta última.

9 – Kléber Pereira (Kléber João Boas Pereira)
Santos – 2007
Atacante com boa qualidade técnica, cujo primeiro clube foi o Moto Clube. Jogou no Náutico, Sion (SUI), Atlético (PR), futebol mexicano, Santos, Internacional (RS) e Vitória, voltando ao Moto Clube para encerrar a carreira. Foi no Peixe que passou a ser chamado de Kléber Pereira, pois o clube praiano já contava com um xará.

11 – Gonçalo (Gonçalo Gonçalves)
São Paulo – 1960
Meia-atacante que jogou pela Portuguesa Santista, Fluminense e Santos, porém foi no São Paulo que teve a sua melhor fase, atuando entre 1960 e 1962. Participou do jogo de inauguração do Morumbi, São Paulo 1 X 0 Sporting (POR), realizado em 2 de outubro de 1960.

SELEÇÃO PLANTAS

1 – Juan Chiquito Flores (Juan Angel Flores Ascencio)
Sport Boys (PER) – 1997
É um goleiro peruano que se destacou pela altura (1,95 m), boa colocação e também por marcar gols. Nunca se firmou como titular da sua seleção, e a principal competição disputada foi a Copa América de 2007, como terceiro goleiro, além das Eliminatórias.

2 – Viveros (Alexander Viveros)
Cruzeiro – 2000
Volante e lateral-direito colombiano de futebol clássico e bom passe. Ficou conhecido no Brasil por ter jogado pelo Cruzeiro e Fluminense. Pela sua seleção conquistou a Copa América de 2001.

3 – Olivera (Walter Daniel Olivera Prada)
Atlético (MG) – 1983
Mantendo a tradição do Uruguai de formar grandes zagueiros, Oliveira compensava a deficiência técnica com determinação. Xerife, era um líder nato. Jogou em apenas dois clubes em toda a carreira: Peñarol (URU), de 1972 a 1983, e o Galo, de 1983 a 1985. Aliás, em 1985, o zagueirão acumulou as funções de jogador e técnico e foi campeão mineiro.

4 – Darío Pereyra (Alfonso Darío Pereyra Bueno)
São Paulo – 1977
Revelado no Nacional (URU), chegou ao São Paulo em 1977, após uma demorada negociação, como o herdeiro de Pedro Rocha. Darío era meio-campista, atuando principalmente como meia-esquerda e volante. Até 1980, o jogador quase não jogou no Tricolor, devido às constantes contusões. Tudo mudou no Campeonato Paulista de 1980, quando o técnico Carlos Alberto Silva o improvisou na zaga. Dom Darío Pereyra passou a ser unanimidade como um dos melhores do mundo nessa posição, ainda mais quando fez dupla com Oscar. Permaneceu no São Paulo

por 11 anos, transferindo-se para o Flamengo em 1988. No ano seguinte foi contratado pelo Palmeiras e em 1990 foi para o Japão. Jogou a Copa de 1986 pela Seleção Uruguaia. Tornou-se treinador, trabalhando principalmente no Brasil.

6 – Jacinto (Jacinto José Martins Godinho Santos)
Benfica (POR) – 1962
Defensor português que jogou no Benfica (POR) durante a década de 1960, que é considerada a época de ouro do clube.

5 – Marco Antônio Cipó (Marco Antônio da Conceição)
Santos – 1988
Meia que surgiu como mais uma grande promessa dos Meninos da Vila. Tinha a seu favor ter nascido em Três Corações (MG), mesma cidade de Pelé. Com excelente técnica, mas fraco fisicamente, não emplacou e, depois que saiu do Peixe, rodou por times menores do interior de São Paulo.

8 – Sicupira (Barcímio Sicupira Junior)
Corinthians – 1972
Meia muito técnico que surgiu no futebol paranaense no extinto Clube Atlético Ferroviário em 1962. Porém, foi no Atlético (PR) que viveu o ápice da carreira e tornou-se o maestro do time. Suas atuações chamaram a atenção do Corinthians, que o contratou por empréstimo para a disputa do Brasileirão de 1972. Sicupira não repetiu as mesmas atuações e foi devolvido no mesmo ano para o Atlético (PR), permanecendo no clube até 1975, quando parou de jogar. Virou comentarista esportivo.

10 – Roger Flores (Roger Galera Flores)
Fluminense – 1998
Meia hábil e talentoso. Em contrapartida, era de pouca movimentação. Nasceu para o futebol jogando pelo Fluminense. Em 2001, foi vendido para o Benfica (POR), mas logo retornou para o Flu. Em 2005, foi contratado pelo Corinthians e conquistou o Campeonato Brasileiro do mesmo ano. Jogou ainda pelo Flamengo, Grêmio, Cruzeiro e no futebol do Catar. Muitas vezes Roger foi notícia mais pelos seus relacionamentos amorosos com celebridades do que por seu futebol. Tornou-se comentarista esportivo após deixar o futebol.

7 – Ortigoza (José Maria Ortigoza)
Palmeiras – 2009
Atacante paraguaio que desembarcou no Palmeiras, em 2009, como um desconhecido, vindo por empréstimo do Sol de América (PAR). Seu desempenho e dedicação agradaram, mas o preço do seu passe era caro e ele acabou devolvido. Após jogar na Coreia do Sul, foi anunciado em 2011 como jogador do Cruzeiro, onde não se firmou como titular.

9 – Marcelo Ramos (Marcelo da Silva Ramos)
Cruzeiro – 1996
Bastante rodado, Marcelo Ramos se destacou no Cruzeiro, clube onde atuou em três oportunidades e foi campeão diversas vezes, sendo os títulos mais importantes a Copa do Brasil em 1996 e 2003, a Libertadores de 1997 e o Brasileirão de 2003. Revelado no Bahia, jogou ainda no São Paulo, Palmeiras, Corinthians, Vitória, Santa Cruz, Atlético (PR), futebol holandês e japonês, além de clubes menores do Brasil.

11 – Samuel Rosa (Samuel Rosa Gonçalves)
Fluminense – 2012
Atacante que não é o vocalista da banda Skank. Este Samuel Rosa foi descoberto pelo Internacional (RS), mas se transferiu ainda nas categorias de base para o Fluminense. Jogou também no Los Angeles Galaxy (EUA), Goiás, Sport e Ferroviária. É sobrinho de Zé Alcino, ex-centroavante do Grêmio, que brilhou em 1996.

SELEÇÃO DATAS ESPECIAIS

1 – Reis (Reinaldo Barreto)
América (SJRP) – 1962
Goleiro que começou a jogar na Portuguesa junto com o goleiro Félix, que mais tarde seria campeão mundial no México, em 1970. Reis passou ainda pelo Bragantino e Sport, mas foi no América (SJRP) que se destacou, jogando de 1962 a 1971, atuando por mais de trezentas partidas.

2 – Steve Summer (Steve Sumner)
Seleção Neozelandeza – 1982
Meio-campista de origem britânica, mas que nunca se destacou no futebol do seu país. Continuou a carreira profissional jogando na Nova Zelândia, onde se naturalizou e pela qual disputou a Copa do Mundo de 1982. Sumner é lembrado até hoje no país da Oceania por ter sido o autor do primeiro gol da Nova Zelândia em Copas, na partida vencida pela Escócia por 5 X 2.

3 – Ewerton Páscoa (Ewerton Ribeiro Páscoa)
Santos – 2012
Zagueiro que também atua como lateral e volante. Começou no Audax (SP), antigo Pão de Açúcar, e após se destacar no Guarani, na campanha do vice-campeonato paulista de 2012, foi contratado pelo Santos. No Peixe não conseguiu se fixar como titular e no ano seguinte foi negociado com o Criciúma. Viveu um bom momento no Sport na disputa do Brasileirão de 2014.

4 – Matthias Sammer (Matthias Sammer)
Dinamo Dresden (ALE) – 1988
Era a grande estrela dos últimos anos da antiga seleção da Alemanha Oriental. Sammer passou por todo o processo de reunificação das Alemanhas, porém se transferiu para o Stuttgart (ALE) um ano antes que as ligas de futebol se unissem, o que aconteceu na temporada 1991/92. Também jogou na Internazionale (ITA) e no Borussia Dortmund (ALE). Foi um dos pri-

meiros jogadores da Alemanha Oriental a defender a Seleção Alemã reunificada e disputou a Copa do Mundo de 1994.

6 – Cesare Natali (Cesare Natali)
Fiorentina (ITA) – 2009
Zagueiro italiano alto (1,91 m) e experiente. Revelado pelo Atalanta (ITA), acumula passagens em diversos clubes, com destaque para Torino (ITA), Fiorentina (ITA) e Bologna (ITA). Na temporada 2014/15, jogou pelo Sassuolo (ITA).

5 – Winter (Aron Winter)
Seleção Holandesa – 1990
Volante nascido no Suriname, colônia holandesa, que jogou três Copas do Mundo: 1990, 1994 e 1998. Começou a carreira em 1986 pelo Ajax (HOL) e atuou pela Lazio (ITA), Internazionale (ITA) e Sparta Rotterdan (HOL), até aposentar-se, em 2002, pelo próprio Ajax. Em 2011, iniciou a carreira de treinador.

8 – Paschoal (Paschoal Silva Cinelli)
Vasco da Gama – 1922
Ponta-direita de grande velocidade que foi um dos primeiros ídolos do Vasco da Gama, único clube que defendeu em toda a carreira no período de 1922 a 1932. Sua paixão pelo Vascão era tanta que Paschoal continuou trabalhando no clube mesmo após encerrar a careira.

10 – Verón (Juan Sebastián Verón)
Estudiantes (ARG) – 2009
Meia de articulação argentino, filho de outro símbolo do futebol local, Juan Ramón Verón, que herdou o apelido de La Brujita, já que seu pai era o La Bruja. Disputou as Copas do Mundo de 1998, 2002 e 2010. Sua carreira por clubes foi iniciada no Estudiantes (ARG) e após passagem destacada pelo Boca Juniors (ARG), em 1996, se transferiu para o futebol europeu, permanecendo por lá até 2006, jogando na Sampdoria (ITA), Parma (ITA), Lazio (ITA), Manchester United (ING), Chelsea (ING) e Internazionale (ITA). Retornou para o Estudiantes (ARG), onde comandou o time na conquista da Libertadores de 2009. Encerrou a carreira em 2014 e em outubro do mesmo ano foi eleito presidente do próprio Estudiantes (ARG).

7 – Natal (Natal de Carvalho Baroni)
Cruzeiro – 1966
Ponta-direita que fazia da velocidade a sua principal arma. Ganhou o apelido de Diabo Loiro e despontou no Cruzeiro, clube onde atuou de 1963 a 1970. Pela Raposa foi essencial para a conquista da Taça Brasil de 1966. Em 1970, foi negociado com o Corinthians, mas bastaram dez jogos para ser repassado para o Bahia, clube onde se tornou ídolo. Ainda retornou ao Cruzeiro, em 1972, mas sem o mesmo sucesso voltou rapidamente para o Bahia. Depois tornou-se um andarilho do futebol até encerrar a carreira em 1981, no Villa Nova (MG).

9 – Carnevale (Andrea Carnevale)
Napoli (ITA) – 1988
Atacante italiano que jogou a Copa do Mundo de 1990. Seu melhor momento em clubes foi no Napoli, que defendeu entre 1988 a 1990, quando jogou ao lado do craque argentino Diego Maradona. Outros clubes expressivos da sua carreira foram a Udinese (ITA) e a Roma (ITA).

11 – Di Natale (Antonio Di Natale)
Udinese (ITA) – 2004
Apesar de ser considerado um atacante de muita qualidade, Di Natale ainda não conseguiu um título de expressão, principalmente por atuar em clubes considerados médios e pequenos da Itália. Começou a carreira no Empoli (ITA) e está na Udinese (ITA) desde a temporada 2004/05. Por causa das consecutivas lesões perdeu a oportunidade de disputar Copas do Mundo pela Azurra, apesar de ter sido de extrema importância na campanha das Eliminatórias para a edição de 2010.

SELEÇÃO TEMPO

1 – Douglas Dias (Douglas Dias de Sousa)
Fortaleza – 2007
Goleiro revelado pelo Fortaleza, que em 2011 foi negociado com o Vitória. No Rubro-Negro viveu momentos de estabilidade, mas nunca se firmou como titular. Também jogou pelo Boa Esporte (MG) e Paysandu.

2 – Minutti (Roberto José Minutti)
Quilmes (ARG) – 1962
Defensor que se notabilizou pelas antecipações. Jogou no Quilmes (ARG) e Arsenal de Sarandí (ARG), além de clubes menores da Argentina. Tornou-se treinador.

3 – Del Tiempo (Roberto Del Tiempo)
Independiente (ARG) – 1958
Defensor argentino que se destacou jogando pelo Independiente no final da década de 1950.

4 – Temprano (Fortunato Temprano)
Talleres de Remedios de Escalada (ARG) – 1938
Zagueiro histórico do Talleres, um clube da província de Buenos Aires que é conhecido como um dos mais antigos do país e um dos fundadores do profissionalismo.

6 – Díaz (Daniel Alberto Díaz)
Boca Juniors (ARG) – 2013
Zagueiro experiente que começou no Rosario Central (ARG) e que teve passagens internacionais pelo Cruz Azul (MEX), Getafe (ESP) e Atlético de Madrid (ESP). Na Argentina atuou também pelo Colón (ARG) e pelo Boca Juniors (ARG), clube onde acumulou duas passagens e joga atualmente.

5 – Minotto (Juan Carlos Minotto)
Vélez Sarsfield (ARG) – 1990
Volante de marcação cujas equipes principais que defendeu foram Vélez (ARG), Independiente Rivadavia (ARG) e Godoy Cruz (ARG).

8 – Buonanotte (Diego Buonanotte)
River Plate (ARG) – 2006
Meia-atacante baixinho, tanto que ganhou o apelido de El Ernano [o Anão], é rápido e muito ágil. Revelado pelo River Plate (ARG) em 2006, permaneceu no clube até o começo de 2011, quando se transferiu para o Málaga (ESP). Jogou ainda no Granada (ESP) e atualmente está no Pachuca (MEX). Jogou pouco pela Seleção Argentina principal. Mas fez história ao fazer parte do elenco que conquistou a medalha de ouro nos Jogos Olímpicos em 2008.

10 – Carlos Alberto Dias (Carlos Alberto Costa Dias)
Botafogo – 1990
Meio de campo ofensivo que surgiu no futebol paranaense, quando se destacou jogando pelo Coritiba. Viveu seu melhor momento no Botafogo no período de 1990 a 1992. Além do Fogão, jogou nos outros grandes cariocas: Vasco, Flamengo e Fluminense, além do Grêmio, futebol japonês, entre outros clubes menores do Brasil.

7 – Perpetuini (Riccardo Perpetuini)
Lazio (ITA) – 2009
Jogador italiano versátil que já jogou como atacante, meia e lateral-esquerdo. Surgiu como uma promessa na Lazio (ITA), em 2009. A partir da temporada seguinte o clube passou a emprestá-lo para equipes menores para adquirir maior experiência.

9 – Diego Tardelli (Diego Tardelli Martins)
Atlético (MG) – 2012
Surgiu como um atacante mais fixo de área no São Paulo, em 2005, quando se destacou na conquista dos títulos da Libertadores e do Mundial no mesmo ano e do Brasileirão de 2007. Apesar das conquistas, Tardelli ficou com fama de baladeiro e de um talento que nunca despontaria. Desta forma, o jogador foi emprestado para Real Bétis (ESP), São Caetano e PSV-Eindhoven (HOL). Após passagem apagada pelo Flamengo, jogou pela primeira vez no Atlético (MG), tornando-se ídolo da torcida entre 2009 a 2011. Valorizado, foi contratado pelo novo rico europeu Anzhi Makhachkala (RUS) e depois pelo Al Gharafa, do Catar. Retornou para o Atlético (MG) em 2013, e foi considerado um dos principais responsáveis pela conquista da Libertadores no mesmo ano e da Recopa Sul-Americana, em 2014. No início de 2015, foi negociado com o futebol chinês, para o Shandong Luneng, dirigido pelo treinador Cuca, o mesmo da conquista da Libertadores pelo Galo.

11 – Temporini (Leandro Temporini)
Estudiantes (ARG) – 1995
Meia-atacante que mais esquentou o banco de reservas no Estudiantes (ARG) do que foi titular. Um dos motivos foi a grande quantidade de jogadores na sua posição, assim como as seguidas lesões. Sem muitas oportunidades, transferiu-se para a Europa, jogando por equipes de pouca expressão da Alemanha e da Itália.

SELEÇÃO COLORIDA

1 – Vermelho
CRB – 1970
Goleiro folclórico e excêntrico que marcou época no futebol alagoano, defendendo o CRB. Ficou famoso por criar o ritual de entrar em campo e bater o peito nas duas traves, como se formasse uma barreira invisível para os atacantes adversários.

2 – Rojo (Marcos Rojo)
Estudiantes (ARG) – 2009
Lateral e zagueiro argentino com muita disposição e força física. Foi um dos protagonistas na conquista da Libertadores da América pelo Estudiantes (ARG), em 2009. Em 2010, transferiu-se para o Spartak Moscou (RUS), mas começou a se destacar na Europa com a camisa do Sporting (POR). Em 2014, foi negociado para o Manchester United (ING). Disputou a Copa do Mundo de 2014 e foi considerado um dos melhores laterais-esquerdos da competição.

3 – Raul Prata (Raul Prata)
Luverdense – 2011
Defensor revelado pelo modesto Nova Aurora e que desde 2011 atua pelo Luverdense. Sua carreira ficou marcada por uma séria contusão, sofrida em 2014 e que o afastou dos gramados por cerca de sete meses, retornando apenas para a disputa da Copa Verde de 2015.

4 – Preto Costa (Paulo Henrique da Costa)
Atlético (MG) – 1999
A instabilidade na sua carreira é a principal marca, pois teve oportunidades em equipes de destaque, como Atlético (MG), Ceará, Fortaleza, Portuguesa e Botafogo, mas nunca conseguiu se firmar. Atuou recentemente pelo Icasa e foi contratado pelo Guarani para disputar a Série B do Paulistão 2015. Nasceu em Três Corações (MG), como Pelé.

6 – Marronkle (Gonzalo Damian Marronkle)
Lanús (ARG) – 2002
Jogador argentino esforçado e que coleciona passagens por times menores, apesar de ter começado a carreira no Lanús (ARG). Em 2004, foi jogar no futebol português, quando teve a melhor oportunidade no Porto B (POR) e no Chaves (POR). Também jogou no Vietnã.

5 – Scott Brown (Scott Brown)
Celtic (ESC) – 2007
Meio-campista escocês habilidoso e forte na marcação. É nome constante nas convocações da sua seleção.

8 – Larrosa (Omar Larrosa)
Boca Juniors (ARG) – 1970
Fez parte do elenco da Argentina que faturou o título da Copa do Mundo de 1978, chegando a entrar no segundo tempo da finalíssima contra a Holanda. Iniciou no Boca Juniors (ARG) e, depois de passar pelo Argentinos Juniors (ARG), voltou para o Boca. Jogou ainda na Guatemala, pelo Comunicaciones (GUA), Huracán (ARG), Independiente (ARG), Vélez (ARG) e San Lorenzo (ARG).

10 – Julian Green (Julian Wesley Green)
Bayern de Munique (ALE) – 2013
É um atacante que, apesar de ter nascido nos Estados Unidos, foi criado na Alemanha. Isso criou uma situação curiosa: Green só jogou por equipes alemãs e chegou a defender a Seleção Alemã nas seleções Sub-16, Sub-17 e Sub-19, enquanto jogou pelos Estados Unidos no Sub-18 e no adulto. Pelo time do Tio Sam, disputou a Copa do Mundo de 2014 e até fez um gol, contra a Bélgica pelas oitavas de final.

7 – Amarilla (Raúl Vicente Amarilla)
Barcelona (ESP) – 1985
Ex-atacante paraguaio que fez sucesso no futebol espanhol na década de 1980, quando jogou pelo Real Santander (ESP), Real Zaragoza (ESP) e Barcelona (ESP). Viveu seus melhores momentos com a camisa do Olimpia (PAR), conquistando a Libertadores da América de 1990. Atualmente é treinador.

9 – Azul (Fagner Lins)
CSA – 2012
Centroavante alagoano com passagem por equipes modestas do nosso futebol, como Grêmio Barueri, Juventus (SP) e CSA. Jogou ainda na Europa, no pequeno e inexpressivo país de Malta.

11 – Castaño (John Edson Castaño)
Racing (ARG) – 1990
Ponta-esquerda colombiano que jogou no Racing (ARG) em 1990. Em seu país atuou principalmente pelo América de Cáli (COL) e pelo Atlético Nacional (COL).

SELEÇÃO BRANCA

1 – Rubén Blanco (Rubén Blanco Veiga)
Celta (ESP) – 2013
Jovem goleiro espanhol que começou a carreira e permanece no Celta (ESP). É convocado pela Seleção Espanhola desde as categorias de base e é considerado uma das principais promessas para assumir a posição em breve.

2 – Paolo Bianco (Paolo Bianco)
Catania (ITA) – 2004
Zagueiro italiano que fez a carreira em equipes pequenas e medianas do seu país. Seu melhor momento foi com a camisa do Catania (ITA), quando ajudou a equipe a retornar para a Série A do Campeonato Italiano.

3 – Laurent Blanc (Laurent Robert Blanc)
França – 1998
Zagueiro e líbero francês que conciliava força e técnica. Destacou-se com as camisas do Auxerre (FRA), Barcelona (ESP), Olympique de Marselle (FRA), Internazionale (ITA) e Manchester United (ING). Sua qualidade lhe conferiu o apelido de Le President [O Presidente]. Foi um dos líderes da Seleção Francesa, onde jogou por 11 anos, nas conquistas da Copa do Mundo de 1998 e da Eurocopa 2000.

4 – Matteo Bianchetti (Matteo Bianchetti)
Internazionale (ITA) – 2012
Zagueiro que começou nas categorias de base do Spezia (ITA), Empoli (ITA) e Verona (ITA), seu clube atual. Jogou pelas categorias de base da Seleção Italiana, desde o Sub-18 até o Sub-21.

6 – Branco (Cláudio Ibraim Vaz Leal)
Fluminense – 1984
Lateral-esquerdo tetracampeão pela Seleção Brasileira na Copa do Mundo de 1994. O bom apoio ao ataque e o chute forte eram suas principais armas. Apesar de ter iniciado no Internacional (RS), foi no

Fluminense que passou a ser conhecido no futebol brasileiro, sendo um dos principais responsáveis pelo título nacional de 1984. Jogou na Europa de 1986 a 1993 e acumulou passagens por grandes clubes do Brasil, como Grêmio, Corinthians e Flamengo. Ao deixar os campos, passou a executar a função de coordenador técnico e treinador.

5 – Bianqui (Carlos Bianque da Silva)
Santos – 1973
Zagueiro formado pelo Santos e que jogou pelo alvinegro praiano de 1969 a 1979, quando presenciou o fim da Era Pelé e acompanhou o surgimento dos Meninos da Vila. Pelo Peixe foi campeão paulista de 1973 e 1978. Ainda jogou pelo Cruzeiro, Atlético (PR), Sport e Inter de Limeira (SP), compondo o elenco campeão paulista de 1986.

8 – Branquinho (Werllington Clayton Gonçalves dos Santos)
Santo André – 2010
Meia de muita movimentação e que foi titular do Santo André no vice-campeonato paulista de 2010. Também se destacou jogando pelo Atlético (PR) e teve boa passagem pelo futebol japonês. Jogou ainda no Bahia, no Oeste e em 2016 voltou para o Santo André.

10 – Cuauhtémoc Blanco (Cuauhtémoc Blanco Bravo)
América (MEX) – 2005
É um dos maiores jogadores mexicanos de todos os tempos, porém temperamental, acabou brigando por diversas vezes com técnicos e até mesmo com a Federação Mexicana de Futebol. Jogou nos principais clubes mexicanos, no Real Valladolid (ESP) e pelo Chicago Fire (EUA). Pela Seleção Mexicana disputou as Copas do Mundo de 1998, 2002 e 2010, perdendo a oportunidade de disputar a Copa de 2006 por contusão. Seu maior feito foi a conquista da Copa das Confederações em 1999, quando também foi o artilheiro com seis gols. Blanco inovou na Copa de 1998 ao criar o drible do canguru, em que prendia a bola com as pernas e passava entre dois defensores com um pulo. Fora de campo, arriscou-se na carreira artística interpretando o personagem Júlio na novela *El Triunfo del Amor* [O Triunfo do Amor].

7 – Haroldo Castelo Branco (Haroldo Castelo Branco)
Fortaleza – 1965
Considerado um dos principais atacantes cearenses nas décadas de 1950 e 1960. Graças ao seu raro faro de gol, foi artilheiro e querido pelas torcidas rivais do Ceará e do Fortaleza.

9 – Riolando Bianchi (Riolando Bianchi)
Torino (ITA) – 2008
Atacante italiano mediano revelado, em 2000, pelo Atalanta (ITA). Passou por vários times de seu país e pelo Manchester City (ING), até chegar ao Torino (ITA), quando viveu a sua melhor fase.

11 – White (Ellen White)
Seleção Inglesa – 2011
Ellen White é uma atacante da Seleção Inglesa de futebol feminino. Durante a Copa do Mundo de 2011 foi a autora de um gol na vitória por 2 X 0 sobre o Japão pela primeira fase do torneio. Também disputou os Jogos Olímpicos de 2012, dessa vez pela seleção da Grã-Bretanha.

GRUPOS

ANIMAIS

NATUREZA

GASTRONOMIA

MERCADO

FÉ

FAMÍLIA

GEOGRAFIA

ESPORTES

CORPO & ALMA

MÚSICA

ARTES

VALE-TUDO

GRUPO
GASTRONOMIA

SELEÇÕES

COMIDAS
DOCES
BEBIDAS
BEBIDAS ALCOÓLICAS
ETÍLICA
FEIRA
COZINHA

SELEÇÃO COMIDAS

1 – Crudo (Guillermo Crudo)
Banfield (ARG) – 1995
Arqueiro argentino que nunca teve a sorte de defender uma grande equipe e disputar títulos relevantes. Deportivo Morón (ARG), Banfield (ARG), Tigre (ARG), Argentinos Juniors (ARG) e Laferrere (ARG) foram os seus clubes, quase sempre esquentando o banco ou até como terceira opção. Alcançou a fama em novembro de 2010 quando exercia a função de assistente técnico do Acasusso (ARG) e invadiu o gramado numa partida contra o Comunicaciones (GUA) interrompendo uma jogada adversária. Crudo acabou suspenso, mas tornou-se muito mais conhecido do que na sua época de goleiro.

2 – Cocada (Luiz Edmundo Lucas Corrêa)
Vasco da Gama – 1988
Lateral regular que teve a carreira marcada por dois fatos: ser irmão do atacante Müller e por fazer o gol do Vasco na conquista do Campeonato Carioca de 1988. Nessa partida, Cocada entrou aos 41 do segundo tempo, fez o gol aos 44 e foi expulso aos 45. Também jogou pelo Flamengo e pelo Fluminense, quando passou a usar o nome Lucas Cocada.

3 – Eduardo Arroz (Eduardo Rosa dos Santos)
Ponte Preta – 2008
Zagueiro de força que acumulou passagens por equipes medianas. Começou sua carreira profissional no América (RN), em 2006.

4 – Pirão (Manoel Almeida Júnior)
Ponte Preta – 2009
Após rodar por equipes menores do interior do Rio de Janeiro, passou a ser conhecido pelas suas atuações com a camisa da Ponte Preta. Seguiu depois para o Criciúma, Avaí, São Caetano, Chapecoense e CRB.

6 – Triguinho (Luciano da Silva)
Santos – 2009
Lateral-esquerdo que no começo da carreira chegou a atuar pelo Barcelona (ESP), em 2001. Surgiu para o futebol brasileiro, em 2002, jogando pelo Figueirense. Teve boas passagens pelo São Caetano, conquistando o Campeonato Paulista de 2004, Santos, Coritiba e Atlético (MG).

5 – Ademir Sopa (Ademir Freitas de Carvalho)
Portuguesa – 2010
Jogador que atua principalmente no meio de campo, como armador ou volante e que também já quebrou o galho como lateral-direito e até atacante. As principais equipes que defendeu foram Chapecoense, Caxias, Avaí e Portuguesa.

8 – Gilmar Fubá (Gilmar de Lima Nascimento)
Corinthians – 2000
Revelado nas categorias de base do Corinthians, este volante especializado na marcação jogou pelo Timão de 1995 a 2000, porém nunca conquistou a titularidade definitiva. Com a camisa do alvinegro foi campeão do Mundial de Clubes de 2000 e bicampeão brasileiro de 1998/99. Jogou também no Fluminense e no Criciúma.

10 – Cappeletti (Javier Cappeletti)
Rosario Central (ARG) – 1997
Volante do Rosario (ARG) entre 1997 e 2002, que tinha os tiros de longa distância como a sua melhor qualidade. Jogou nas seleções da Colômbia e Guatemala, Talleres de Córdoba (ARG) e equipes menores da Argentina, aposentando-se em 2009.

7 – Bife (José Silva Oliveira)
Mixto – 1980
Meia de qualidade que teve a carreira baseada no futebol do Mato Grosso. Foi revelado pelo Operário de Várzea Grande, mas se destacou com a camisa do Mixto. Também jogou pelo Porto (POR).

9 – Rubens Feijão (Rubens de Jesus)
Santos – 1978
Atacante de área forte que começou no Santos e fez parte da primeira geração dos Meninos da Vila. Momentos marcantes da carreira foram a participação no jogo de despedida de Pelé, Santos X Cosmos (EUA), em 1977, e a conquista do Campeonato Paulista de 1978. Destacou-se no Boa Vista (POR), permanecendo no clube por dez anos.

11 – Roberto Batata (Roberto Monteiro)
Cruzeiro – 1971
Atacante que jogou no Cruzeiro de 1971 a 1976, realizando 281 partidas pelo clube. Sua carreira foi encerrada dramaticamente num acidente automobilístico, vindo a falecer em 13 de maio de 1976, quando o time mineiro ainda disputava a Libertadores, e em seguida venceria o torneio, no mesmo ano.

SELEÇÃO DOCES

1 – João Leite (João Leite da Silva Neto)
Atlético (MG) – 1978
Um dos maiores goleiros do Atlético (MG) em toda a sua história, clube onde começou e encerrou a carreira, tendo jogado ainda no Vitória de Guimarães (POR), Guarani e no América (MG). Tornou-se político e é deputado estadual por Minas Gerais.

2 – Caramelo (Matheus Lucena dos Santos)
São Paulo – 2013
Lateral que surgiu como grande revelação do Mogi Mirim no Paulistão de 2013. No mesmo ano foi contratado pelo São Paulo para disputar o Brasileirão, mas não conseguiu se destacar e passou a ser emprestado para ganhar experiência. Dessa forma já passou pelo Atlético (GO), em 2014, e no início de 2015 foi anunciado pela Chapecoense. Retornou para o São Paulo no início de 2016, sendo inscrito para a disputa da Libertadores.

3 – Alex Pirulito (Alex Sandro da Silva)
São Paulo – 2006
Zagueiro de uma família de defensores. Seu irmão mais famoso é o Luisão, do Benfica (POR). Alan, zagueiro do Internacional (RS), e André Silva, do Santo André, completam a lista. Alex Silva, ou Alex Pirulito, surgiu no Vitória, mas foi no São Paulo, clube em que teve duas passagens, que viveu o seu melhor momento. No Tricolor foi bicampeão brasileiro em 2006/07. Jogou ainda no Rennes (FRA), Hamburgo (ALE), Flamengo, Cruzeiro e Boa Esporte Clube, entre outros, sem nunca repetir as boas atuações da época do São Paulo.

4 – Batata (Wanderley Gonçalves Barbosa)
Corinthians – 1998
Zagueirão forte na marcação, porém limitado tecnicamente. Seu melhor momento foi jogando pelo Corinthians, de 1998 a 2002, vindo do Ituano (SP). Ao sair do Timão, passou ao Atlético (MG) e pelo Brasiliense

até chegar no Náutico, tendo atuado na partida que ficou conhecida como Batalha dos Aflitos, em 2005, e que definiu o retorno do Grêmio à elite do Campeonato Brasileiro, ao vencer o time pernambucano por 1 X 0, mesmo com quatro jogadores expulsos.

6 – Coco (Francesco Coco)
Milan (ITA) – 1995
Lateral-esquerdo italiano que se tornou uma celebridade após deixar os gramados devido à sua atuação como proprietário de uma grife de moda. Em campo, jogou por diversos clubes italianos, destacando-se Milan (ITA), Internazionale (ITA) e Torino (ITA). Também passou rapidamente pelo Barcelona (ESP). Participou do grupo da Seleção Italiana na Copa do Mundo de 2010.

5 – Ruço Beijinho Doce (José Carlos dos Santos)
Corinthians – 1976
Volante que chegou ao Corinthians em 1975, vindo do Madureira. Logo caiu nas graças da Fiel pela sua valentia e raça em campo. Ganhou o apelido de Ruço Beijinho Doce porque comemorava os gols mandando beijos para a torcida. Foi o autor do gol, de meia-bicicleta, no empate de 1 X 1 com o Fluminense na semifinal do Campeonato Brasileiro de 1976, na partida que ficou conhecida como "Invasão do Maracanã" e que o Corinthians acabou vencendo na disputa de pênaltis. Também foi titular e peça importante na conquista do Campeonato Paulista de 1977, encerrando um jejum de quase 23 anos sem títulos.

8 – Chocolate (Maurício Corrêa Silva)
Palmeiras – 1995
Meia-atacante e atacante que foi revelado pelo Palmeiras, em 1995. Considerado promissor, foi emprestado para vários clubes menores até retornar para o Verdão em 2000. Porém nunca conseguiu se destacar e acabou dispensado.

10 – Biju (André Luiz de Souza Silva)
Kyoto Purple Sanga (JAP) – 2003
Este meia é um bom exemplo do fenômeno que aconteceu no futebol brasileiro nos últimos anos. Desconhecido no nosso país, pois jogou rapidamente pelo Goytacaz, Americano e União São João de Araras, Biju foi atuar no futebol japonês em 1999. Atuou em equipes da J-League, como o Consadole Sapporo (JAP) e o Kyoto Purple Sanga (JAP) e, mesmo aposentado, continuou morando no país oriental.

7 – Carlinhos Bala (José Carlos da Silva)
Sport – 2008
Ponta-direita veloz e insinuante que fez sucesso no futebol pernambucano. Começou no Santa Cruz, onde acumulou duas passagens. Jogou em duas oportunidades pelo Náutico e em outras duas pelo Sport. Ainda atuou pelo Cruzeiro, Fortaleza, entre outros. Foi no Sport que conquistou o título mais importante da carreira: a Copa do Brasil de 2008.

9 – Picolé (José Manoel Ricardo)
Palmeiras – 1976
Centroavante que surgiu no Noroeste de Bauru. Em 1976, foi contratado pelo Palmeiras, permanecendo no clube até 1979, não consolidando a sua fama de matador. Jogou também no Atlético (PR) e na Portuguesa Santista.

11 – Romeu (Romeu Evangelista)
Corinthians – 1974
Começou a carreira como ponta-esquerda, recuando mais tarde para a meia. Seu primeiro clube foi o Atlético (MG), que o negociou com o Corinthians, em 1974. Tornou-se um dos jogadores mais queridos da torcida corintiana e foi um dos principais jogadores na conquista do Campeonato Paulista de 1977, que encerrou o jejum de quase 23 anos sem títulos do Timão. Em 1980, foi jogar pelo arquirrival Palmeiras, mas não conseguiu o mesmo sucesso. Recebeu o apelido de Romeu Cambalhota, pela forma que comemorava seus gols.

SELEÇÃO BEBIDAS

1 – Helton Leite (Helton Brant Aleixo Leite)
Criciúma – 2013
Goleiro filho de João Leite, histórico arqueiro do Atlético (MG). Nas categorias de base passou pelo próprio Galo, Goiás e Grêmio. Profissionalizou-se no Corinthians (PR). Viveu um bom momento no Ipatinga, passou pelo Boa Esporte Clube, pelo Criciúma e desde 2014 está no Botafogo, na maioria das vezes como reserva.

2 – Grapete (José Borges de Couto)
Atlético (MG) – 1972
Defendeu o Atlético (MG) de 1964 a 1975, sendo titular no título do Campeonato Brasileiro de 1971. Seu apelido surgiu porque seu pai tinha um bar que vendia o refrigerante Grapette.

3 – Gini (Luís Arnulfo Gini)
Sol de América (PAR) – 1958
Zagueiro paraguaio na Copa do Mundo de 1958, quando a seleção guarani ficou num honroso nono lugar.

4 – Baré (Marcos Baricala)
Corinthians – 1993
Zagueiro com pouca técnica, formou uma das mais folclóricas zagas do Corinthians ao lado de Embu, que era volante de formação. A união dos dois atletas ficou conhecida como a zaga "Bambu". Nunca caiu nas graças da torcida, que o considerava inseguro. Ao desligar-se do Timão, jogou em diferentes equipes do interior paulista.

6 – Cocca (Diego Cocca)
River Plate (ARG) – 1991
Ex-zagueiro argentino com passagem por vários times do seu país, com destaque para o River Plate (ARG) no período de 1990 a 1992. Também jogou no futebol espanhol e mexicano. Tornou-se gerente de futebol.

5 – Drinkwater (Daniel Drinkwater)
Leicester (ING) – 2016
Meio-campista inglês que se destaca pela entrega em campo. Revelado pelo Manchester United (ING), rodou por equipes menores até ser contratado pelo Leicester (ING) em 2012, na época uma equipe sem grande expressão. Porém, na temporada 2015/16, tanto Drinkwater como o próprio Leicester (ING), se superaram e conquistaram o título da Premier League, protagonizando uma das maiores zebras da história.

8 – Erick Beer (Erick Beer)
Hertha Berlim (ALE) – 1971
Atacante e meio-campista alemão que jogou de 1968 a 1982. Considerado um atleta de qualidade, vestiu a camisa da Seleção Alemã de 1975 a 1978 em 24 oportunidades, marcando sete gols.

10 – Renato Kayzer (Renato Kayzer de Spuza)
Vasco da Gama – 2015
Meia-atacante que se destacou na Copa São Paulo de Futebol Júnior de 2015 com a camisa do Vasco. Iniciou a carreira no Desportivo Brasil (SP). Apesar de ter nome de cerveja, garante que não curte uma balada e é visto no clube carioca com grande futuro.

7 – Cafezinho (João Cristiano Araújo)
Madureira – 1997
Lateral-direito que chegou a jogar como atacante. Ficou conhecido por ter "saído na mão" com Romário no Campeonato Carioca de 1997. Na época Cafezinho jogava no Madureira e o Baixinho no Flamengo.

9 – Águas (Marcelo Águas)
Jaguares (MEX) – 2009
Jovem atacante mexicano que ainda não despontou para o futebol, tendo atuado em equipes menores. O Jaguares (MEX) foi a principal equipe na qual jogou, mas sem grande brilho.

11 – Dolly Menga (Dolly Domingos Menga)
Benfica B (POR) – 2014
Apesar de jovem, este atacante já tem história para contar. Defendeu as categorias de base da seleção da Bélgica, mas deu preferência para Angola, país de origem dos seus pais, a partir de novembro de 2014. Já jogou no Standard Liége (BEL), Torino (ITA) e Benfica B (POR) para ganhar experiência. A seguir, passou pelo Braga (POR) e o pequeno Tondela (POR).

SELEÇÃO BEBIDAS ALCOÓLICAS

1 – Champagne (Nereo Champagne)
San Lorenzo (ARG) – 2012
Cada defesa deste goleiro argentino merece um brinde. Além do San Lorenzo (ARG), clube onde foi campeão do Torneio Clausura, em 2007, jogou no Ferro Carril (ARG) e no Olimpo (ARG).

2 – Lorik Cana (Lorik Cana)
Lazio (ITA) – 2011
Atua como zagueiro e volante. Mesmo defendendo a fraca seleção da Albânia, jogou em apenas importantes clubes europeus: Paris Saint-Germain (FRA), Olympique de Marseille (FRA), Sunderland (ING), Galatasaray (TUR) e Lazio (ITA).

3 – Calvet (Raul Donazar Calvet)
Santos – 1961
Imortalizou-se como o zagueiro do grande time do Santos da década de 1960. Com um estilo técnico e elegante, veio do futebol gaúcho, onde jogou pelo Bagé e pelo Grêmio. No Peixe foi campeão diversas vezes, como o bi da Libertadores e do Mundial de Clubes, em 1962 e 1963.

4 – Bordon (Marcelo José Bordon)
São Paulo – 1994
Zagueiro de muita força física e excelente cabeceio, teve a sua primeira oportunidade atuando pelo Expressinho Tricolor, que conquistou surpreendentemente a Copa Conmebol de 1994. Nunca foi uma unanimidade entre a torcida são-paulina. Em 1999, se transferiu para o Stuttgart (ALE) e posteriormente, em 2004, para o Schalke-04 (ALE), permanecendo no clube até 2010. Na Alemanha encontrou o seu melhor futebol, tanto que a crônica local questionava a razão de Bordon não ser convocado para a Seleção Brasileira. Encerrou a carreira em 2011, jogando no Catar.

6 – Branco (Luciano Salomão)
Ponte Preta – 1993
Tinha o mesmo apelido e jogava na mesma posição de Branco, campeão da Copa de 1994 pela Seleção, mas este teve uma carreira mais modesta. Revelado pela Ponte Preta em 1991, permaneceu no clube até 1995, quando foi jogar no Atlético (PR). Após passar rapidamente pelo Mérida (ESP), destacou-se na Portuguesa. Bahia, São José (SP), Paraná Clube, retorno para a Portuguesa e o Santa Cruz completam a lista de equipes que defendeu.

5 – Eddy Sidra (Eduard Mahir Sidra)
Energie Cottbus (ALE) – 2008
Volante e meia de ligação canadense. Profissionalizou-se jogando na Alemanha, pelo Energie Cottbus (ALE), e em 2011 voltou para o seu país e defendeu o FC Edmonton (CAN), equipe que disputou a nova liga de futebol que reúne times dos Estados Unidos e do Canadá.

8 – Martini (Leonardo Martini)
Villa San Carlos (ARG) – 2011
Jogador histórico do pequeno Vila San Carlos (ARG), que jogou pelo clube por vinte anos, de 1991 a 2011.

10 – Pinga (André Luciano da Silva)
Santos – 2013
Meia de ligação revelado pelo Ceará e que jogou por sete anos no futebol italiano, no Torino (ITA), Siena (ITA) e Treviso (ITA). Voltou para o Brasil em 2008 para vestir a camisa do Internacional (RS), onde permaneceu por pouco tempo. Atuou no futebol dos Emirados Árabes e do Catar e no começo de 2013 chegou ao Santos, permanecendo apenas cinco meses no clube alvinegro sem nunca ter se consolidado como titular.

7 – Moscatel (João Vicente Moscatelli)
Juventus (SP) – 1950
Ponta-direita arisco do Juventus (SP). Sua carreira foi baseada em passagens por clubes do interior de São Paulo.

9 – Erick Beer (Erick Beer)
Hertha Berlim (ALE) – 1971
Alemanha e boa cerveja têm tudo a ver. Há várias formas de provar tal teoria, como a Oktoberfest. Já no futebol, o atacante e meio-campista Erik Beer deu mais uma prova de tal afirmação, fazendo sucesso pelo Hertha Berlim (ALE) e pela Seleção Alemã.

11 – Conti (Bruno Conti)
Roma (ITA) – 1980
Ponta-esquerda e meia baixinho. Veloz e driblador, jogou por 15 temporadas pela Roma, no período de 1973 a 1991, sendo emprestado neste tempo em duas oportunidades para o Genoa (ITA). Jogou ao lado de Falcão e foi considerado um dos 11 maiores jogadores da história do clube romano de todos os tempos. Conquistou o Campeonato Italiano da temporada 1982/83 e cinco Copas da Itália. Com a Seleção Italiana foi peça primordial para o time campeão da Copa do Mundo de 1982. Ao deixar os gramados, tornou-se dirigente e treinador da Roma (ITA).

SELEÇÃO ETÍLICA

1 – Bernd Dreher (Bernd Dreher)
Bayern de Munique (ALE) – 2005
Passou a maior parte da carreira no Bayer Leverkusen (ALE). Sua última equipe foi o Bayern de Munique (ALE), aposentando-se em 2002. Passou a exercer a função de treinador de goleiros do próprio Bayern de 2003 a 2005, até que teve que voltar aos gramados às pressas, pois os principais goleiros do time haviam se contundido.

2 – Darren Barr (Darren Barr)
Falkirk (ESC) – 2004
Zagueiro e volante escocês com nome bastante sugestivo e que apesar de ter atuado na sua seleção nacional desde 2008, ainda não jogou por uma equipe de ponta no seu país.

3 – Pinga (Jorge Luís da Silva Brum)
Internacional (RS) – 1984
Desde as categorias de base, este zagueiro era apontado como uma grande promessa. Profissionalizou-se pelo Internacional (RS) e em pouco tempo tornou-se titular da equipe. Seu maior diferencial era a qualidade técnica. Em 1984, o time do Colorado representou a Seleção Brasileira nos Jogos Olímpicos de 1984, em Los Angeles, e Pinga formou com Mauro Galvão a zaga que conquistou a medalha de prata. Em 1987, porém, uma grave lesão no joelho fez com que o destino de Pinga mudasse completamente. Os médicos acreditavam que o zagueiro nunca mais voltaria aos gramados. Pinga se recuperou apenas em 1991 e jogou pelo Ituano. Voltou ao Internacional (RS) em 1992 e conquistou a Copa do Brasil. Ainda vestiu a camisa do Corinthians em 1994 e 1995.

4 - Conhaque (Carlos Adolpho Ribeiro)
Botafogo (RP) – 1981
Zagueiro que chegou a disputar o Torneio de Cannes (FRA) com a Seleção Brasileira Sub-17, mas que ao se profissionalizar passou a jogar em times menores. Surgiu no Botafogo (RP) e depois atuou pelo Mogi Mirim, Pelotas, Comercial (RP), entre outros.

6 - Tomovic (Nenad Tomovic)
Genoa (ITA) – 2010
Zagueiro sérvio que, após jogar em seu país, desde 2009 se fixou no futebol italiano, com passagens pelo Genoa (ITA), Lecce (ITA) e Fiorentina (ITA). Atua pela Seleção Sérvia desde as categorias de base.

5 - Ron (Carlos René Ron)
EL Nacional (EQU) – 1973
Volante de forte marcação e de excelente qualidade técnica que provou a sua fidelidade ao El Nacional (EQU), vestindo a camisa do clube de 1973 a 1989.

8 - Thomás (Thomás Bedinelli)
Flamengo – 2011
Meia ofensivo que surgiu como grande promessa no Flamengo. Foi emprestado para o Siena (ITA) pelo período de 2012 a 2014. Jogou ainda na Ponte Preta e no Seatle Sounders (EUA). Em 2016 foi contratado pelo Joinville.

10 - Néstor Gorosito (Néstor Raúl Gorosito)
River Plate (ARG) – 1982
Meia argentino de grande capacidade técnica. Começou no River Plate (ARG) e ainda como reserva foi campeão da Libertadores e do Mundial Interclubes em 1986. Tornou-se ídolo do San Lorenzo (ARG), tanto que teve três passagens gloriosas pelo clube. Destacou-se também no Universidad Católica (CHI). Atualmente é treinador.

7 - Kaneko (Alexandre Carvalho Kaneko)
Santos – 1968
Ponta-direita descendente de japoneses que é considerado o pai da "carretilha" no futebol brasileiro, por talvez ter sido o primeiro no nosso país a aplicar o drible numa partida entre Santos e Botafogo (RP), pelo Campeonato Paulista de 1968, em que o Peixe venceu por 5 X 1.

9 - Tomasson (John Dahl Tomasson)
Seleção Dinamarquesa – 2010
Atacante que disputou as Copas do Mundo de 2002 e 2010 pela Dinamarca. Jogou em clubes expressivos da Europa, como Newcastle (ING), Feyenoord (HOL), Stuttgart (ALE) e Villarreal (ESP), mas foi no Milan (ITA), no período de 2002 a 2005, que viveu os seus melhores dias.

11 - Taverna (Jorge Taverna)
Rosario Central (ARG) – 1984
Atacante argentino que teve sua melhor passagem pelo Rosario Central (ARG). Em 1985, foi jogar no futebol colombiano e retornou para a Argentina alguns anos depois, vestindo as camisas de times de pouca expressão.

SELEÇÃO FEIRA

1 – Manga (Hailton Corrêa de Arruda)
Botafogo – 1959
Goleiro que jogou profissionalmente por 27 anos (de 1955 a 1982). Começou no Sport, porém foi no Botafogo que ganhou expressão nacional e é considerado por muitos o melhor arqueiro que já passou pelo Fogão. Adorava provocar o Flamengo dizendo na véspera do clássico que o bicho já estava garantido para fazer a feira. Brilhou ainda no Nacional (URU), conquistando a Libertadores e o Mundial Interclubes de 1971. No Internacional (RS) conquistou o bicampeonato brasileiro de 1975/76 e também jogou no Coritiba e no Grêmio. Encerrou a carreira no Barcelona de Guayaquil (EQU). Disputou a Copa do Mundo de 1966, na Inglaterra.

2 – Edson Abobrão (Edson Boaro)
Corinthians – 1984
Lateral-direito revelado pela Ponte Preta e que jogou no Corinthians, Palmeiras e Guarani. Tinha tudo para ser titular da Seleção na Copa de 1986, graças à saída de Leandro, mas devido a uma contusão perdeu a posição para Josimar. Ganhou o apelido de Abobrão porque usava meias da cor abóbora.

3 – Pepino (José D'Abronzo)
XV de Piracicaba – 1949
Nascido na Itália, atuou como zagueiro do XV de Piracicaba por 14 anos, de 1949 a 1962. Teve uma breve passagem pela Portuguesa, em 1954, e pelo Vasco, em 1956. Ainda trabalhou como técnico, inclusive do próprio XV de Piracicaba.

4 – Bruno Uvini (Bruno Uvini Bortolança)
São Paulo – 2010
Surgiu ao fazer parte do time do São Paulo campeão da Copa São Paulo de Futebol Júnior de 2010. No mesmo ano foi promovido para o time principal do Tricolor, onde jogou até 2012, quando se transferiu para o Tottenham (ING). Jogou ainda no Napoli (ITA)

e no Siena (ITA). Em 2014, disputou o Brasileirão pelo Santos. Fez parte da Seleção Brasileira medalha de prata nos Jogos Olímpicos de 2012, em Londres.

6 – Lima (Antônio Lima dos Santos)
Santos – 1962
Um dos primeiros jogadores polivalentes do futebol brasileiro, jogava como volante, lateral-direito e esquerdo, zagueiro, meia e até ponta-direita. Começou a carreira no Juventus (SP), mas foi no Santos que formou um dos maiores times da história do futebol mundial. No Peixe jogou ao lado de mitos como Pelé, Pepe, Gilmar dos Santos Neves, Coutinho e muitos outros. Passou também pelo Fluminense e Portuguesa Santista. Ganhou todos os títulos possíveis da sua época, como o bicampeonato Mundial Interclubes em 1962/63. Disputou a Copa de 1966 com a Seleção Brasileira.

5 – Cocco (Victorino Nicolás Cocco)
San Lorenzo (ARG) – 1968
Ídolo do San Lorenzo (ARG) no final da década de 1960 e começo da de 1970, sendo um dos principais atletas na conquista dos Campeonatos Argentinos de 1968, 1972 e 1974. Também vestiu as camisas do River Plate (ARG) e do Boca Juniors (ARG). Tornou-se dirigente em vários clubes.

8 – Iranildo Chuchu
(Iranildo Hermínio Ferreira)
Botafogo – 1995
Meia hábil, mas fraco fisicamente, que começou a carreira no pequeno Madureira. Chegou ao Botafogo em 1995, fazendo parte do elenco campeão brasileiro do mesmo ano. Transferiu-se para o Flamengo em 1996, onde recebeu o apelido de Chuchu. Jogou também no Bahia, São Caetano e futebol grego, tendo seus últimos bons momentos com a camisa do Brasiliense (DF).

10 – Manguinha (Wantuil Rodrigues Oliveira)
Comercial (RP) – 1985
Meia esforçado, é considerado um dos maiores jogadores da história do Comercial (RP).

7 – Leandro Banana (Leandro Marcos Pereira)
Chapecoense – 2014
Revelado pela Ferroviária de Araraquara, passou por vários clubes como Icasa e Portuguesa. Foi na Chapecoense durante o Campeonato Brasileiro de 2014 que se destacou ao marcar dez gols no torneio. No final de 2014 foi contratado pelo Palmeiras, que furou o arquirrival Corinthians, que teria acertado com o atleta anteriormente. Em 2015, foi negociado com o Club Brugge (BEL).

9 – Márcio Mixirica (Márcio Mandinga dos Santos)
Portuguesa – 1999
Atacante cigano do futebol brasileiro que jogou por vários times, como Portuguesa, Atlético (MG), Santa Cruz e Ponte Preta, além do Galatasaray (TUR). Teve a sua melhor fase com a camisa do Boavista (POR). Ganhou o apelido, popularizado com a grafia errada, por gostar muito de mexerica.

11 – Everson Piki (Everson José Vaz)
Paraná Clube – 2011
Atacante que começou no Paraná Clube e desde então vestiu as camisas de equipes modestas, principalmente do futebol paranaense, como Rio Branco, Paranavaí e Maringá. Adotou o apelido por ser fã da fruta.

SELEÇÃO COZINHA

1 – Wílson Macarrão (Wílson Ricardo Coimbra)
Corinthians – 1990
O Corinthians foi o clube mais expressivo onde atuou, no período de 1990 a 1996. Chegou ao Timão já veterano, com 33 anos, para ser reserva imediato de Ronaldo. Encerrou a carreira no clube para trabalhar nas categorias de base.

2 – Cozinheiro
São Paulo – 1936
Centromédio, atual volante, dos primeiros anos do São Paulo, clube onde atuou de 1936 a 1938.

3 – Enrique Meza (Enrique Gabriel Meza)
Olímpia (PAR) – 2013
Zagueiro paraguaio vice-campeão da Libertadores da América pelo Olimpia (PAR). No Brasil jogou pelo Sport e Chapecoense.

4 – Maduro (Hedwiges Maduro)
Valencia (ESP) – 2008
Zagueiro e volante holandês que jogou no Ajax (HOL), Valencia (ESP), Sevilla (ESP) e que está desde 2014 na PAOK (GRE). Esteve na Copa do Mundo de 2006.

6 – Polenta (Diego Polenta)
Nacional (URU) – 2016
Zagueiro uruguaio alto e forte, mas com pouca qualidade técnica. Revelado pelo Danúbio (URU), passou pelo futebol italiano (Genoa e Bari) antes de retornar para o seu país, tornando-se um dos principais jogadores do tradicional Nacional (URU). É constantemente cobiçado por equipes brasileiras.

5 – Torrado (Gerardo "Torrado" Díez de Bonilla)
Cruz Azul (MEX) – 2005
Atuando como volante e meia, Torrado é considerado um dos mais importantes jogadores mexicanos da

década de 2000. Disputou três Copas do Mundo (2002, 2006 e 2010), marcando um gol na edição de 2002.

8 – Cuca (Alexi Stival)
Grêmio – 1989
Era um meia de boa categoria. Seu único título nacional como jogador foi a Copa do Brasil de 1989, pelo Grêmio. Jogou também em times como Valladollid (ESP), Internacional (RS), Palmeiras, Santos, Portuguesa e Coritiba. A partir de 1998 passou a exercer a função de treinador, sendo que foi no Atlético (MG) que alcançou o estrelato ao conquistar a inédita Copa Libertadores da América de 2013.

10 – Pirès (Robert Emmanuel Pirès)
Arsenal (ING) – 2001
Mesmo tendo atuado no futebol francês, seu país natal, viveu o ápice com a camisa do Arsenal (ING), clube que defendeu de 2000 a 2006, formando uma grande dupla com seu compatriota Thierry Henry. Polivalente, jogava como lateral-esquerdo, volante e meia. Pela Seleção Francesa foi campeão da Copa do Mundo de 1998 e da Eurocopa de 2000. Só não disputou a Copa de 2002 devido a uma lesão. Encerrou a carreira em 2011, mas retornou em 2014 para promover o lançamento da Super Liga Indiana, indo atuar pelo Goa (IND), onde foi dirigido por Zico.

7 – Lucas Pratto (Lucas David Pratto)
Vélez Sarsfield (ARG) – 2012
Tornou-se jogador do Atlético (MG) a partir de 2015. Foi revelado pelo Boca Juniors (ARG) e depois de rodar por diversos clubes na própria Argentina e no exterior (Noruega, Itália e Chile), encontrou o seu melhor futebol jogando pelo Vélez Sarsfield (ARG).

9 – Calderón (José Luis Calderón)
Estudiantes (ARG) – 2006
Meia-atacante argentino que jogou em vários times argentinos, também no Napoli (ITA) e no futebol mexicano. Pelo Estudiantes (ARG) foi importante ao marcar cinco gols na Libertadores da América de 2006. Parou em 2010.

11 – Carlos Saleiro (Carlos Miguel Mondim Saleiro)
Sporting (POR) – 2010
É um atacante português que jogou nas categorias de base da seleção nacional, porém, desde que se profissionalizou não conseguiu despontar. Seu clube mais expressivo foi o Sporting (POR). Na realidade, Saleiro é mais conhecido fora de campo, por ser o primeiro bebê de proveta gerado em Portugal.

GRUPOS

GRUPO
MERCADO

SELEÇÕES

PROFISSÕES
ESCOLA
ENDINHEIRADOS
ECONOMIA
CORRUPÇÃO
MARCAS
JURÍDICA
REALEZA
PRESIDENTES

SELEÇÃO PROFISSÕES

1 – Schumacher (Harald Anton Schumacher)
Colonia (ALE) – 1972
Goleiro titular da Alemanha nas Copas do Mundo de 1982 e 1986, sendo vice-campeão nas duas oportunidades. Apesar das belas defesas, Schumacher é sempre lembrado por ter sido o protagonista do lance mais violento da história das Copas, quando o goleiro alemão se chocou com o meio-campista francês Battiston durante a partida válida pelas semifinais da Copa de 1982. O lance causou uma briga diplomática entre França e Alemanha. Schumacher, em português, quer dizer "sapateiro".

2 – Secretário (Carlos Alberto de Oliveira Secretário)
Porto (POR) – 1993
Lateral-direito português que se destacou jogando pelo Porto (POR) nos anos de 1993 a 1996 e de 1998 a 2004. Pela seleção lusitana disputou duas Eurocopas, de 1996 e 2000.

3 – Terry Butcher (Terence Ian Butcher)
Inglaterra – 1986
Imagine ter que enfrentar um zagueiro cujo nome traduzido significa "açougueiro". Pois era isso que acontecia com os atacantes que enfrentavam Terry Butcher, um marcador viril da Inglaterra que fez sucesso com a camisa do Ipswich Town (ING) entre 1976 e 1986. Pela Seleção Inglesa disputou as Copas do Mundo de 1982, 1986 e 1990.

4 – Boiadeiro (Thiago Xavier da Rosa)
Ceará – 2009
Defensor, principalmente lateral-direito, que começou no futebol carioca. Jogou em várias equipes, mas viveu o seu melhor momento no Ceará.

6 – Dick Advocaat (Dirk Nicolaas Advocaat)
Roda (HOL) – 1973
Lateral-esquerdo, defensor e meia que não ganhou projeção como jogador profissional. Atuou no futebol

holandês e norte-americano e sua carreira foi de 1969 a 1984. Porém, foi como técnico que Advocaat ganhou respeito e renome internacional dirigindo a Seleção Holandesa em duas oportunidades: de 1992 a 1995 e de 2002 a 2004. Também especializou-se em comandar seleções de outros países: Emirados Árabes Unidos (2005), Coreia do Sul (2005 e 2006), Bélgica (2009 e 2010), Rússia (2010 a 2012) e Sérvia (2014). Participou de duas Copas do Mundo: em 1994, como treinador da Holanda, e em 2006, da Coreia do Sul.

5 – Wilson Carrasco (José Wilson Carrasco)
Portuguesa – 1979
Destacou-se como um meia habilidoso e de grande qualidade técnica. Surgiu na Ferroviária de Araraquara e brilhou com as camisas da Portuguesa, Santa Cruz e do Sport. É outro ex-jogador que passou a ser técnico.

8 – Doutor Sócrates (Sócrates Brasileiro Sampaio de Souza Vieira de Oliveira)
Corinthians – 1979
Sócrates era alto e magro, o que lhe obrigou a encontrar soluções geniais em campo, como seus toques de calcanhar. Curiosamente, conciliou os estudos e se formou em medicina enquanto estava no início da sua carreira no futebol. Era engajado politicamente, tanto que foi um dos líderes do movimento Democracia Corinthiana. Começou no Botafogo (RP), mas foi no Corinthians que se destacou. Jogou também no Fiorentina (ITA), Flamengo e Santos. Jogador cerebral, disputou as Copas do Mundo de 1982 e 1986. Ao encerrar a carreira tornou-se um técnico sem grandes resultados e voltou a se destacar como comentarista esportivo. Faleceu em 4 de dezembro de 2011.

10 – Facundo Ferreyra (Facundo Ferreyra)
Newcastle (ING) – 2014
Atacante argentino que surgiu no Banfield (ARG), quando foi um dos principais jogadores no título argentino de 2009, no Torneio Apertura. Jogou ainda no Vélez Sarsfield (ARG), antes de embarcar para a Ucrânia, quando foi contratado pelo Shakthar Donetsk (UCR) em 2010. Em 2014, foi emprestado para o Newcastle (ING). Vale lembrar que o sobrenome Ferreyra, nas suas mais diversas derivações, é proveniente da antiga profissão de ferreiro.

7 – Julio "El Jardinero" Cruz (Julio Ricardo Cruz)
Internazionale (ITA) – 2003
Atacante argentino que ganhou o apelido de "El Jardinero" porque cuidava do gramado do Banfield (ARG) e um certo dia foi chamado para completar o time em um treino. Foi tão bem que nunca mais voltou para os jardins. Viveu os melhores momentos da carreira na Internazionale (ITA). Pela Argentina disputou os Jogos Olímpicos de 1996, conquistando a Medalha de Prata, e jogou a Copa do Mundo de 2006.

9 – Servílio Bailarino (Servílio de Jesus)
Corinthians – 1938
Começou como meia-direita e depois passou a ser centroavante. Foi descoberto pelo Corinthians durante uma excursão pela Bahia, quando jogava pelo Galícia. Atuou pelo Timão de 1938 a 1949 e marcou duzentos gols. Ganhou o apelido de Bailarino pela beleza do seu jogo. Seu filho, também chamado Servílio, seguiu os mesmos passos e vestiu as camisas do Corinthians, Palmeiras, Portuguesa, entre outros clubes.

11 – Soldado (Roberto Soldado Rillo)
Real Madrid (ESP) – 2005
Lapidado nas categorias de base do Real Madrid (ESP), teve os melhores momentos jogando pelo Getafe (ESP) e Valência (ESP). Foi considerado um provável dono da camisa 10 da Fúria. Porém a previsão não se concretizou e Soldado acabou perdendo espaço para outros atletas.

SELEÇÃO ESCOLA

1 – Félix Papel (Félix Mielli Venerando)
Fluminense – 1968
Goleiro que se destacou na Portuguesa e que, em 1968, se transferiu para o Fluminense, onde se tornou um dos melhores na sua posição, tanto que disputou e conquistou a Copa do Mundo de 1970 como titular. Mesmo com o título e as boas atuações, Félix nunca foi unanimidade entre a torcida. Encerrou a carreira no próprio Tricolor. Seu apelido era Papel por ser muito magro.

2 – Loza (César Loza)
Lanús (ARG) – 1993
Ex-lateral-esquerdo aposentado que viveu os melhores momentos da carreira no Lanús (ARG). Pela Seleção Argentina disputou o Campeonato Mundial Sub-20 de 1991.

3 – Francisco Meza (Francisco Meza)
Independiente Santa Fé (COL) – 2011
Zagueiro colombiano que é considerado um dos pilares das excelentes campanhas praticadas pelo Independiente Santa Fé (COL) nos últimos anos. É titular do time principal desde os 19 anos e as suas principais características são a boa estatura e a mobilidade.

4 – Bruno Quadros (Bruno Ewerton Quadros)
Flamengo – 1997
Zagueiro que se destacou no Flamengo, clube onde acumulou três passagens, mas que também passou pelo Botafogo, Galatasaray (TUR), Sport, Cruzeiro, futebol coreano e até do Chipre, entre outros. Tornou-se treinador.

6 – A Enciclopédia (Nilton dos Santos)
Botafogo – 1948
Foi escolhido pela Fifa em 2000 como o melhor lateral-esquerdo de todos os tempos. O apelido de Enciclopédia é mais do que justo. Nilton revolucionou a posição. Além de excelente marcador, tinha uma capacidade técnica que permitia apoiar o ataque numa época em que os laterais se limitavam a diminuir o espaço dos pontas-direitas adversários. Em relação a clubes, vestiu apenas a camisa do Botafogo em toda a longa carreira, de 1948 a 1964, e esteve no time mais glorioso da história do Fogão. Pela Seleção Brasileira disputou quatro Copas do Mundo: 1950, 1954, 1958 e 1962. Sua experiência foi primordial nas conquistas do bicampeonato mundial em 1958 e 1962.

5 – Bedel Moyimbouabeka (Bedel Moyimbouabeka)
FC Rouen (FRA) - 2002
Meio-campista nascido no Congo, que jogou principalmente em seu país, além do Gabão. Sua experiência internacional se deu no futebol francês, jogando pelos pequenos FC Rouen (FRA) e CMS Oissel (FRA), que disputam as divisões de acesso. Atuou também na seleção de seu país e encerrou a carreira em 2008.

8 – Zizinho, o Mestre Ziza (Tomás Soares da Silva)
Flamengo – 1940
Zizinho jogava como meia e atacante e foi no Flamengo, clube onde atuou de 1939 a 1950, que mostrou toda a sua qualidade com a bola nos pés. Pouco antes do início da Copa do Mundo de 1950, Zizinho foi negociado a peso de ouro com o Bangu, tornando-se o maior jogador da história do clube. Em 1957, desembarcou no São Paulo e também se tornou referência no Tricolor com seu futebol clássico e elegante, permanecendo no clube até 1958. Encerrou a carreira em 1962 no Audax Italiano (CHI). Disputou a Copa do Mundo de 1950, onde foi escolhido pela Fifa o melhor jogador do torneio. Também exerceu a função de treinador.

10 – Adriano Louzada (Adriano Vieira Louzada)
Palmeiras – 2000
Atacante de força física que jogou no Palmeiras, Vitória, Cruzeiro e Sport. Ganhou respeito e visibilidade no futebol português, atuando pelo Nacional (POR), Porto (POR) e Sporting Braga (POR).

7 – Tesourinha (Osmar Fortes Barcellos)
Internacional (RS) – 1939
Ponta-direita histórico do futebol brasileiro. Foi um dos primeiros jogadores do Rio Grande do Sul a ganhar projeção nacional. Surgiu no Internacional (RS) em 1939, onde permaneceu até 1949. Chegou ao Vasco em 1949 e permaneceu até 1952, fazendo parte de outro time histórico, que ficou conhecido como Expresso da Vitória. Em 1952 ousou e foi jogar no Grêmio. Foi titular absoluto da Seleção por cinco anos e só não disputou a Copa de 1950 porque sofreu uma grave lesão.

9 – Valdir Papel (Waldirgly Bezerra Lima)
Vasco da Gama – 2006
Atacante cigano do futebol brasileiro. Mesmo sendo goleador, não conseguiu se destacar nas principais equipes em que jogou: Ceará, Sport, Vasco e Vitória.

11 – Grafite (Edinaldo Batista Libânio)
São Paulo – 2004
Rodou por diversos clubes até chegar ao Goiás em 2003, se destacando no Brasileirão do mesmo ano. O São Paulo o contratou em 2004 e pelo Tricolor jogou até 2006, sagrando-se campeão da Libertadores e do Mundial de Clubes de 2005. Um fato que marcou a sua carreira foi quando acusou o zagueiro argentino Desábato, do Quilmes (ARG), de racismo, na Libertadores de 2005. Transferiu-se para o futebol francês, mas foi no Wolfsburg (ALE) que viveu o seu melhor momento na Europa, sendo campeão alemão na temporada 2008/09. Fez parte do elenco comandado por Dunga na Copa do Mundo de 2010. Retornou para o Santa Cruz em 2015, sendo o principal nome do time nas conquistas do Campeonato Pernambucano e da Copa do Nordeste de 2016.

SELEÇÃO ENDINHEIRADOS

1 – Gordon Banks (Gordon Banks)
Seleção Inglesa – 1966
Foi o melhor goleiro inglês de todos os tempos. No Brasil ficou conhecido pela defesa incrível que fez após uma cabeçada de Pelé na Copa do Mundo de 1970, considerada até os dias atuais como uma das maiores intervenções de arqueiro em Copas do Mundo. Era o goleiro titular da Inglaterra na conquista da Copa do Mundo de 1966.

2 – Fortuna (Pablo Martin Fortuna)
Atlanta (ARG) – 2008
Lateral especialista em formar a linha de quatro defensores, cuja função primordial é a marcação e não o ataque.

3 – Reyes (Francisco Santiago Reyes Villalba)
Flamengo – 1967
Zagueiro raçudo, mas com boa saída de bola, pois havia começado a carreira no meio de campo. Reyes começou e terminou a carreira no Olimpia (PAR), mas foi no Flamengo, clube que defendeu de 1967 a 1973, que se destacou e virou ídolo.

4 – Prince (Prince-Désir Gouano)
Juventus (ITA) – 2011
Aos vinte anos foi considerado uma das principais revelações do futebol francês. Versátil, atua em diferentes posições na defesa com a mesma desenvoltura. Apesar de pertencer à Juventus (ITA), tem sido emprestado para diversas equipes, como o Rio Ave (POR), Bolton Wanderers (ING) e o Gaziantepspor (TUR).

6 – Gastão (Gastão Alberto Gonçalves)
Atlético (MG) – 1952
Meio-campista revelado pelo Tupinambás (MG), foi contratado pelo Galo em 1952, permanecendo na equipe até 1955 e conquistando o tricampeonato mineiro de 1952, 1953 e 1954. Do Atlético acabou indo jogar no Porto (POR), onde alcançou relativo sucesso.

5 – Tiago Real (Tiago Real do Prado)
Palmeiras – 2012
Surgiu como um meio-campista de criação, mas atualmente tem sido recuado e vem atuando como segundo volante. Despontou no Joinville, em 2011, quando fez parte do time campeão da Série C do Brasileirão. Transferiu-se para o Palmeiras no ano seguinte e posteriormente começou a rodar por Náutico, Goiás, Bahia e Vitória.

8 – Mauricinho (Maurício Poggi Villela)
Vasco da Gama – 1984
Atacante driblador, foi revelado no Comercial (RP) e alcançou o sucesso no Vasco, clube pelo qual jogou em três oportunidades. Também atuou no Brasil pelo Palmeiras, Ponte Preta, Botafogo, entre outros clubes menores. Teve passagens rápidas pelo futebol espanhol, português e japonês.

10 – Emerson Sheik (Márcio Passos de Albuquerque)
Corinthians – 2012
Polêmico atacante que começou a carreira nas categorias de base do São Paulo, quando a mãe falsificou sua data de nascimento para que ele pudesse jogar. Fez sucesso no futebol japonês e no Catar, tanto que se naturalizou cidadão deste país e jogou pela Seleção. O apelido de Sheik também se deve a esse sucesso. Após oito anos fora do Brasil, retornou para jogar pelo Flamengo, saindo do rubro-negro para jogar nos Emirados Árabes. Em 2010, desembarcou no Fluminense, em 2011 no Corinthians e em 2014 no Botafogo. É o único jogador brasileiro a conquistar três Brasileirões de forma consecutiva por três times diferentes: Flamengo em 2009, Fluminense em 2010 e Corinthians em 2011. No Timão, ainda foi protagonista na conquista da primeira Libertadores da América do Clube e do Mundial de Clubes da Fifa em 2012. Teve passagem conturbada pelo Botafogo em 2014 e retornou ao Corinthians, onde permaneceu até maio de 2015, quando voltou ao Flamengo.

7 – Palácio (Rodrigo Sebastián Palácio)
Internazionale (ITA) – 2012
Atacante argentino de grande presença de área. Em seu país teve seu melhor momento pelo Boca Juniors (ARG), sendo a Libertadores da América em 2007 a sua principal conquista, ao lado de craques como Riquelme e Palermo. Também brilhou na Internazionale (ITA), que o contratou a partir da temporada de 2012/13.

9 – Alessandro Diamanti (Alessandro Diamanti)
Bologna (ITA) – 2011
Meia e atacante italiano com passagens por vários clubes, inclusive fora de seu país. Destacou-se no Bologna (ITA) entre 2011 e 2014. Em 2014, foi seduzido por uma proposta milionária do futebol chinês. Por sua seleção disputou a Eurocopa 2012 e a Copa das Confederações de 2013.

11 – Rico (Leandson Dias da Silva)
São Paulo – 2002
Atacante que surgiu no CSA e chegou ao São Paulo em 2002. Sem oportunidades, foi emprestado para a Portuguesa Santista e tornou-se o artilheiro do time na excelente campanha no Paulistão de 2003, quando o time de Santos chegou à semifinal do torneio. Retornou para o São Paulo e formou o ataque do time ao lado de Luís Fabiano, mas perdeu espaço e acabou indo para o Grêmio, em 2004. Também não se destacou. Jogou ainda no futebol do Bahrein, em equipes do nordeste brasileiro, sendo a principal o Náutico, e em 2014 passou pelo Vila Nova (GO).

SELEÇÃO ECONOMIA

1 – Fernando Henrique (Fernando Henrique dos Anjos)
Fluminense – 2002
Goleiro revelado pelo Fluminense que permaneceu no clube pelo longo período de 2002 a 2010. Mesmo conquistando importantes títulos, como a Copa do Brasil de 2007 e o Brasileirão de 2010, nunca foi unanimidade no time e teve momentos de altos e baixos que custaram muitas vezes a sua condição de titular. Em 2011, foi para o Ceará e, em 2014, chegou ao América (RN). Pela Seleção Brasileira participou do "Jogo da Paz", realizado no Haiti em 2004, em que o Brasil venceu os haitianos por 6 X 0.

2 – Paganini (Guillermo Paganini)
Deportivo Riestra (ARG) – 2002
Lateral defensivo argentino que jogou em equipes menores e das divisões de acesso.

3 – Vales (Gastón Vales)
Ferro Carril (ARG) – 1996
Beque que jogava nos dois lados da zaga. Começou no River Plate (ARG) e logo em seguida passou por equipes medianas e pequenas da Argentina, como All Boys (ARG), Ferro Carril (ARG) e o Talleres (ARG), clube onde atuou em duas oportunidades e encerrou a carreira aos 38 anos.

4 – Secretário (Carlos Alberto de Oliveira Secretário)
Porto (POR) – 1993
Lateral-direito português que jogou no Porto (POR) e no Real Madrid (ESP). Apesar de ter frequentado a Seleção Portuguesa, não teve a oportunidade de disputar uma Copa do Mundo.

6 - Delfim (Delfim José Fernandes Rola Teixeira)
Sporting (POR) – 1998
Jogador português que alcançou sucesso no Sporting (POR), clube que defendeu entre 1998 e 2001. Desde 2010 é treinador.

5 - Cambiasso (Esteban Cambiasso)
Internazionale (ITA) – 2011
Volante moderno que corre por todo o campo. Jogou a Copa do Mundo de 2006 pela Argentina. Em seu país passou pelo Independiente (ARG) e River Plate (ARG). Transferiu-se para o Real Madrid (ESP), em 2002. Mas foi na Internazionale (ITA) que se sentiu em casa, permanecendo por dez temporadas no clube. Desde 2014 está no Leicester City (ING).

8 - Marx (Thorben Marx)
Hertha Berlin (ALE) – 2000
Meio-campista que foi criado nas categorias de base do Hertha Berlin (ALE), equipe que defendeu como profissional de 2000 a 2006. Também passou pelo Arminia Bielefeld (ALE) e está desde 2009 no Borussia Mönchengladbach (ALE). Fez parte da Seleção Alemã Sub-21 e também integrou o time B do selecionado.

10 – João Patrão (João Filipe Couto Patrão)
Chaves (POR) – 2014
Jovem meia ofensivo português que surgiu no Braga (POR) e que, em 2014, foi contratado pelo Chaves (POR).

7 – Ministrinho (Pedro Sernagiotto)
Palestra Itália – 1929
Ponta-direita histórico do Palestra Itália, atual Palmeiras, atuando na equipe de 1927 a 1931. Em 1931, foi jogar no futebol italiano, mas fez a besteira de assinar dois contratos e foi suspenso por um ano. A Juventus (ITA) o manteve nesse período e com êxito, pois Ministrinho foi um dos protagonistas na conquista do bicampeonato nacional de 1933 e 1934. Atuou ainda pela Portuguesa e São Paulo e encerrou a carreira no já renomado Palmeiras, para onde retornou em 1943.

9 – Pagão (Paulo César de Araújo)
Santos – 1962
Foi o camisa 9 do grande Santos entre 1955 e 1962, quando se transferiu para o São Paulo, permanecendo até 1966. Por ser um jogador leve, sofreu com muitas contusões em sua carreira. É o maior ídolo do cantor Chico Buarque.

11 – Tostão (Eduardo Gonçalves de Andrade)
Cruzeiro – 1964
Ponta-de-lança e centroavante de grande habilidade e qualidade técnica. Surgiu no América (MG), mas foi no Cruzeiro que alcançou as maiores glórias e o destaque. Chegou à Raposa em 1964 e só saiu em 1972. Nesse período, o Cruzeiro ousou fazer sombra ao todo-poderoso Santos de Pelé & cia. ao conquistar a Taça Brasil de 1966, considerada o Campeonato Brasileiro da época, "em cima" do próprio Peixe. Pela Seleção Brasileira disputou as Copas do Mundo de 1966 e de 1970, em que formou o inesquecível time tricampeão mundial comandado por Zagallo. Em 1972, foi jogar no Vasco, mas anunciou o fim da carreira em fevereiro de 1973, com apenas 26 anos, devido ao deslocamento de retina que sofreu após uma bolada acidental numa partida entre Cruzeiro e Corinthians, em 1969. Fora dos gramados se formou em medicina e mais tarde tornou-se um dos mais inteligentes comentaristas esportivos do Brasil.

SELEÇÃO CORRUPÇÃO

1 – Banks (Gordon Banks)
Seleção Inglesa – 1966
Goleiro campeão da Copa do Mundo de 1966 pela Inglaterra. Sua qualidade era tanta que até hoje é considerado o maior goleiro do seu país em todos os tempos. Entrou para a história do futebol por ter praticado uma das maiores defesas da história, ao espalmar uma bola cabeceada por Pelé à queima-roupa na Copa do Mundo de 1970.

2 – Carcelen (Jorge Antonio Carcelen Espinoza)
LDU Quito (EQU) – 2014
Jovem zagueiro equatoriano que começou a ter as primeiras oportunidades no time principal da LDU Quito (EQU) em 2014.

3 – Dirceu (Dirceu Wiggers de Oliveira Filho)
Coritiba – 2008
Zagueiro forte e seguro, Dirceu despontou no Coritiba, clube onde foi campeão Brasileiro da Série B em 2010. A partir de 2011 passou a rodar por vários clubes, sendo os principais Avaí, América (MG), Paysandu e Londrina, onde teve duas boas passagens.

4 – Cáceres (Victor Javier Cáceres Centurión)
Flamengo – 2012
Volante paraguaio de forte marcação que o Flamengo contratou junto ao Libertad (PAR) em 2012. Fez parte do elenco campeão da Copa do Brasil de 2013.

6 – Jéfferson (Jéfferson Vieira da Silva)
Palmeiras – 1993
Lateral-esquerdo que fez parte do elenco campeão brasileiro de 1993 pelo Palmeiras. Também teve passagens importantes pelo Botafogo, Cerro Porteño (PAR), Vasco, Sport, Bahia e Atlético (MG). Encerrou a carreira após contrair uma rara síndrome que paralisou todos os movimentos do seu corpo.

5 – Mercenaro (Nelson Mercenaro)
Portuguesa (VEN) – 1976
Volante de marcação que dizem que contradizia o nome, pois defendia a equipe que vestia com muita vontade.

8 – André Mensalão (André Luiz Leão Lima)
Ceará – 2012
Meia ofensivo que teve passagens discretas por vários clubes, como Gama, Tuna Luso, Londrina e Ceará. Ganhou o pitoresco apelido, em 2005, quando tinha 15 anos e foi participar de uma peneira do Ananindeua após estar presente em um comício do Partido dos Trabalhadores. Com a falta de camisas para treinar, o jovem André usou no teste uma camisa do partido que havia ganhado na manifestação e o treinador passou a chamá-lo imediatamente de Mensalão, em referência a um escândalo de corrupção que envolveu diversos políticos. Atualmente prefere utilizar o nome André Lima.

10 – Nixon (Nixon Darlanio Reis Cardoso)
Flamengo – 2014
Mesmo sendo um jovem atacante veloz e de boa técnica, Nixon ainda luta para ganhar espaço como jogador profissional. Teve as primeiras oportunidades pelo Flamengo, em 2012, porém as várias contusões sofridas atrapalharam a sua carreira.

7 – Petróleo (José Carlos Oliveira)
Botafogo – 1985
Artilheiro que fez história jogando pelo Botafogo, Ceará e Sporting (POR) nas décadas de 1980 e 1990. Atualmente trabalha como técnico de categorias de base em escolas de futebol.

9 – Fernando Baiano (João Fernando Nelo)
Corinthians – 1999
Atacante que brilhou no Corinthians, clube onde começou a carreira, e que teve passagens importantes pelo Flamengo, Internacional e São Caetano. Mesmo com títulos importantes, passou a ser confundido com o lobista xará, envolvido no escândalo da corrupção da Petrobrás.

11 – Robben (Arjen Robben)
Seleção Holandesa – 2006
Meia e atacante que joga na Seleção Holandesa desde o Sub-15. Estreou no time principal em 2003 e desde então disputou três Copas do Mundo: 2006, 2010 (sendo vice-campeão) e 2014 (ficando no terceiro lugar). É atualmente a maior figura do seu selecionado e graças à sua velocidade e capacidade técnica também é considerado um dos maiores jogadores em atividade do futebol europeu. Começou a carreira no Groningen (HOL). Depois passou pelo PSV Eindhoven (HOL) e em 2004 foi contratado pelo poderoso Chelsea (ING). Foi negociado com o Real Madrid (ESP) em 2007 e em 2009 com o Bayern de Munique (ALE), onde finalmente se destacou e conquistou vários títulos importantes, como três campeonatos alemães, a Champions League e o Mundial de Clubes da Fifa de 2013.

SELEÇÃO MARCAS

1 – Cássio (Cássio Ramos)
Corinthians – 2012
Revelado pelo Grêmio em 2006, Cássio foi negociado com o futebol holandês no ano seguinte. No início de 2012 foi contratado pelo Corinthians e brilhou nas conquistas da Libertadores e do Mundial de Clubes da Fifa, em 2012.

2 – Johnson (Glen Johnson)
West Ham (ING) – 2002
Lateral inglês veloz e de bom apoio ao ataque. Joga no Liverpool (ING) desde 2009, mas foi formado pelo West HAM (ING). Esteve nas Copas do Mundo de 2010 e 2014.

3 – Lux (Javier Lux)
Racing (ARG) – 2001
Joga tanto como zagueiro como volante. Revelado no Racing (ARG), foi campeão do Torneio Apertura de 2001. No ano seguinte saiu do clube e desde então tem rodado por vários times de seu país, como Estudiantes (ARG), Arsenal de Sarandí (ARG) e Belgrano (ARG). É irmão do goleiro German Lux, que teve diversas passagens pela Seleção Argentina.

4 – Luccas Claro (Luccas Claro dos Santos)
Coritiba – 2012
Zagueiro firme na marcação, que foi revelado pelo Coritiba, tornando-se titular da equipe a partir de 2012. Disputou os Jogos Pan-Americanos de 2011 pela Seleção Brasileira.

6 – Ferrari (Gilberto José Ferrari)
Palmeiras – 1963
Lateral-esquerdo que foi um dos símbolos da primeira Academia de Futebol Palmeirense. Não era nenhum craque, mas contava com a confiança dos técnicos pela sua excelência na marcação dos pontas-direitas adversários. Jogou no Verdão até 1969. Foi revelado no Guarani.

5 – Arouca (Marcos Arouca da Silva)
Fluminense – 2005
Foi criado nas categorias de base do Fluminense, time que defendeu até 2008, quando se transferiu para o São Paulo. Acabou não se destacando no Tricolor Paulista e, descontente por estar no banco de reservas com frequência, foi para o Santos em 2010. No Peixe reencontrou o seu melhor futebol e tornou-se ídolo da torcida e referência para o time nos vários títulos conquistados, com destaque para a Libertadores da América de 2011. Graças a um acordo, desligou-se do Santos e foi contratado pelo Palmeiras, sendo um dos principais nomes da renovação do elenco do Verdão em 2015.

8 – Perdigão (Cleiton Eduardo Vicente)
Internacional (RS) – 2006
Rodou bastante antes de ser contratado pelo Internacional (RS) em 2005, após destacar-se no pequeno 15 de Novembro de Campo Bom. Perdigão viveu o auge da sua carreira no Colorado, conquistando os títulos da Libertadores e do Mundial de Clubes da Fifa de 2006. Em seguida jogou no Vasco e no Corinthians. Ganhou o apelido ainda na infância, porque o seu pai trabalhava na empresa produtora de aves Perdigão S.A.

10 – Tim (Elba de Pádua Lima)
Fluminense – 1936
Elba de Pádua Lima, ou simplesmente Tim, foi um dos primeiros craques de projeção do futebol brasileiro. Tinha tanta qualidade técnica que era um malabarista com a bola nos pés. Destacou-se com a camisa do Fluminense, onde atuou de 1936 a 1944. Também jogou por outros grandes clubes, como Corinthians, São Paulo e Botafogo. Disputou a Copa do Mundo de 1938. Tornou-se um treinador destacado, tendo dirigido a Seleção Peruana na Copa do Mundo de 1982.

7 – Wright-Phillips (Shaun Cameron Wright-Phillips)
Manchester City (ING) – 2008
Meia-atacante inglês que começou no Manchester City (ING) em 1999, permanecendo no clube até 2005, ano em que foi negociado com o Chelsea (ING), clube onde conquistou a Premier League na temporada 2005/06. Wright-Phillips acabou retornando para o Manchester City em 2008 e desde 2011 joga pelo Queens Park Rangers (ING). Disputou a Copa do Mundo de 2010 pela Seleção Inglesa.

9 – Sonny Anderson (Anderson da Silva)
Barcelona (ESP) – 1997
Atacante que surgiu nas categorias de base do XV de Jaú. Após passagens rápidas pelo Vasco e Guarani, desembarcou no futebol europeu, fazendo sucesso com as camisas do Mônaco (FRA), Barcelona (ESP) e Lyon (FRA).

11 – Honda (Keisuke Honda)
Milan (ITA) – 2014
Meia-atacante japonês de excelente qualidade técnica. A sua boa passagem pelo CSKA Moscou (RUS) chamou a atenção dos dirigentes do Milan (ITA), que o contrataram em 2014. Estreou na Copa do Mundo de 2010, quando marcou dois gols na competição e foi escolhido o melhor da sua seleção. Chegou à Copa de 2014 como o principal jogador do Japão.

SELEÇÃO **JURÍDICA**

1 – Leyes (Miguel Ángel Leyes)
Huracán (ARG) – 1974
Goleiro argentino de nascimento e naturalizado chileno. Jogou por times da Argentina, Chile, México e Equador. Após parar, teve uma breve carreira como treinador.

2 – Justicia (Andrés Justicia)
Barcelona (EQU) – 2006
Lateral-direito equatoriano que teve seus melhores momentos no Barcelona de Guaiaquil (EQU).

3 – Moral (Antonio del Moral Segura)
Racing Santander (ESP) – 2010
Defensor que conseguiu jogar no Barcelona C, Real Madrid B e Celta B, mas que teve que se contentar com clubes espanhóis menores quando passou para os times principais.

4 – Leiz (Leiz Antônio Mendes da Cunha)
Portuguesa – 1984
Zagueiro que surgiu no Juventus (SP). Jogou na Portuguesa, onde viveu seu melhor momento formando um bom time com nomes como os meio-campistas Heriberto e Mendonça, e foi convocado diversas vezes para a Seleção Pré-Olímpica. Foi contratado pelo Botafogo em 1985.

6 – Enciso (Júlio César Enciso)
Internacional (RS) – 1996
Jogou a Copa do Mundo de 1998 pelo Paraguai. Em relação aos clubes, começou no Cerro Porteño (PAR), teve uma boa passagem pelo Internacional (RS) e fechou o ciclo no Olimpia (PAR) e no 12 de Octubre (PAR).

5 – Jurado (Carlos Daniel Jurado)
Universitário (PER) – 1970
Meio-campista uruguaio que passou com destaque pelo Peñarol (URU) na década de 1960. Tornou-se treinador, chegando a levar o pequeno Cienciano (PER) pela primeira vez à Libertadores em 2002.

8 – Padrón (Andino Padrón)
Racing (ARG) – 1956
Meia-atacante que se destacou com a camisa do Racing (ARG) na segunda metade da década de 1950.

10 – Delei (Wanderley Alves de Oliveira)
Fluminense – 1979
Meia formado nas categorias de base do Fluminense, clube onde jogou de 1979 a 1987 e foi campeão brasileiro em 1984. A seguir passou pelo Palmeiras, Botafogo, futebol português, entre outros. Desde 2002 está envolvido com a vida política.

7 – Ministrinho (Pedro Sernagiotto)
Palestra Itália – 1929
Foi o ponta-direita do Palestra Itália entre 1927 e 1931. Por ter ascendência italiana, embarcou para o país europeu para jogar futebol, coisa que se tornou muito comum na década de 1930. Neste período vários jogadores brasileiros chegaram a defender a Seleção Italiana. Este foi o caso de Ministrinho, ou "piccolo ministro'", que fez um jogo pelo time B da Itália. Jogou na Juventus (ITA) e depois voltou para o Brasil e encerrou a carreira no Palmeiras, antigo Palestra, em 1943.

9 – De la Corte (Cristian De la Corte)
Lanús (ARG) – 1999
Atacante de área que surgiu no Lanús (ARG). Passou ainda pelo Chile e por equipes argentinas menores.

11 – Lewandowski (Robert Lewandowski)
Borussia Dortmund (ALE) – 2010
Centroavante sem muita técnica mas com enorme faro de gol. Após destacar-se no futebol polonês, foi contratado pelo Borussia Dortmund (ALE) em 2010. Conquistou de vez os fanáticos torcedores do Dortmund após marcar quatro gols sobre o Real Madrid (ESP) na semifinal da Champions League de 2013, quando sua equipe ficou com o vice-campeonato, perdendo a final para o Bayern de Munique (ALE). Também foi bicampeão alemão nas temporadas 2010/11 e 2011/12. Em janeiro de 2014 foi contratado pelo próprio Bayern.

SELEÇÃO REALEZA

1 – King (Nivacir Innocêncio Fernandes)
São Paulo – 1936
Goleiro que brilhou no São Paulo, com frequência variável, de 1936 a 1947. Ganhou o apelido em homenagem ao King Kong. King era irmão de Teleco, centroavante do Corinthians.

2 – Barão (Adriano Vidal dos Reis)
Internacional (RS) – 1997
Lateral formado pelo Colorado, jogou também pelo Sport e Atlético (GO), além de vários clubes do interior gaúcho.

3 – Ledley King (Ledley Brenton King)
Tottenham (ING) – 1999
Zagueiro e meia inglês que jogou apenas pelo Tottenham (ING), entre 1999 e 2012. Pela Seleção Inglesa fez parte do grupo na Copa do Mundo de 2010.

4 – Duque (Davi Ferreira)
Vasco da Gama – 1953
Zagueiro que jogou nas décadas de 1940 e 1950 no Cruzeiro, Vasco, Fluminense e Canto do Rio (RJ). Porém ficou mais conhecido como técnico, sendo seus trabalhos mais destacados no Corinthians e no Fluminense.

6 – Marques (Claudecir Marques)
Palmeiras – 1990
Lateral-direito que teve passagem discreta pelo Palmeiras entre 1990 e 1992.

5 – Beckenbauer, o Kaiser (Franz Anton Backenbauer)
Seleção Alemã – 1966
Graças à qualidade e à sua liderança, recebeu o apelido de Kaiser [imperador em alemão]. Disputou três Copas do Mundo: 1966, 1970 e 1974, sagrando-se campeão na sua última participação. Jogou pelo Bayern de Munique (ALE), New York Cosmos (EUA)

e Hamburgo (ALE). Ao encerrar a carreira, tornou-se presidente honorário do Bayern de Munique (ALE). Treinou a Alemanha e conquistou a Copa do Mundo de 1990, na Itália. Tal feito lhe conferiu a honra de ser um dos únicos dois habitantes do planeta, ao lado do brasileiro Mário Lobo Zagallo, a ser campeão da Copa como jogador e treinador.

8 – Ivair, O Príncipe (Ivair Ferreira)
Portuguesa – 1963
Foi na Lusa que recebeu o título de O Príncipe, já que o Rei era o Pelé. Em 1970, foi negociado com o Corinthians, mas um ano depois foi repassado para o Fluminense.

10 – Rei Pelé (Édson Arantes do Nascimento)
Santos – 1956
Apesar dos argentinos não concordarem, Pelé é o maior gênio do futebol de todos os tempos. Mudou a história do Santos ao chegar, em 1956, com apenas 16 anos, levado pelo ex-jogador Waldemar de Brito. Disputou e foi protagonista na conquista da Copa do Mundo de 1958 com apenas 17 anos. Voltou a ser campeão mundial em 1962 e em 1970. Também esteve presente na campanha frustrada na Copa do Mundo de 1966. Optou por não servir a Seleção em 1974, na Alemanha. Jogando pelo Santos conquistou dezenas de títulos, sendo as principais glórias o bicampeonato da Libertadores e do Mundial de Clubes de 1962 e 1963. Pelo Peixe atuou de 1956 a 1974 e formou verdadeiros esquadrões. De 1975 a 1977 jogou pelo New York Cosmos (EUA).

7 – El Shaarawy, Pequeno Faraó (Stephan El Shaarawy)
Milan (ITA) – 2012
Atacante italiano de origem egípcia. Chegou ao Milan (ITA) em 2011 e aproveitou a queda de rendimento do então titular Alexandre Pato para ganhar a posição e ser uma das principais estrelas do elenco. Foi eleito a revelação do Campeonato Italiano de 2012. É convocado pela Seleção Italiana principal desde 2012. Perdeu a Copa do Mundo de 2014 pela série de contusões sofrida após operar o pé esquerdo.

9 – Adriano Imperador (Adriano Leite Ribeiro)
Flamengo – 2000
Revelado pelo Flamengo, chegou à Internazionale (ITA) em 2001, jogando a seguir na Fiorentina (ITA) e no Parma (ITA). Em 2004, retornou para a Internazionale (ITA) e desandou a marcar gols. Recebeu o apelido de L'Imperatore, em alusão ao imperador romano Adriano, conquistando títulos importantes, com destaque para o tetracampeonato italiano de 2005/06, 2006/07, 2007/08 e 2008/09. Em 2006, sua vida foi abalada pela morte súbita de seu pai. Desde então, Adriano não foi o mesmo nem dentro e nem fora de campo. Retornou para o Brasil no primeiro semestre de 2008, por empréstimo para o São Paulo. Ainda em 2008 voltou para a Internazionale (ITA), mas abandonou o clube em abril de 2009 e anunciou que pretendia "dar um tempo na carreira". Desistiu logo da ideia e disputou e conquistou o Brasileirão de 2009 pelo Flamengo. Depois jogou pela Roma (ITA) e Corinthians, onde foi campeão brasileiro em 2011. Jogou pelo Flamengo pela terceira vez em 2012. Em 2014, disputou a Libertadores da América pelo Atlético (PR).

11 – Rivellino, o Reizinho do Parque (Roberto Rivellino)
Corinthians – 1965
Foi no Timão que ganhou o apelido de Reizinho do Parque. Atuou pelo Corinthians de 1965 a 1974, sendo negociado para o Fluminense após o Corinthians perder o título paulista de 1974 para o Palmeiras. Pelo Tricolor Carioca jogou até 1978, sendo considerado até hoje um dos maiores jogadores da história do clube. De 1979 a 1981 desbravou o futebol árabe, pelo Al Hilal (ARA). Disputou três Copas do Mundo: 1970, 1974 e 1978. Para tornar-se titular na Copa do Mundo de 1970 passou a jogar como ponta-esquerda, pois o time tinha vários meio-campistas. Mesmo assim Rivellino se destacou e foi um dos jogadores mais importantes na conquista do tricampeonato mundial. Ao deixar o futebol, tornou-se comentarista esportivo e desempenhou de forma rápida o cargo de dirigente do Corinthians.

SELEÇÃO PRESIDENTES

1 – Getúlio Vargas (Getúlio Vargas Freitas de Oliveira Júnior)
Flamengo – 2005
Revelado pelo Flamengo, teve poucas oportunidades no time carioca. Destacou-se no Fortaleza e depois passou pelo Vila Nova (GO), Duque de Caxias, Bangu, ABC e Boavista. No exterior jogou no Westerlo (BEL) e Vitória de Setúbal (POR). Mas nada se compara com a sua aventura no clube mais popular da África do Sul, o Orlando Pirates. Jogou nas categorias de base da Seleção Brasileira e atualmente é comentarista esportivo.

2 – Deodoro (Deodoro José de Almeida Leite)
Portuguesa – 1970
Zagueiro de área e lateral vigoroso que teve uma carreira profissional de cerca de vinte anos. Jogou na Portuguesa, Juventus, Guarani, Coritiba e Vasco.

3 – Lula (Luiz Bomfim Marcos)
São Paulo – 1993
Zagueiro revelado pelo Santa Cruz, fez parte do elenco do São Paulo na conquista da Taça Libertadores da América de 1993. Também jogou pelo Santos. Atuou no futebol português com destaque, defendendo a camisa de equipes como Belenenses (POR) e Porto (POR), quando a sua convocação para a Seleção Lusitana chegou a ser especulada. Encerrou a carreira jogando na China, em 2004.

4 – Figueiredo (Cláudio Figueiredo Diz)
Flamengo – 1979
Zagueiro revelado pelo Flamengo, único clube da carreira, e que ajudou a formar um dos maiores times do clube em toda a sua história, ao lado de craques como Junior, Andrade, Adílio, Zico, entre outros. Entre os muitos títulos conquistados, destacam-se os Brasileiros de 1980, 1982 e 1983, a Libertadores e o

Mundial de Clubes em 1981. Faleceu em 20 de dezembro de 1984, num acidente aéreo.

6 – Michel (Michel dos Reis Santana)
Santos – 2002
Lateral que surgiu no Santos, onde conquistou o Brasileirão de 2002. Com fama de indisciplinado, passou a rodar por vários clubes, até que em 2005 fez parte do elenco campeão da Libertadores pelo São Paulo. A seguir voltou à rotina de jogar em equipes coadjuvantes.

5 – Fidel (Fidel Martinez)
Guadalajara (MEX) – 2014
Meia equatoriano que chegou a jogar nas categorias de base do Cruzeiro. Como profissional atuou pelo Deportivo Quito (EQU) e Tijuana (MEX). Está desde 2014 no Guadalajara (MEX).

8 – Baraka (Andres Fernandes Gonçalves)
Ponte Preta – 2012
Volante que rodou pelo interior paulista até ser contratado pelo Mogi Mirim em 2010. Jogou ainda no Figueirense e Criciúma, mas foi na Ponte Preta que se destacou por ser um forte marcador e exímio ladrão de bola, sendo um dos melhores na campanha do vice-campeonato da Copa Sul-Americana de 2013. Fez parte do elenco do Coritiba no Campeonato Brasileiro de 2014.

10 – Chávez (Andrés Chávez)
Boca Juniors (ARG) – 2014
Jovem atacante argentino revelado pelo Banfield (ARG), clube onde atuou nos anos de 2011 a 2013. Em 2014, desembarcou no Boca Juniors (ARG), tornando-se rapidamente titular e um dos preferidos da torcida.

7 – Bill (Rosimar Amâncio)
Coritiba – 2010
Destacou-se no Coritiba, sendo um dos principais jogadores na conquista do Campeonato Brasileiro da Série B em 2010. Anteriormente havia atuado no Bragantino, futebol chinês e no Corinthians. Também passou pelo Santos e futebol da Arábia Saudita, voltando para o Coxa Branca em 2013. Brilhou no Ceará em 2014, quando fez uma dupla de ataque com Magno Alves. Jogou pelo Botafogo em 2015, trocando o Glorioso pelo futebol da Coreia do Sul e, posteriormente, retornando ao Ceará.

9 – Itamar (Itamar Batista da Silva)
Goiás – 2001
Centroavante alto e forte com qualidade na definição. Revelado pelo Iraty, ganhou visibilidade no Goiás em 2001. Foi contratado pelo Palmeiras, em 2002. Passou pelo São Paulo em 2003 e no ano seguinte foi jogar na Coreia do Sul, permanecendo até 2008. Teve outras experiências internacionais no México e no Catar. Em 2012, voltou para o Brasil, jogando pelo Flamengo, Ceará e América (RN).

11 – Kenedy (Robert Kenedy Nunes do Nascimento)
Fluminense – 2014
Robert Kenedy é um jovem atacante canhoto revelado pelo Fluminense. Passou a fazer parte do elenco profissional a partir de 2013 e desde então tem intercalado a titularidade com o banco. Suas principais características são a habilidade e a força física. Em 2015, foi negociado com o Chelsea (ING).

GRUPOS

ANIMAIS

NATUREZA

GASTRONOMIA

MERCADO

FÉ

FAMÍLIA

GEOGRAFIA

ESPORTES

CORPO & ALMA

MÚSICA

ARTES

VALE-TUDO

GRUPO
FÉ

SELEÇÕES

RELIGIOSA
ANJOS
PAPAS
BÍBLIA
CRISTÃ
SATÂNICA

SELEÇÃO RELIGIOSA

1 – Milagres (Marco Antônio Gonçalves Milagres)
América (MG) – 1991
Seu nome não é uma referência para o que ele fazia debaixo das traves. Aliás, Milagres era um arqueiro regular, que teve o auge da carreira no América (MG).

2 – Rafael Cruz (Rafael Cruz Ojer)
Atlético (MG) – 2010
Após atuar em clubes menos expressivos, chegou ao Atlético (MG), em 2010. Após um bom começo, perdeu espaço e passou a ser emprestado para diferentes clubes.

3 – Rondinelli "Deus da Raça" (Antônio José Rondinelli Tobias)
Flamengo – 1978
Como o apelido Deus da Raça, que ganhou nos tempos de Flamengo, Rondinelli era um zagueirão raçudo e voluntarioso. Pelo Mengão sagrou-se campeão por diversas vezes, sendo os títulos mais importantes o Campeonato Brasileiro de 1980 e a Libertadores de 1981. Suas passagens por Corinthians e Vasco foram discretas.

4 – Mauro Pastor (Mauro Rodrigues dos Santos)
Internacional (RS) – 1979
É considerado um dos maiores zagueiros da história do Internacional, clube onde formou dupla com Mauro Galvão e conquistou o Brasileirão de 1979, num time repleto de craques.

6 – André Santos (André Clarindo dos Santos)
Corinthians – 2008
Após jogar no Figueirense, Flamengo e Atlético (MG), viveu um grande momento com a camisa do Corinthians. No Timão foi campeão da Série B de 2008, título que já havia conquistado no Galo em 2006, e da

Copa do Brasil de 2009. Em 2009, se transferiu para a Europa, jogando no Fenerbahçe (TUR) e depois no Arsenal (ING). Retornou em 2013 e teve passagens apagadas pelo Grêmio e Flamengo, apesar de ter sido novamente campeão da Copa do Brasil em 2013 pelo Mengão. Ficou um período sem clube e chegou a disputar um campeonato de futebol soçaite em Florianópolis, até ser contratado pelo Goa, da Índia, clube dirigido por Zico.

5 – Toni Kroos (Toni Kroos)
Bayern de Munique (ALE) – 2007
Meia alemão revelado pelo Bayern de Munique (ALE) e que se destacou nas conquistas do bicampeonato alemão de 2012/13 e 2013/14, da Champions League 2012/13 e do Mundial de Clubes da Fifa de 2013, entre outros. Em 2014, foi negociado com o Real Madrid (ESP). Começou a ser convocado pela Seleção Alemã em 2010 e fez parte do elenco que disputou a Copa do Mundo de 2010. Titular na Copa do Mundo de 2014, foi um dos protagonistas do tetracampeonato alemão no Brasil.

8 – Adãozinho (Adão Ambrósio)
Corinthians – 1971
Meia-esquerda que foi revelado pelo Corinthians e fez parte do elenco campeão Paulista em 1977, dando fim ao jejum de quase 23 anos sem títulos. Teve uma passagem apagada pelo Coritiba em 1980.

10 – Ademir da Guia "Divino" (Ademir da Guia)
Palmeiras – 1962
O maior jogador da história do Palmeiras. O futebol está em suas veias, por ser filho de Domingos da Guia. Ademir chegou ao Palmeiras em 1961, vindo do Bangu, e permaneceu no Parque Antártica até 1977, quando encerrou a carreira. Com a camisa alviverde foi campeão diversas vezes, como os cinco brasileiros (1967 – duas vezes –, 1969, 1972 e 1973). Disputou apenas uma Copa do Mundo, a de 1974 na Alemanha. Entrou para a política e foi vereador pela cidade de São Paulo.

7 – Gabriel Jesus (Gabriel Fernando de Jesus)
Palmeiras – 2015
É considerado a maior revelação palmeirense dos últimos tempos. Ganhou destaque na Copa São Paulo de Futebol Júnior em 2015 e logo após o torneio foi incorporado à equipe profissional. Por ser prata da casa e muito querido, a torcida do Palmeiras começou a pressionar a sua titularidade no time profissional, o que provocou a ira do então técnico Oswaldo de Oliveira, que reclamou haver uma histeria "bleatlemaníaca" em relação ao atleta, com marmanjos empolgados gritando nas arquibancadas "Gabriel, Gabriel". A realidade é que o atacante logo conquistou o seu espaço no time titular do Verdão e foi um dos principais responsáveis pela conquista da Copa do Brasil de 2015. Valorizado, é convocado com frequência pela Seleção Brasileira Olímpica e cobiçado por grandes equipes do futebol europeu.

9 – Rodrigo Gral (Rodrigo Gral)
Juventude – 1998
Atacante revelado pelo Grêmio em 1995, mas que "estourou" no Juventude em 1999, no título da Copa do Brasil. Desde então rodou por vários times, como Flamengo, Sport, futebol do Japão e do Catar. Em 2012, jogou no inusitado Brunei, país da Ásia. Reencontrou o bom futebol na Chapecoense, seu time de coração, entre 2012 e 2014. Foi notícia atuando pelo inexpressivo Juventus de Seara (SC), em que recebia como prêmio por gol marcado uma rodada grátis de pastéis na melhor pastelaria da cidade.

11 – João Paulo "Papinha" (João Paulo de Lima Filho)
Santos – 1977
Ponta-esquerda e que depois passou a atuar como meia-esquerda. Surgiu no Santos, formando o famoso time apelidado de Meninos da Vila, que venceu o Paulistão de 1978. Passou pelo Flamengo em 1984 e no mesmo ano chegou ao Corinthians, clube onde permaneceu até o final de 1989. Em 1990, foi contratado pelo Palmeiras, só que não brilhou. Em 1992, retornou para o Santos e no mesmo ano encerrou a carreira atuando pelo Náutico. Ganhou o apelido de Papinha por ter o mesmo nome do Papa da sua época, ou seja, João Paulo.

SELEÇÃO ANJOS

1 – Rafael (Rafael Cabral)
Santos – 2010
Goleiro titular do Santos na conquista da Libertadores da América em 2011. Disputaria os Jogos Olímpicos de 2012, em Londres, porém foi cortado devido a uma contusão. Em julho de 2013 foi negociado para o Napoli (ITA).

2 – Ângelo (Ângelo Mariano de Almeida)
Corinthians – 2001
Lateral-direito e volante que iniciou no Corinthians. Passou pelo São Caetano e Criciúma e desde 2005 atua no futebol italiano.

3 – Gabriel Santos (Gabriel dos Santos Nascimento)
Fluminense – 2005
Com passagens rápidas pela Ponte Preta e Palmeiras, Gabriel Santos se destacou no Fluminense, clube onde jogou em 2005 e 2006. Suas boas apresentações possibilitaram a transferência para o Málaga (ESP). Em 2007, foi contratado pelo Sport. Jogou na Alemanha e Israel e voltou para o rubro-negro pernambucano, onde fez parte do time campeão da Copa do Brasil de 2008. América (MG), novamente o Sport e Ceará completam a relação de times da sua carreira.

4 – Ronaldo Angelim (Ronaldo Simões Angelim)
Flamengo – 2006
Autor do gol que decidiu o Brasileirão de 2009 para o Flamengo, Ronaldo Angelim tornou-se um dos jogadores mais queridos do clube alvinegro nos últimos anos, principalmente pela sua raça e amor à camisa. Também foi ídolo do Fortaleza, clube onde atuou por cinco anos no começo da década de 2000 e no qual encerrou a carreira em 2013.

6 - Angelis Angeli (Angelis Angeli)
Apollon Limassol (CPR) - 2014
Jovem defensor que é considerado um dos melhores jogadores do futebol do Chipre. Atuou pela sua fraca seleção, tendo dificuldades para se destacar no cenário mundial.

5 - Vasilis Angelopoulos (Vasilis Angelopoulos)
Panathinaikos (GRE) - 2014
Jovem promessa grega e que tem se destacado nas seleções de base. Volante de boa capacidade técnica, já faz parte do elenco profissional do Panathinaikos (GRE), um dos principais clubes do seu país, mesmo com apenas 19 anos.

8 - Marcelinho Carioca "Pé de Anjo" (Marcelo Pereira Surcin)
Corinthians - 1994
Meia-atacante que surgiu nas categorias de base do Flamengo, mas foi no Corinthians que se tornou ídolo e um dos melhores atletas da sua geração. Pelo Timão jogou em quatro oportunidades: 1994 a 1997, 1998 a 2001, 2006 e 2010. Com a camisa alvinegra foi campeão em diversas ocasiões, com destaque para o Mundial de Clubes da Fifa, em 2000. No Brasil também vestiu as camisas do Santos, Vasco, Brasiliense e Santo André. Atuou no futebol espanhol, japonês, árabe e francês. Tornou-se comentarista esportivo e tentou a carreira política após parar de jogar.

10 - Ariel Ortega (Ariel Arnaldo Ortega)
River Plate (ARG) - 1991
Meia atacante argentino que foi revelado pelo River Plate (ARG) aos 17 anos, em 1991, pelas mãos de Daniel Passarella. No clube foi campeão da Libertadores de 1996. De 1996 a 2000 jogou no futebol europeu e em 2001 voltou para o próprio River Plate (ARG), reconquistando o seu posto de ídolo. Jogou na Turquia em 2002/03 e mais uma vez voltou para a Argentina, desta vez para jogar no Newell's Old Boys (ARG). De 2006 a 2012 jogou novamente pelo River (ARG), sendo emprestado para clubes menores por períodos curtos. Mas Ortega não era mais o mesmo e anunciou que estava se tratando do alcoolismo, vício que combateu por anos e que antecipou o fim da sua carreira.

7 - Mané Garrincha, "O Anjo das Pernas Tortas" (Manuel Francisco dos Santos)
Botafogo - 1953
O futebol envolvente de Mané Garricha era venerado até mesmo por aqueles que não torciam pelo Botafogo. Uma das suas principais características eram as pernas tortas, já que a direita era seis centímetros mais curta que a esquerda. Outro detalhe é que a perna direita era flexionada para o lado oposto, desenho seguido pela perna esquerda, deixando-as tortas. Diversos médicos afirmaram no começo da carreira que seria impossível Garrincha jogar com aquele problema. Mas Mané era teimoso e, além de jogar, ainda se tornou um dos maiores do mundo em todos os tempos. Tal característica foi homenageada por Vinícius de Moraes no poema " O Anjo das Pernas Tortas".

9 - Gabriel "Gabigol" (Gabriel Barbosa Almeida)
Santos - 2013
Atacante canhoto com raro faro de gol. É mais um Menino da Vila. Profissionalizou-se em 2013, com apenas 16 anos, e é considerado uma das maiores promessas do futebol brasileiro e sucessor natural de Neymar no Peixe. Está acostumado com a camisa da Seleção Brasileira, já que a utiliza desde o Sub-15.

11 - Angél Romero (Angél Rodrigo Romero Villamayor)
Corinthians - 2014
Atacante rápido que surgiu em 2011 no Cerro Porteño (PAR), permanecendo no clube até 2014, quando foi negociado na janela da Copa do Mundo com o Corinthians.

SELEÇÃO PAPAS

1 – Leão (Emerson Leão)
Palmeiras – 1969
Goleiro de opiniões fortes que brilhou no Palmeiras entre os anos de 1969 e 1978, onde conquistou o bicampeonato brasileiro de 1972/73, retornando em 1984. Também teve passagens destacadas pelo Vasco, Grêmio, onde se sagrou campeão brasileiro de 1981, e Corinthians, fazendo parte do time da Democracia Corinthiana. No Sport fez parte do elenco do título brasileiro de 1987, que é contestado até hoje por causa de um imbróglio judicial que envolve o Flamengo. Com apenas 21 anos, foi convocado em cima da hora para a disputa da Copa do Mundo de 1970, sendo o terceiro goleiro na conquista do tricampeonato mundial. Disputou ainda as Copas de 1974 e 1978 como titular, e como reserva, em 1986. Tornou-se técnico. Seu título mais importante na função é o Brasileiro de 2002, pelo Santos. Também comandou de forma rápida a Seleção entre 2000 e 2001, sendo dispensado por telefone após má campanha na Copa das Confederações de 2001.

2 – Paulo Bento (Paulo Jorge Gomes Bento)
Benfica (POR) – 1994
Meio-campo português que teve o melhor momento jogando pelo Benfica (POR). Disputou a Eurocopa de 2000 e a Copa do Mundo de 2002 por Portugal. Abandonou os gramados em 2004 e tornou-se técnico. Em 2010, assumiu o comando da Seleção Lusitana, treinando-a na Eurocopa de 2012 e na Copa do Mundo de 2014. Foi contratado pelo Cruzeiro no Brasileirão de 2016.

3 – Paulo (Paulo César Alves Feitosa)
Corinthians – 1985
Zagueiro revelado pelo Corinthians em 1983, época da Democracia Corinthiana. Após falhas consecutivas, foi emprestado para o Sport e depois negociado com o Coritiba.

4 – Sokratis Papastathopoulos (Sokratis Papastathopoulos)
Werder Bremen (ALE) – 2014
Zagueiro grego com importantes passagens por clubes europeus: AEK (GRE), Milan (ITA), Werder Bremen (ALE) e atualmente no Borussia Dortmund (ALE). Foi o primeiro jogador a ser expulso na Eurocopa de 2012, logo na partida de abertura entre Polônia e Grécia. Também disputou a Copa do Mundo de 2014.

6 – Papa (Emiliano Papa)
Vélez Sarsfield (ARG) – 2008
Lateral-esquerdo argentino que se destacou com a camisa do Vélez Sarsfield (ARG). Teve poucas oportunidades na Seleção Argentina.

5 – Chico (Luís Francisco Grando)
Palmeiras – 2011
Volante e zagueiro que apareceu para o futebol brasileiro no Atlético (PR), clube onde atuou de 2005 a 2010. Em 2011, foi contratado pelo Palmeiras, a pedido do técnico Felipão, tendo passagem discreta. Jogou também no Coritiba e atualmente está no Gaziantepspor (TUR).

8 – Roma (Paulo Marcel Pereira Merabet)
Flamengo – 2001
Atacante que ganhou o apelido de Roma por ser baixinho e parecer com o craque Romário. Logo virou xodó da torcida do Flamengo, clube onde jogou de 1999 a 2002, ano em que se transferiu pela primeira vez para o exterior. Retornou rapidamente para o Flamengo em 2003 e a partir daí passou a rodar por vários países e por diversos clubes brasileiros, com destaque para o Brasiliense e o Santa Cruz.

10 – João Paulo "Papinha" (João Paulo de Lima Filho)
Santos – 1977
Ponta-esquerda que marcou época no Santos e fez parte dos Meninos da Vila campeões paulistas de 1978. Em 1984, teve breve passagem pelo Flamengo e desembarcou a seguir no Corinthians, onde passou a jogar também de meia-esquerda. Palmeiras, um rápido retorno para o Santos e o Náutico completam a lista de clubes que defendeu. Ficou conhecido como Papinha por ser xará do pontífice João Paulo.

7 – Dimitrios Papadopoulos (Dimitrios Papadopoulos)
Celta de Vigo (ESP) – 2010
Atacante grego que já jogou pelo Panathinaikos (GRE), Lecce (ITA), Dínamo Zagreb (CRO) e Celta de Vigo (ESP). Hoje está no PAOK (GRE). Seu título mais relevante foi com a Seleção Grega na Eurocopa de 2004, quando era utilizado com frequência na segunda etapa. Disputou também a Copa das Confederações de 2005.

9 – Bentinho (Antônio Bento dos Santos)
Portuguesa – 1993
Atacante versátil, tinha a capacidade técnica de jogar enfiado na área ou sair para as pontas. Revelado pela Portuguesa, na década de 1980, jogou ao lado do meia Dener e do seu irmão, o volante Bento. Também jogou no São Paulo e no Botafogo e acumulou ainda passagens pelo futebol da Arábia Saudita, além do Japão, quando defendeu diversas equipes.

11 – Pio (Osmar Alberto Volpe)
Palmeiras – 1969
Ponta-esquerda driblador que se destacou no Palmeiras, onde foi campeão brasileiro em 1969, 1972 e 1973. Veio da Ferroviária de Araraquara (SP). Jogou ainda pelo Santa Cruz e Colorado, além de equipes menores do interior paulista.

1 – Marcos (Marcos Roberto Silveira Reis)
Palmeiras – 1999
Para muitos é o melhor goleiro do Palmeiras de todos os tempos. Chegou ao Verdão em 1992, vindo das categorias de base da Lençoense. Estreou pelo Alviverde no mesmo ano, mas permaneceu como reserva até 1999, quando teve a grande oportunidade a partir da quinta rodada da Libertadores da América, graças a uma contusão do titular Velloso. Marcão entrou e operou verdadeiros milagres e foi um dos principais responsáveis pela conquista do título da maior competição sul-americana pelo Palmeiras. Foi nesta época que foi canonizado pela torcida e ganhou o apelido de São Marcos. O goleirão era o representante das arquibancadas dentro de campo e, mesmo com o rebaixamento do time para Série B do Brasileirão em 2002, cumpriu a promessa de permanecer e venceu o torneio de acesso em 2003. Disputou a Copa do Mundo de 2002 como titular e com suas defesas ajudou o Brasil a sagrar-se pentacampeão mundial. Abandonou os gramados no final de 2011, devido a uma série de contusões que abreviaram a sua carreira.

2 – Daniel (Daniel Martins)
Corinthians – 2000
Lateral-direito de força e que apoiava bem, mas defendia mal. Jogou pelo Corinthians, vindo da Ponte Preta, em 2000, sendo reserva do também lateral Índio na conquista do Mundial de Clubes da Fifa de 2000. Teve passagem discreta pelo Palmeiras.

3 – Moisés (Moisés Matias de Andrade)
Corinthians – 1977
Zagueirão que chegava forte e intimidava pela força física. Não tinha vergonha de fazer faltas, mesmo que violentas, tanto que era conhecido como Moisés Paulada entre os atletas. Jogou nos quatro grandes cariocas. No Corinthians, no qual ficou de 1976 a 1978, foi um dos líderes no título do Campeonato Paulista de 1977, que tirou o Timão de um jejum de

títulos de quase 23 anos. Como técnico dirigiu vários clubes.

4 – Abel (Abel Braga)
Fluminense – 1971
O zagueiro começou no Fluminense em 1971. Passou rapidamente pelo Figueirense e foi no Vasco que encontrou o seu melhor futebol, conseguindo a vaga na Seleção Brasileira que disputou a Copa do Mundo de 1978. Jogou ainda pelo Paris Saint-Germain (FRA), Cruzeiro e Botafogo. Desde 1985 é técnico de futebol, tendo dirigido diversas equipes. Seus títulos mais importantes na função são a Libertadores da América e o Mundial de Clubes da Fifa de 2006, pelo Internacional (RS).

6 – Pedro (Pedro Alves da Silva)
Palmeiras – 2002
Lateral-direito revelado pelo Palmeiras, jogou em diversos clubes brasileiros, como Vitória, Internacional (SP), Santos e Corinthians. No futebol português teve os melhores momentos da carreira, principalmente defendendo o Sporting (POR).

5 – Willian Arão (Willian Souza Arão da Silva)
Corinthians – 2012
Volante de marcação revelado nas categorias de base do São Paulo, teve as primeiras oportunidades como profissional no Espanyol (ESP). Também jogou pelo Corinthians, Portuguesa, Chapecoense e Atlético (GO). Em 2015, desembarcou no Botafogo e transferiu-se no ano seguinte para o Flamengo.

8 – Elias (Elias Mendes Trindade)
Corinthians – 2008
Após ser formado nas categorias de base do Palmeiras, rodou pelo futebol de várzea em São Paulo até chegar à Ponte Preta. Na Macaca se destacou na campanha do vice-campeonato paulista de 2008, sendo contratado pelo Corinthians no mesmo ano. Permaneceu no Timão até 2010, sendo um dos protagonistas nos títulos da Série B do Brasileirão de 2008 e da Copa do Brasil de 2009. Tem passagens apagadas pelo Atlético de Madrid (ESP) e pelo Sporting (POR). Voltou para o Corinthians em 2014.

10 – Jonas (Jonas Gonçalves Oliveira)
Santos – 2006
Atacante com passagens expressivas pelo Santos, Grêmio e Portuguesa. Brilhou com a camisa do Valencia (ESP). Atualmente veste a camisa do Benfica (POR).

7 – Matuzalém (Francelino Matuzalém da Silva)
Vitória – 1999
Volante que surgiu no Vitória e fez o restante da carreira em times do exterior. Forte na marcação e de boa saída de bola, pintou como grande revelação, fazendo parte da Seleção Brasileira no título mundial Sub-17 em 1997. Do time baiano teve rápida passagem pelo Bellinzona (SUI), até desembarcar no Napoli (ITA), onde teve boas atuações. Jogou em oito equipes italianas no total, com destaque para Lazio (ITA). Também se destacou no Shakhtar Donetsk (UCR) e no Zaragoza (ESP). Hoje está no Miami F.C.

9 – Cláudio Adão (Cláudio Adalberto Adão)
Santos – 1972
Atacante que surgiu como uma grande promessa do futebol brasileiro no Santos em 1972. Tornou-se um cigano no futebol, tendo atuado em mais de 20 equipes, como Flamengo, Fluminense, Botafogo, Vasco, Bangu, Bahia, Cruzeiro, Portuguesa e Corinthians, assim como pelo futebol estrangeiro como o Áustria Viena (AUS), Al Ain (EAU) e Benfica (POR).

11 – Hristo Stoichkov (Hristo Stoichkov)
Barcelona (ESP) – 1990
Atacante considerado o melhor jogador da história da Bulgária. Marcou época no CSKA Sofia (BUL) e no Barcelona (ESP), onde formou uma dupla fantástica com seu amigo Romário. Seu grande momento foi na Copa do Mundo de 1994, quando levou a Seleção Búlgara à conquista do quarto lugar e terminou como artilheiro da competição, ao lado do russo Oleg Salenko, com seis tentos. Stoichkov chocou o mundo com a frase: "Existe um Cristo lá em cima e outro aqui em baixo. Ambos fazem milagres". Ele se referia ao seu primeiro nome e resumia bem a própria modéstia. Tornou-se treinador e chegou a dirigir a Seleção Búlgara de 2004 a 2007.

SELEÇÃO CRISTÃ

1 – Adán (Antônio Adán Garrido)
Real Madrid (ESP) – 2009
Goleiro formado pelo Real Madrid (ESP) com passagens pelas equipes C, B e principal da equipe espanhola. Sem espaço no clube merengue, onde no máximo chegou a ser a terceira opção, transferiu-se em 2013 para o Cagliari (ITA), permanecendo poucos meses e sendo contratado pelo Betis (ESP) no começo de 2014.

2 – Venditto (Facundo Venditto)
All Boys (ARG) – 2008
Defensor argentino que jogou como lateral e volante com passagens por equipes pouco representativas do seu país, como All Boys (ARG), Excursionistas (ARG) e Once Tigres (ARG).

3 – Rezza (Ricardo Rezza Pérez)
Gimnasia y Esgrima de La Plata (ARG) – 1968
Zagueiro argentino aposentado que teve passagens pelo Gimnasia y Esgrima de La Plata (ARG), U.D.Salamanca (ESP) e Real Gijón (ESP), aposentando-se em 1980. Desde 1982 é treinador, sendo um dos mais experientes ainda em atividade na Argentina.

4 – Paternoster (Fernando Paternoster)
Argentina – 1930
Defensor vice-campeão da primeira Copa do Mundo, em 1930, realizada no Uruguai. Foi o segundo jogador a perder um pênalti em Copas do Mundo, na partida Argentina 6 X 3 México, pela primeira fase do torneio. Também foi medalha de prata nos Jogos Olímpicos de 1928, em Amsterdã, na Holanda. Pelos clubes, jogou no Atlanta (ARG), Racing (ARG) e encerrou a carreira no Argentinos Juniors (ARG). Tornou-se treinador.

6 – Del Papa (Leandro Adrian Del Papa)
Nueva Chicago (ARG) – 2001
Defensor forte na marcação que jogou em equipes de menor projeção como Nueva Chicago (ARG), onde começou a carreira, Excursionistas (ARG), Colegiales (ARG), entre outros.

5 – Hernanes, O Profeta (Anderson Hernanes de Carvalho Viana Lima)
São Paulo – 2007
Meio-campista que pode ser utilizado em várias funções, de acordo com o próprio jogador. Foi revelado pelo São Paulo, clube onde se destacou e ganhou os Brasileirões de 2007 e 2008. Desde 2010 está no futebol italiano. Já jogou pela Lazio (ITA) e pela Internazionale (ITA), e atualmente está no Juventus (ITA). Pela Seleção Brasileira disputou os Jogos Olímpicos de 2008, conquistando a medalha de bronze, além de ter feito parte do elenco na Copa do Mundo de 2014.

8 – Monje (Oscar Diego Monje)
Lanús (ARG) – 1990
Volante que conseguia marcar e atacar com a mesma qualidade. Iniciou a carreira em 1989 no Lanús (ARG) e depois rodou bastante, tendo jogado no futebol japonês, equatoriano, venezuelano e novamente argentino, porém em equipes menores.

10 – Giovanni Messias (Giovanni Silva de Oliveira)
Santos – 1994
Meia de estilo clássico de rara habilidade que fez sucesso no Santos, clube onde jogou por três vezes, destacando-se principalmente na primeira passagem, que aconteceu entre 1994 a 1996. Curiosamente, o título mais importante conquistado no Peixe veio em 2010, e foi a Copa do Brasil, o que aconteceu quando Giovanni já estava no fim de carreira e rendendo pouco em campo. Na Europa jogou no Barcelona (ESP), Olympiakos (GRE) e no Ethnikos (GRE). Outra experiência internacional foi no Al Hilal (ARA). Seu grande momento na Seleção Brasileira foi na estreia da Copa do Mundo de 1998, em que o Brasil venceu a Escócia por 2 X 1. Giovanni começou como titular, mas não convenceu e acabou passando o resto da competição no banco de reservas.

7 – Frei (Alexander Frei)
Borussia Dortmund (ALE) – 2006
Atacante suíço que jogou a Copa do Mundo de 2006, tendo marcado dois gols na competição. Aliás, Frei é o maior artilheiro do seu selecionado em toda a história com 42 tentos em 84 partidas. A principal equipe da sua carreira foi o Borussia Dortmund (ALE), jogando de 2006 a 2009. Também atuou pelo Rennes (FRA) e clubes suíços, com destaque para as duas passagens pelo Basel (SUI).

9 – Quaresma (Ricardo Quaresma)
Porto (POR) – 2004
Atacante português habilidoso, mas que nunca deu muita sorte com a camisa da sua seleção, tanto que não disputou nenhuma Copa do Mundo até o momento. Surgiu no Sporting (POR) aos 17 anos, em 2001. Jogou ainda no Barcelona (ESP), Porto (POR), Internazionale (ITA), Chelsea (ING), Besikitas (TUR), Al Ahli (EAU) e, em 2014, retornou para o Porto (POR).

11 – Jésus (Rubén Ariel Jésus)
Nueva Chicago (ARG) – 2001
Atacante apenas esforçado que jogou em equipes menores do futebol argentino. Começou no Nueva Chicago (ARG) e passou pelo Deportivo Español (ARG) e Huracán (ARG), Estudiantes de Buenos Aires (ARG), Tristan Suarez (ARG), até encerrar a carreira no inexpressivo Club Atletico Argentino de Merlo (ARG).

SELEÇÃO SATÂNICA

1 – Tuffy "Satanás" (Tuffy Neugen)
Corinthians – 1928
Goleiro do Corinthians no tricampeonato paulista de 1928 a 1930. Era um arqueiro incomum, tanto que recebeu o singelo apelido de Satanás por vestir-se de preto e ostentar grandes costeletas, que contribuíram para sua figura singular.

2 – Vampeta (Marcos André Batista Santos)
Corinthians – 1998
Volante e lateral-direito revelado pelo Vitória. Após jogar na Holanda e pelo Fluminense, desembarcou no Corinthians conquistando vários títulos, como os Brasileiros de 1998 e 1999, Mundial de Clubes da Fifa de 2000 e a Copa do Brasil de 2002. Jogou ainda no Flamengo, Brasiliense, Goiás, Internazionale (ITA), Paris Saint-Germain (FRA) e no futebol do Kuwait. Comemorou o título da Copa de 2002 dando cambalhotas na rampa do Palácio do Planalto, em Brasília (DF). Após deixar os gramados atuou como técnico, candidato a deputado federal, comentarista de televisão e dirigente. Seu apelido tem origem na época das categorias de base. Pela falta dos dentes da frente, tornou-se o Vampeta, a junção de "vampiro" com "capeta".

3 – Alfredo Rasga-Diabo
Riograndense (RS) – 1938
Zagueiro que ficou marcado por ter causado a contusão em um torcedor, quando deu um carrinho violento no adversário, que espertamente saltou. O zagueiro ficou sem freio e acabou atingindo em cheio o torcedor.

4 – Brasinha (Sidnei Santos de Oliveira)
Vasco da Gama – 2008
Defensor que surgiu nas categorias de base do Vasco. Ainda amador, passou pelo Brescia (ITA). Desde que se profissionalizou, vem atuando por pequenas equipes do Rio de Janeiro.

6 – Ridvan "Seytan" Dilmen (Ridvan Dilmen)
Fenerbahçe (TUR) – 1987
Meia turco que acabou ganhando o apelido de Demônio na sua própria equipe do Fenerbahçe (TUR), por ser rápido, ágil e esperto.

5 – Marco "El Diablo" Etcheverry (Marco Antonio Etcheverry Vargas)
D.C.United (EUA) – 1998
É considerado o maior jogador boliviano de todos os tempos e atuava como meia. Ganhou o apelido infernal durante as Eliminatórias para a Copa do Mundo de 1994, sendo um dos principais responsáveis pela classificação inédita da Bolívia para a competição.

8 – Edílson Capetinha (Edílson da Silva Ferreira)
Palmeiras – 1993
Atacante de muita velocidade e habilidade, ganhou o apelido por infernizar as defesas adversárias. Destacou-se no Guarani e no Palmeiras, onde conquistou o Brasileirão (1993), entre outros títulos. Jogou a seguir no Benfica (POR) e no Kashiwa Reysol (JAP). Em 1997, desembarcou no Corinthians, sendo bicampeão brasileiro (1998/99) e do Mundial de Clubes da Fifa de 2000. Acumulou passagens pelo Flamengo, Cruzeiro, Vitória, futebol dos Emirados Árabes Unidos, e encerrou a carreira em 2010, no Bahia. Retornou aos gramados em 2016, aos 45 anos, para jogar pelo Taboão da Serra, na quarta divisão do Campeonato Paulista. Fez parte do elenco da Seleção Brasileira no título da Copa do Mundo de 2002.

10 – Ruud "The Devil" van Nistelrooy (Rutgerus Johannes Martinus van Nistelrooy)
Manchester United (ING) – 2000
Atacante holandês com raro faro de gol. Começou no futebol holandês e, em 2000, chegou ao Manchester United (ING), atingindo o auge da carreira. Pela Holanda jogou a Copa do Mundo de 2006. Encerrou a carreira em 2012, após sucessivas lesões.

7 – Paulo Nunes "Diabo Loiro" (Arílson de Paula Nunes)
Grêmio – 1995
Atacante, cria das categorias de base do Flamengo. Foi no Grêmio que se destacou nacionalmente, quando formou a dupla de ataque com Jardel e foi campeão da Libertadores da América de 1995, do Brasileirão de 1996 e da Copa do Brasil de 1997. Passou rapidamente pelo Benfica (POR) e chegou ao Palmeiras em 1998, quando voltou a viver um importante momento na carreira. No Verdão tornou-se ídolo ao comemorar gols de forma provocativa e ser campeão da Copa do Brasil de 1998 e da Libertadores de 1999. Retornou para o Grêmio sem os mesmos resultados da primeira passagem, e defendeu o Corinthians, onde enfrentou a resistência da torcida pelos seus tempos de Palmeiras.

9 – Amarildo, o Possesso (Amarildo Tavares da Silveira)
Botafogo – 1958
Artilheiro de grande habilidade e raça, Amarildo tornou-se um dos grandes heróis do futebol brasileiro na Copa do Mundo de 1962, quando substituiu o contundido Pelé. A atuação nessa Copa lhe rendeu o apelido de Possesso. Teve passagem importante pelo Botafogo. Em 1963, foi jogar na Itália, onde atuou pelo Milan (ITA), Fiorentina (ITA) e Roma (ITA). Encerrou a carreira no Vasco.

11 – Clint "Deuce" Dampsey (Clinton Drew Dampsey)
Tottenham (ING) – 2012
Meia e atacante norte-americano, se destacou no futebol inglês. Foi capitão da sua seleção por um longo tempo, tendo disputado as Copas do Mundo de 2006, 2010 e 2014, sendo o único norte-americano a marcar gols em três edições do torneio. Além de bater uma bola, o craque também é cantor de hip-hop e usa o apelido Clint "Deuce" Dempsey, ou seja, Clint "Demônio" Dempsey.

GRUPOS

GRUPO FAMÍLIA

SELEÇÕES

- INHOS
- ÃO
- REPETIÇÃO
- PEQUENOS
- GRANDES
- ZÉS
- NOMES FEMININOS
- FAMÍLIA

SELEÇÃO INHOS

1 – Rubinho (Rubens Fernando Moedim)
Corinthians – 2001
Goleiro revelado pelo Corinthians e irmão de Zé Elias. Rodou pela Europa e atualmente é reserva da Juventus (ITA).

2 – Nelinho (Manoel Rezende de Mattos Cabral)
Cruzeiro – 1976
Lateral-direito que despontou no Cruzeiro no início da década de 1970 e ganhou a Taça Libertadores da América de 1976. Também fez história com a camisa do Atlético (MG). Jogou as Copas de 1974 e 1978.

3 – Edinho (Edino Nazareth Filho)
Fluminense – 1975
Começou no Fluminense, em 1975, e jogou também na Udinese (ITA), Flamengo e Grêmio. Com a Seleção Brasileira disputou as Copas do Mundo de 1978, como lateral-esquerdo, 1982 e 1986. Tornou-se treinador e comentarista.

4 – Marquinhos (Marcos Aoas Corrêa)
Paris Saint-Germain (FRA) – 2013
Zagueiro e lateral revelado pelo Corinthians em 2012 e que logo em seguida foi transferido para o Roma (ITA). Em 2013, foi para o Paris Saint-Germain (FRA).

6 – Mazinho (Iomar do Nascimento)
Vasco da Gama – 1986
Pelo Vascão foi campeão brasileiro de 1989. Após passagem pelo futebol italiano, foi contratado pelo Palmeiras, conquistando o Brasileirão de 1993. Em 1994, retornou para o futebol europeu, desta vez para a Espanha. Fez parte do elenco do Brasil na Copa de 1990. Já na Copa de 1994 teve importante papel tático e foi titular na conquista do tetracampeonato mundial do Brasil. É o pai de Thiago Alcântara, do Bayern de Munique (ALE), e de Rafa Alcântara, do Barcelona (ESP).

5 - Paulinho (José Paulo Bezerra Maciel Júnior)
Corinthians - 2012
Seu futebol deslanchou no Corinthians, quando conquistou o Brasileirão de 2011, a Libertadores e o Mundial de Clubes da Fifa, em 2012. No ano seguinte foi negociado com o Tottenham (ING). Em 2015 foi contratado pelo Guangzhou Evergrande (CHI). Pela Seleção Brasileira foi titular do time no título da Copa das Confederações, em 2013. Começou como titular na Copa do Mundo de 2014, mas perdeu espaço durante a competição.

8 - Fernandinho (Fernando Luiz Roza)
Atlético (PR) - 2005
Volante e meia que começou no Atlético (PR) em 2001, quando fez parte do elenco campeão brasileiro. Em 2005, se transferiu para o Shakhtar Donetsk (UCR). Em 2013, foi contratado pelo Manchester City (ING). Foi convocado para a Copa do Mundo de 2014, conquistando uma vaga de titular durante a competição.

10 - Zinho (Crizam César de Oliveira Filho)
Flamengo - 1986
É um dos jogadores mais vitoriosos do futebol brasileiro, tendo quatro Campeonatos Brasileiros (1992 pelo Flamengo, 1993 e 1994 pelo Palmeiras e 2003 pelo Cruzeiro) e quatro Copas do Brasil (1990 pelo Flamengo, 1998 pelo Palmeiras, 2001 pelo Grêmio e 2003 pelo Cruzeiro). Também venceu a Copa União de 1987 pelo Flamengo e a Libertadores da América de 1999 pelo Palmeiras, além de títulos estaduais e outros. Mas nada se comparou à conquista da Copa do Mundo de 1994 com a Seleção Brasileira, em que Zinho exercia a importante função de contenção do meio de campo. Tal situação não foi muito bem compreendida pela imprensa esportiva, que o apelidou de Enceradeira, pois se mexia muito e não saía do lugar. Zinho ainda atuou no futebol japonês, no Nova Iguaçu (RJ), clube que fundou, e no Miami (EUA). Ao deixar os gramados passou a exercer a função de técnico e, posteriormente, de gerente de futebol no Flamengo e no Santos. Hoje é auxiliar técnico.

7 - Robinho (Robson de Souza)
Santos - 2002
O Rei das Pedaladas foi revelado pelo Santos, clube pelo qual conquistou os Brasileirões de 2002 e 2004. Acumulou mais dois retornos ao Peixe nos anos de 2010, onde conquistou a Copa do Brasil em 2010. Na Europa jogou no Real Madrid (ESP), Manchester City (ING) e Milan (ITA). Teve passagem discreta pelo Guangzhou Evergrande (CHI) e em 2016 foi a principal contratação do Atlético (MG). Disputou as Copas do Mundo de 2006 e 2010.

9 - Serginho (Sérgio Ricardo Messias Neves)
Corinthians - 1995
Chegou ao Corinthians em 1995, vindo do Fluminense de Feira de Santana (BA), para substituir o ídolo recém-negociado, Viola. Com essa carga, estava na cara que Serginho não daria certo no Timão e logo foi repassado para o Vasco. Sua carreira não decolava, apesar de ter passado também pelo Vitória e Botafogo. Mas tudo mudou quando o atacante foi jogar no futebol da Arábia Saudita. Lá fez fama, sucesso e fortuna e passou a ser conhecido como Serginho das Arábias. Jogou ainda no futebol turco, no Catar, dos Emirados Árabes e no Kuwait.

11 - Ricardinho (Ricardo Luís Pozzi Rodrigues)
Corinthians - 1998
Mesmo tendo jogado pelo Paraná Clube e na França, ganhou destaque no Corinthians, onde conquistou o bicampeonato brasileiro em 1998/99, o Mundial de Clubes da Fifa, em 2000, e a Copa do Brasil, em 2002, entre outros. Causou polêmica ao trocar o Corinthians pelo São Paulo, em 2002. Também atuou na Inglaterra, Santos, Turquia, Catar, Atlético (MG) e Bahia. Em 2006, retornou brevemente para o Corinthians. Fez parte do grupo da Seleção Brasileira que venceu a Copa do Mundo de 2002, sendo convocado na última hora para substituir o volante Emerson, que havia se contundido. Também esteve na Copa do Mundo de 2006. Tornou-se técnico.

1 – Magrão (Alessandro Beti Rosa)
Sport – 2005
Apesar de ter jogado anteriormente no Nacional (SP), Botafogo (RP), Portuguesa, Ceará, Fortaleza e Rio Branco de Americana (SP), o goleiro Magrão será lembrado pela sua vasta carreira com a camisa do Sport. Foi no Leão que se tornou campeão da Copa do Brasil de 2008 e da Copa do Nordeste de 2014, além de ter seis conquistas do estadual e mais de quinhentas partidas pelo Rubro-Negro. Foi ele também o goleiro que tomou o milésimo gol de Romário, na segunda rodada do Campeonato Brasileiro de 2007.

2 – Geraldão (Geraldo Dutra Pereira)
Cruzeiro – 1986
Zagueirão de força física e que tinha uma verdadeira patada nos chutes de longa distância e cobranças de faltas, tanto que ficou conhecido como o zagueiro artilheiro. Destacou-se no Cruzeiro e no Porto (POR). Tornou-se técnico e gerente de futebol.

3 – Luisão (Ânderson Luís da Silva)
Cruzeiro – 2000
Surgiu no simpático Juventus (SP) e chegou ao Cruzeiro em 2000, onde conquistou títulos relevantes, como as Copas do Brasil de 2000 e 2003 e o Brasileirão de 2003. Foi contratado pelo Benfica (POR), em 2003, e permaneceu no clube português desde então. Fez parte do grupo da Seleção Brasileira na Copa do Mundo de 2006. É irmão do também zagueiro Alex Silva.

4 – Paulão (Paulo Marcos de Jesus Ribeiro)
Cruzeiro – 2013
Zagueiro forte fisicamente e de habilidade. Marcou um golaço de bicicleta no Brasileirão de 2014, na vitória do Internacional (RS) sobre o Goiás por 1 X 0.

6 – Lucão (Lucas Silva)
São Paulo – 2013
Zagueiro revelado pelo São Paulo e que teve as primeiras oportunidades no time profissional em 2013, apesar de passar a ser mais utilizado a partir de 2014, inclusive como titular na zaga e improvisado na lateral-direita.

5 – Chicão (Francisco Jesuíno Avanzi)
São Paulo – 1973
Volante valente e raçudo, que pegava pesado na marcação. Surgiu no interior paulista e foi no São Paulo que ganhou fama nacional. Seu maior título pelo Tricolor foi o Brasileiro de 1977. Convocado para a Copa de 1978, saiu jogando justamente na partida contra a Argentina, os donos da casa, para dar mais "pegada" ao meio de campo brasileiro. Chicão cumpriu a missão, intimidando o artilheiro Mário Kempes logo no início do jogo. Os próprios argentinos apelidaram o volante brasileiro de El Matador.

8 – Pedrão (Christiano Florêncio da Silva)
Grêmio Barueri – 2004
Este atacante entrou para a história do futebol brasileiro por ter um apelido cuja origem é das mais curiosas de todos os tempos. Apesar de se chamar Christiano, passou a ser chamado de Pedrão após ser atropelado na infância por um caminhão de botijões de gás da empresa Pedrão. Tornou-se conhecido no Grêmio Barueri.

10 – Ninão (João Fantoni)
Cruzeiro – 1923
Ninão jogou na Raposa quando ela ainda se chamava Palestra Itália, tendo duas passagens: 1923 a 1931 e de 1933 a 1938. Este atacante fez parte de uma tradicional família de jogadores do Cruzeiro, que contou ainda com seus irmãos Niginho e Orlando Fantoni, que depois se transformaria num técnico destacado, e o primo Nininho. Curiosamente os quatro também jogaram na Lazio (ITA) entre 1931 a 1933, porém usaram os nomes Fantoni I (Ninão), Fantoni II (Nininho), Fantoni III (Niginho) e Fantoni IV (Orlando). Ninão tem até hoje a melhor média de gols marcada no clube mineiro, 1,31 por jogo, tendo balançado as redes em 167 oportunidades em 127 partidas. Para fechar, outra curiosidade da família Fantoni: Benito e Fernando, filhos de Ninão, também jogaram pelo Cruzeiro na década de 1960, enquanto Fernando foi para a Lazio (ITA) e manteve a saga como o Fantoni V.

7 – Buião (Antonio Carlos da Silva)
Palmeiras – 1989
Atacante de muita vontade e correria, mas pouca técnica. Revelado no Marília, teve uma passagem apagada pelo Palmeiras. Reabilitou-se no Náutico e também brilhou com a camisa do Guarani. Jogou também na China e na Colômbia e atualmente exerce a função de treinador.

9 – Luizão (Luiz Carlos Bombonato Goulart)
Guarani – 1994
Teve o privilégio de jogar em vários clubes brasileiros: Palmeiras, Vasco, Corinthians, Grêmio, Botafogo, São Paulo, Santos e Flamengo, além de ter sido revelado pelo Guarani. No exterior jogou na Espanha, Alemanha e Japão. Foi campeão da Libertadores da América em 1998 (Vasco) e em 2005 (São Paulo), além de vencer o Mundial de Clubes da Fifa de 2000 (Corinthians). Ganhou espaço na Seleção Brasileira nas Eliminatórias para a Copa de 2002, quando foi convocado para a última partida contra a Venezuela. O Brasil tinha que vencer a todo custo e Luizão assumiu a responsabilidade ao marcar os dois primeiros gols da vitória por 3 X 0. Com moral, fez parte do grupo da Seleção na conquista do pentacampeonato mundial na Copa do Mundo de 2002.

11 – Marcão (Marcos Assis de Santana)
Atlético Goianiense – 2008
Centroavante alto e bom definidor. Após começar no Ipatinga (MG), brilhou no Atlético Goianiense, clube onde foi o principal artilheiro no título da Série C do Brasileirão de 2008. A fama de matador o credenciou a ser contratado pelo Atlético (PR), mas não repetiu o mesmo sucesso. Jogou ainda no América (MG), retornou para o Atlético Goianiense e passou pelo Bahia até voltar a viver um bom momento no Figueirense no Campeonato Brasileiro de 2014.

SELEÇÃO REPETIÇÃO

1 – Cacá (Luís Cláudio)
Flamengo – 1991
Terceiro goleiro do Flamengo de 1991 a 1999. A seguir aceitou o convite pessoal de Zico e foi jogar no CFZ (RJ) e depois rodou pelo Brasil.

2 – Dudu (Carlos Eduardo Alberiz)
Vasco da Gama – 1980
Cabeça de área que surgiu no Vasco, num time que tinha como estrela principal Roberto Dinamite, e que frequentou as categorias de base da Seleção Brasileira. Em 1982, foi negociado com o futebol português, onde fez sucesso com a camisa do Belenenses (POR). Viveu um drama particular ainda como jogador quando declarou ser alcoólatra, dependência da qual se livrou após tratamento.

3 – Dedé (Anderson Vital da Silva)
Vasco da Gama – 2009
Revelado no Volta Redonda, mas foi no Vasco da Gama que ganhou projeção nacional. Tornou-se ídolo da torcida vascaína, que o apelidou de O Mito, conquistando o Campeonato Brasileiro da Série B, em 2009, e a Copa do Brasil de 2011. Em abril de 2013 se transferiu para o Cruzeiro e sagrou-se bicampeão brasileiro em 2013/14.

4 – Titi (Cristian Chagas Tarouco)
Vasco da Gama – 2009
Zagueiro que fez parte do time campeão da Série B do Brasileirão de 2009 pelo Vasco. Foi revelado pelo Internacional (RS) e jogou rapidamente no Náutico (PE) antes de ser anunciado pelo Vasco. Em 2011, foi negociado com o Bahia.

6 – Nenê (Dorismar Felipe de Souza)
Palmeiras – 1997
Lateral de muita disposição física e bom apoio ao ataque. Chegou ao Palmeiras em 1997. Também jogou no Santos, Goiás, Cruzeiro, Bahia, Botafogo, Portuguesa e em equipes com menor expressão.

5 – Bobô (Raimundo Nonato Tavares da Silva)
Bahia – 1988
Meia técnico, habilidoso e elegante. Despontou para o futebol brasileiro no título brasileiro do Bahia, em 1988. Foi negociado no ano seguinte com o São Paulo por US$ 1 milhão, uma fortuna na época. Jogou também no Flamengo, Fluminense, Corinthians, Internacional (RS), Catuense e encerrou a carreira no Bahia. Chegou a ser o técnico do Bahia em 2002 e 2003.

8 – Gegê (Geírton Marques Aires)
Botafogo – 2013
Meio-campista de boa qualidade técnica, Gegê foi revelado pelo Madureira, sendo contratado pelo Botafogo em 2013, ano em que sagrou-se campeão carioca. Mesmo sendo reconhecido pelo seu talento, ainda não conseguiu conquistar a titularidade absoluta no Fogão.

10 – Kaká (Ricardo Izecson dos Santos Leite)
São Paulo – 2001
Começou a carreira ainda como Cacá, tendo as primeiras oportunidades no time titular do São Paulo em 2001. Tornou-se protagonista no Tricolor até ser negociado com o Milan (ITA). Chegou à Itália em 2003, e não decepcionou em campo e viveu o melhor momento da carreira, sendo campeão em várias oportunidades, destacando-se os títulos da Champions League de 2006/07 e do Mundial de Clubes da Fifa de 2007. Foi no Milan (ITA) que se tornou o Melhor Jogador do Mundo pela Fifa de 2007. Foi negociado com o Real Madrid (ESP), em 2009, como uma grande estrela mundial, mas não correspondeu em campo, sofrendo com diversas lesões. Na temporada 2013/14 teve passagem apagada no Milan (ITA). Fechou com o Orlando City (EUA), mas como o campeonato norte-americano só se iniciaria em 2015, passou o segundo semestre de 2014 jogando pelo São Paulo. Fez parte da "Família Scolari" que venceu a Copa do Mundo de 2002, quando tinha apenas vinte anos. Disputou também as Copas do Mundo de 2006 e 2010.

7 – Dodô (Ricardo Lucas Figueiredo Monte Raso)
São Paulo – 1997
Ficou conhecido como o Artilheiro dos Gols Bonitos. Teve os melhores momentos da carreira jogando pelo São Paulo, Santos e Botafogo. Em compensação, teve atuações apagadas pelo Palmeiras, Fluminense e Vasco.

9 – Vavá (Edvaldo Izídio Neto)
Vasco da Gama – 1952
Atacante bicampeão mundial pelo Brasil nas Copas de 1958 e 1962. Ganhou o apelido de Leão da Copa, em 1958, por causa da sua força de vontade e vigor físico. Sua atuação na Copa de 1962 foi primordial, ainda mais depois que o Brasil perdeu Pelé contundido. Vavá assumiu, ao lado de Garrincha, a responsabilidade de comandar a Seleção, além de ser um dos maiores goleadores dessa edição com quatro gols. Foi revelado no futebol pernambucano, onde jogou nos pequenos América (PE) e Íbis, que depois seria considerado "o pior time do mundo", e no Sport. Foi contratado, em 1952, pelo Vasco, clube onde despontou e viveu um grande momento. Jogou ainda no Atlético de Madrid (ESP), Palmeiras, América (MEX), futebol norte-americano e encerrou a carreira na Portuguesa (RJ). Foi treinador no México e também compôs a comissão técnica do Brasil na Copa de 1982, na Espanha.

11 – Babá (Roberto Caveanha)
São Paulo – 1966
Centroavante que jogou no São Paulo de 1965 a 1970, clube onde se tornou o vigésimo maior artilheiro de todos os tempos, com 94 gols. Também atuou no Guarani, por duas vezes, Atlético (PR), Colorado e encerrou a carreira no São Bento de Sorocaba.

SELEÇÃO

PEQUENOS

1 – Henao (Juan Carlos Henao Valencia)
Santos – 2006
Goleiro colombiano que tinha como marca registrada os cabelos compridos, o calção curto e a mania de jogar adiantado. Por medir apenas 1,81 m, era considerado baixo para o padrão dos goleiros, e ganhou o apelido de Henao Enano, um jogo de palavras na língua espanhola que significa "Henao anão". Sua melhor fase foi jogando pelo Once Caldas (COL), clube onde se sagrou campeão da Libertadores da América de 2004, com grandes apresentações. Teve passagem apagada pelo Santos, em 2006. Retornando em seguida para o futebol colombiano, jogou pelo Millonarios (COL), Maracaibo (COL) e encerrou a carreira no próprio Once Caldas (COL).

2 – Tico (Paulo Rogério Alves)
Portuguesa – 1991
Ponta-direita que fez parte da geração de ouro revelada pela Portuguesa no início da década de 1990, em que o principal nome era o meia Dener. Permaneceu na Lusa de 1991 a 1995, transferindo-se para o Grêmio e posteriormente para o São Paulo. Voltou para a Portuguesa, em 1996. Ponte Preta e Coritiba foram suas últimas equipes no Brasil antes de aventurar-se pelo futebol turco e grego, Após a experiência internacional, passou rapidamente pelo Paysandu, ABC e equipes menos expressivas, encerrando a carreira em 2004.

3 – Pingo (Luís Roberto Magalhães)
Grêmio – 1994
Volante de forte marcação e extremamente dedicado às funções táticas exigidas por seus comandantes. Atuou em diversos clubes, como o Botafogo e o Grêmio, onde foi campeão da Copa do Brasil de 1994.

4 – Nenê (José Luiz Santana)
Ponte Preta – 1981
É cria da tradicional escola de zagueiros da Ponte Preta. Jogou ainda no Palmeiras, Vasco, Portuguesa, futebol português, entre outros.

6 – Cachito Ramirez (Luís Alberto Ramirez)
Corinthians – 2011
Volante peruano que chegou ao Corinthians em 2011. Sem espaço no clube paulista, foi emprestado para a Ponte Preta e depois para o Botafogo.

5 – Dunga (Carlos Caetano Bledorn Verri)
Internacional (RS) – 1983
Volante de forte marcação que se destacava pela liderança em campo. Começou no Internacional (RS), passando pelo Corinthians, Santos e Vasco, até ir para a Europa, jogando na Itália e na Alemanha. Atuou ainda no futebol japonês, até encerrar a carreira no Internacional (RS). Em 1990, foi convocado para a Copa do Mundo da Itália e acabou utilizado como exemplo do modelo de futebol que o técnico Sebastião Lazaroni queria implantar. O fracasso foi um duro golpe para o jogador, pois aquele período ficou conhecido como "Era Dunga". O volante daria a volta por cima ao liderar a Seleção na conquista do tetracampeonato mundial na Copa de 1994. Disputou a sua terceira Copa em 1998. Assumiu o comando técnico da Seleção Brasileira em 2006 e dirigiu o escrete na Copa do Mundo de 2010, sendo eliminado nas quartas de final pela Holanda, por 2 X 1. Seu retorno como técnico da Seleção após a Copa de 2014 foi muito contestado.

8 – Luizinho "Pequeno Polegar" (Luiz Trochillo)
Corinthians – 1954
Era um meia-direita audacioso e driblador e que ganhou o apelido por causa da pouca estatura. Brilhou no Corinthians na década de 1950, conquistando 21 títulos no total. É o segundo jogador com maior número de partidas pelo Corinthians, com 606 jogos.

10 – Petit (Emmanuel Laurent Petit)
Arsenal (ING) – 1998
Os brasileiros lembram de Petit como o autor do terceiro gol francês na final da Copa do Mundo de 1998. O meia também disputou a Copa do Mundo de 2002, mas sucumbiu junto com seu selecionado. Por clubes, começou profissionalmente no Monaco (FRA), viveu bons momentos no Arsenal (ING) e não teve momentos tão brilhantes no Barcelona (ESP), onde foi deslocado para atuar na zaga e na lateral-esquerda. Por causa das lesões foi discreto ao vestir a camisa do Chelsea (ING).

7 – Edson Pezinho (Édson José Carvalho)
Novorizontino – 1990
Despontou no Novorizontino na campanha do vice-campeonato paulista de 1990. No ano seguinte foi emprestado para o Corinthians, onde permaneceu apenas um ano. Também jogou pelo Guarani.

9 – Toquinho (Luiz Carlos Lombardi da Silva)
Portuguesa – 1985
Ponta-direita atarracado e bom de bola que foi revelado no São Paulo (RS). Brilhou na Portuguesa na primeira metade da década de 1980. Driblador e voluntarioso, era o terror dos defensores, que temiam as suas entradas fortes e muitas vezes violentas, provando que tamanho realmente não é documento.

11 – Romário "Baixinho" (Romário de Souza Faria)
Vasco da Gama – 1985
Foi o principal jogador da Seleção Brasileira na conquista do tetracampeonato mundial na Copa de 1994, nos Estados Unidos. Também fez parte da Seleção na fracassada campanha na Copa de 1990, na Itália, e foi cortado em cima da hora da Copa de 1998, na França. Revelado pelo Vasco em 1985, vestiu ainda as camisas do Flamengo, Fluminense e América (RJ), clube onde encerrou a carreira em homenagem ao seu pai. Na Europa fez sucesso no PSV-Eindhoven (HOL) e no Barcelona (ESP), além de jogar no Valencia (ESP), Catar, Estados Unidos e Austrália. Foi escolhido pela Fifa como O Melhor do Mundo, em 1994. Pelas suas próprias contas, Romário marcou o milésimo gol em 20 de maio de 2007, numa partida entre Vasco X Sport, em São Januário. Em 2010, foi eleito deputado federal pelo Rio de Janeiro e, em 2014, foi eleito novamente, mas desta vez como senador.

SELEÇÃO GRANDES

1 - Grandi (Alejandro Grandi)
Huracán (ARG) - 1993
Este goleiro uruguaio defendeu nove equipes em sua carreira, com destaque para o Nacional (URU), Huracán (ARG), Olimpia (PAR) e Cádiz (ESP). Porém, identificou-se com o Montevideo Wanderers (URU), tanto que atuou por três vezes distintas pelo clube.

2 - Long (Marcelo Long)
Colón (ARG) - 2003
Meia e lateral argentino que se destacou no Colón de Santa Fé (ARG) na primeira metade da década de 2000.

3 - Grandoni (Alessandro Grandoni)
Sampdoria (ITA) - 1998
Zagueiro italiano que jogou em clubes expressivos do seu país: Lazio (ITA), Sampdoria (ITA) e Torino (ITA). Encerrou a carreira em 2012 e desde então tem se aprimorado na carreira de treinador.

4 - Mayor (Carlos Mayor)
Argentinos Juniors (ARG) - 1989
Defensor argentino que jogou em equipes menos destacadas do seu país, como os Argentinos Juniors (ARG), Gimnasia y Esgrima de La Plata (ARG), Unión Santa Fé (ARG) e All Boys (ARG), além de atuar no Chile e Japão. Desde 2011 trabalha como treinador.

6 - Villamayor (Juan Carlos Villamayor Medina)
Corinthians - 1996
Lateral-direito que chegou ao Brasil com os apelidos de Cafu Paraguaio e Novo Arce, em referência a dois grandes jogadores da sua posição. Jogou pouco no Timão e não deixou saudades, retornando para o Paraguai na temporada de 1997.

5 – Grosso (Fábio Grosso)
Juventus (ITA) – 2010
Lateral-esquerdo italiano campeão da Copa do Mundo de 2006, tendo participação importante ao marcar um gol na semifinal contra a Alemanha, além de apoiar de forma competente o ataque. Pela Azurra atuou de 2003 a 2009. Começou no pequeno Chieti (ITA) e acumulou passagens pelo Perugia (ITA), Palermo (ITA), Internazionale (ITA), Lyon (FRA) e encerrou a carreira na Juventus (ITA).

8 – Giganti (Maurício Giganti)
Almagro (ARG) – 1997
Apesar de ser gigante no nome, na bola a realidade não era a mesma. Sua carreira até começou bem, ao ser revelado pelo Boca Juniors (ARG). A partir de então, o meia só jogou em equipes medianas e pequenas, inclusive do Chile, Costa Rica e até do Vietnã. Tornou-se técnico e a sua carreira seguiu a mesma linha dos tempos de atleta.

10 – Grandoli (Eduardo Grandoli)
Sarmiento (ARG) – 2006
Atacante argentino com passagens por times das equipes das divisões de acesso.

7 – Luciano Gigante (Luciano Maurício Bento)
Grêmio Barueri (SP) – 2006
Por ter apenas 1,60 m, o atacante ganhou o apelido de Gigante. Sua carreira é baseada em clubes de menor expressão, principalmente do interior de São Paulo. É considerado "pé-quente" por ter conquistado vários acessos por onde passou.

9 – Serginho Chulapa (Sérgio Bernardino)
São Paulo – 1974
Despontou no São Paulo como um centroavante alto, forte e que impunha respeito nos adversários, principalmente pela fama de durão. Apesar de suas qualidades técnicas, também era um jogador polêmico e adorava uma confusão, tanto que perdeu a Copa do Mundo de 1978 por estar suspenso por um ano após agredir um bandeirinha. Pelo São Paulo jogou entre 1973 e 1982, sendo essencial nos títulos paulistas de 1975, 1980 e 1981 e do Brasileirão de 1977. É o maior goleador da história do Tricolor com 242 gols. Em 1983, desembarcou no Santos, seu time de coração. No total teve quatro passagens pelo Peixe como jogador. Ao lado de João Paulo Papinha e Neymar, foi o maior artilheiro do Santos após a Era Pelé. Também jogou pelo Corinthians, futebol português e turco, além de atuar em clubes menores. Disputou a Copa do Mundo de 1982, no histórico time do Brasil. Conquistou a vaga de titular após o corte do atacante Careca por contusão. Tornou-se técnico.

11 – Del Porte (Ludovic Del Porte)
Osasuna (ESP) – 2010
Meio-campista francês que ganhou o apelido de Beckham da Mancha devido ao seu cabelo louro. Após jogar em diversos clubes do seu país, foi na Espanha que encontrou os melhores resultados. Fez parte do time do Albacete (ESP) que conquistou o acesso para a elite do campeonato nacional na temporada 2002/03. No ano seguinte foi para o Osasuna (ESP) e ajudou o time a chegar pela primeira vez à final da Copa do Rei. Permaneceu no clube até 2010.

SELEÇÃO ZÉS

1 – Zé Carlos (José Carlos da Costa Araújo)
Flamengo – 1989
Goleiro que foi titular do Flamengo entre 1986 e 1991, sendo campeão do Módulo Verde da Copa União em 1987 e da Copa do Brasil de 1990, entre outros títulos. Foi o terceiro goleiro da Seleção Brasileira na Copa do Mundo de 1990.

2 – Zé Maria (José Maria Rodrigues Alves)
Corinthians – 1977
O Super Zé era um lateral-direito de grande vigor físico. Revelado pela Portuguesa, foi contratado pelo Corinthians em 1970, após uma longa e tumultuada negociação. Tornou-se símbolo de raça e amor à camisa alvinegra, tanto que é considerado o melhor da posição na história do clube. Foi um dos símbolos no fim do jejum de quase 23 anos sem títulos, quando conquistou o título paulista de 1977. Fez parte do elenco da Seleção Brasileira campeão da Copa do Mundo de 1970. Foi titular na Copa do Mundo de 1974 e só não jogou a edição de 1978 porque se contundiu. Tornou-se treinador e atualmente realiza um trabalho com menores da Fundação Casa.

3 – Zé Luiz (José Luiz de Oliveira)
São Cristóvão (RJ) – 1930
Foi zagueiro brasileiro na primeira Copa do Mundo, em 1930. Jogou no São Cristóvão de 1925 a 1935, época em que o time carioca era considerado um dos principais do Rio de Janeiro.

4 – Zé Eduardo (José Eduardo de Toledo Pereira)
Corinthians – 1977
Zagueiro de marcação dura e de muita raça revelado pelo Corinthians e titular na campanha do título do Paulistão de 1977, que deu fim ao jejum de quase 23 anos sem títulos do Timão. Jogou também no Botafogo, Internacional de Limeira (SP) e Náutico.

6 – Zé Teodoro (José Teodoro Bonfim Queiróz)
São Paulo – 1986
Lateral-direito viril revelado pelo Goiás. Encontrou o melhor futebol no São Paulo, onde foi campeão brasileiro, em 1986 e 1991. Guarani, Fluminense e Criciúma foram outros clubes que defendeu. Tornou-se treinador.

5 – Zé Elias (José Elias Moedim Júnior)
Corinthians – 1993
Com apenas 16 anos assumiu a posição de titular do Corinthians no Campeonato Brasileiro de 1993. Logo caiu no gosto da torcida pela raça e disposição em campo, passando a ser chamado de Zé da Fiel. Teve longa passagem pelo futebol europeu, jogando na Alemanha, Itália e Grécia. Em seguida, jogou pelo Santos, Londrina, na Ucrânia, Chipre e encerrou a carreira na Áustria. Fora de campo, foi preso por um mês, em 2011, pela falta de pagamento de pensão alimentícia. Tornou-se comentarista esportivo.

8 – Zequinha (José Ferreira Franco)
Palmeiras – 1958
Volante campeão mundial pelo Brasil na Copa do Mundo de 1962. Surgiu no Santa Cruz e teve uma grande passagem pelo Palmeiras. Passou pelo Fluminense, Atlético (PR) e Náutico.

10 – Zé Roberto (José Roberto da Silva Júnior)
Portuguesa – 1996
Lateral-esquerdo e meia de excelente qualidade técnica. A campanha do vice-campeonato brasileiro de 1996 da Portuguesa evidenciou o futebol de Zé Roberto. Teve passagem discreta no Real Madrid (ESP) e no Flamengo e reencontrou o bom futebol na Alemanha, defendendo o Bayer Leverkusen (ALE) e o Bayern de Munique (ALE). Retornou ao Brasil para atuar no Santos e, após uma boa temporada, voltou para a Alemanha, desta vez no Hamburgo (ALE). Valorizado, atuou no Catar e, em 2012, fechou contrato com o Grêmio. Mesmo com quarenta anos, foi contratado com status de craque pelo Palmeiras para a temporada de 2015. Fez parte do grupo da Seleção Brasileira em 1998 e foi titular na Copa de 2006, fazendo parte da seleção do torneio, eleita pela Fifa. Acabou perdendo a chance de ser campeão mundial por ter sido deixado de lado por Felipão na Copa de 2002.

7 – Zezinho (José Luís dos Santos Pinto)
Juventude – 2008
Surgiu no Juventude como atacante e uma grande promessa. Em 2010, jogou por empréstimo no Santos e, apesar de fazer parte do grupo campeão da Copa do Brasil no mesmo ano, acabou sendo devolvido para o clube gaúcho. Jogou ainda no Bahia, Atlético (PR) e Chapecoense. Curiosamente, Zezinho foi sendo recuado da função de atacante e atualmente joga como meia e até como volante.

9 – Zé Alcino (José Alcino Rosa)
Grêmio – 1996
Centroavante que, apesar de ter jogado em outras equipes, ficou marcado pela sua passagem vitoriosa no Grêmio entre 1996 e 1999. No Tricolor Gaúcho foi campeão em diferentes oportunidades, como no Brasileirão de 1996 e na Copa do Brasil de 1997.

11 – Zé Sérgio (José Sérgio Presti)
São Paulo – 1980
Ponta-esquerda rápido e driblador. Jogou no São Paulo de 1976 a 1984, onde foi campeão brasileiro em 1977 e duas vezes paulista (1980 e 1981). Em 1984, foi jogar no Santos e posteriormente atuou pelo Vasco, encerrando a carreira no futebol japonês. Era um nome cotado para a Copa do Mundo de 1982, mas uma contusão o afastou da competição. Zé Sérgio é primo de outro craque: Roberto Rivellino.

SELEÇÃO

NOMES FEMININOS

1 – Sara (Guillermo Sara)
Boca Juniors (ARG) – 2015
Após pintar bem no Atlético Rafaela (ARG), Sara foi transferido em 2013, sendo contratado por uma temporada por empréstimo pelo Real Bétis (ESP). No início de 2015 foi anunciado pelo Boca Juniors (ARG) para disputar a posição com Orión, goleiro também da Seleção Argentina.

2 – Magdalena (Rubén Alfredo Magdalena)
Boca Juniors (ARG) – 1966
Zagueiro argentino cujo apelido era El Gato [O Gato]. Mesmo após passagem pelo River Plate (ARG), tornou-se ídolo do Boca Juniors (ARG), clube que defendeu de 1963 a 1969, sendo que em parte desse período também esteve na seleção nacional.

3 – Mauro Ramos "Martha Rocha" (Mauro Ramos de Oliveira)
São Paulo – 1958
Zagueiro campeão do Mundo de 1958 a 1962. Graças ao seu estilo técnico e elegante, ganhou o apelido de Martha Rocha, Miss Brasil da sua época. Brilhou no São Paulo nas décadas de 1940 e 1950, mas foi no Santos, clube no qual atuou de 1960 a 1967, onde conquistou os seus principais títulos, como a Libertadores e o Mundial de Clubes de 1962 e 1963, formando um dos maiores times de futebol de todos os tempos. Ainda teve uma rápida passagem pelo Toluca (MEX). Arriscou uma carreira de treinador, sem grande sucesso.

4 – Lilian Thuram (Ruddy Lilian Thuram)
Monaco (FRA) – 1991
Zagueiro francês, é o atleta que mais vezes vestiu a camisa da sua seleção, em 142 oportunidades. Foi

campeão Mundial em 1998 e da Eurocopa em 2000. Ainda disputou as Copas do Mundo de 2002 e 2006 e as Eurocopas de 1996, 2004 e 2008. Por clubes, jogou pelo Monaco (FRA), Parma (ITA), Juventus (ITA) e Barcelona (ESP).

6 – Guadalupe (Luís Alberto Guadalupe)
Universitário (PER) – 1995
Experiente lateral-esquedo peruano. Além do seu país natal, também jogou na Argentina, Bélgica e Grécia.

5 – Daniele De Rossi (Daniele De Rossi)
Roma (ITA) – 2000
O Roma (ITA) é o único clube da sua carreira. Desde muito cedo frequentou a Seleção Italiana nas categorias de base. Foi campeão da Copa do Mundo de 2006, quando iniciou como titular e perdeu a posição durante a competição. Também disputou as Copas de 2010 e 2014.

8 – Simone Perrotta (Simone Perrota)
Roma (ITA) – 2004
Meio-campista italiano que jogou por nove anos pelo Roma (ITA), entre 2004 e 2013. Também jogou pela Juventus (ITA). Integrou a Seleção Italiana na Copa do Mundo de 2006, sagrando-se campeão.

10 – Kelly (Cresly Evandro Guimarães)
Bragantino – 1996
Meia de criação e boa chegada ao gol que defendeu o Bragantino, Flamengo, Atlético (PR), Cruzeiro e Grêmio. Teve passagem pelo futebol espanhol, japonês e árabe.

7 – Di Maria (Ángel Fabian Di Maria Hernandez)
Real Madrid (ESP) – 2010
Meia-atacante argentino que teve passagens destacadas pelo Rosário Central (ARG) e pelo Benfica (POR). Porém, foi no Real Madrid (ESP) que ganhou status de craque e de nome essencial na própria Seleção Argentina. Pelo time espanhol foi campeão em diversas ocasiões, sendo o principal a Liga dos Campeões da Uefa em 2013/14. Passou pelo Manchester United (ING) até ser contratado pelo Paris Saint-Germain (FRA). Faz parte da Seleção Argentina desde as categorias de base. Em 2008, fez o gol que rendeu a medalha de ouro para a Argentina nos Jogos Olímpicos. Disputou as Copas do Mundo de 2010 e de 2014, ambas como titular.

9 – Morena (Fernando Morena)
Peñarol (URU) – 1982
Goleador histórico do futebol uruguaio. Seus números são impressionantes, sendo artilheiro do campeonato nacional em sete oportunidades, sendo seis delas consecutivas no período de 1973 a 1978. Jogou pela sua seleção nacional por 12 anos e seus principais títulos foram o título da Libertadores e do Mundial de Clubes em 1982, pelo Peñarol (URU).

11 – Labruna (Ángel Amadeo Labruna)
River Plate (ARG) – 1939
Atacante argentino que jogou por vinte anos pelo River Plate (ARG) e tornou-se um mito no clube. Formou um dos melhores times que o River já teve e que se destacou tanto na década de 1940 que ganhou o apelido de La Maquina [A Máquina]. Disputou a Copa do Mundo de 1958.

SELEÇÃO FAMÍLIA

1 – Juninho (Tadeu de Jesus Nogueira Júnior)
Vitória – 1999
Goleiro que despontou no Vitória. Acumulou a seguir passagens por vários clubes até voltar a ganhar destaque no gol do Atlético (MG) entre 2007 e 2009.

2 – Giuseppe "Tio" Bergomi (Giuseppe Bergomi)
Internazionale (ITA) – 1982
A única camisa que este zagueiro vestiu em toda a carreira foi a da Internazionale (ITA), no período de 1979 a 1999. Foi campeão do mundo na Copa de 1982 com apenas 18 anos. Ganhou o apelido de Tio quando passou das categorias de base para o time profissional. Um companheiro ficou abismado com o tamanho do bigode que usava e questionou a idade do então jovem zagueiro, comparando-o ao seu velho tio.

3 – Roque Júnior (José Vítor Roque Júnior)
Palmeiras – 1997
Zagueiro titular da Seleção Brasileira no título da Copa do Mundo de 2002. Após jogar na Santarritense (SP) e no São José (SP), chegou ao Palmeiras como um desconhecido, em 1995. A partir de 1997 passou a ter mais oportunidades e consolidou-se como titular do Verdão, passando a ser homem de confiança do técnico Felipão. No Palmeiras foi campeão, entre outros títulos, da Copa do Brasil de 1998 e da Libertadores de 1999. De 2000 a 2008 atuou no futebol europeu, sendo as principais equipes Milan (ITA), Leeds (ING) e Bayer Leverkusen (ALE). Também jogou no futebol do Catar antes de retornar discretamente ao Palmeiras, em 2008. Encerrou a carreira em 2010 no Ituano. Continuou envolvido com o futebol, já tendo atuado como treinador e diretor de futebol, além de proprietário do Primeira Camisa, clube de São José dos Campos (SP).

4 – Wilson Mano (Wilson Carlos Mano)
Corinthians – 1986
Jogador polivalente que atuava como lateral-direito, volante, zagueiro, meia e até atacante. Chegou ao Corinthians em 1986, vindo do XV de Jaú, conquistando o título do Brasileirão de 1990. Jogou ainda no Japão, Bahia, Fortaleza e clubes menores do interior paulista.

6 – Joel Santana, o Papai Joel (Joel Natalino Santana)
Vasco da Gama – 1974
Zagueirão vigoroso que começou a carreira aos 23 anos no Vasco. Tornou-se um dos técnicos mais procurados do Brasil. Conquistou o campeonato carioca pelos quatro grandes clubes: Flamengo, Fluminense, Vasco e Botafogo, além de ser campeão baiano pelo Bahia e Vitória. O auge da sua carreira foi dirigir a África do Sul em 2009, às vésperas da Copa do Mundo de 2010, que foi sediada nesse país. Apesar do bom trabalho, Joel ganhou notoriedade e virou piada devido ao seu inglês nada fluente. Tem o apelido de Papai Joel por ter nascido no dia de Natal.

5 – Thiago Primão (Thiago de Almeida Primão)
Coritiba – 2012
Meio-campista revelado pelo Coritiba, em 2012. Jogou também no Atlético (GO) na parte final do Campeonato Brasileiro da Série B de 2014.

8 – Parenti (Fernando David Parenti)
Racing (ARG) – 1967
Meio-campista campeão da Libertadores da América de 1967 pelo Racing (ARG), clube onde atuou entre 1965 a 1968. Também jogou no Lanús (ARG), Banfield (ARG), Colo-Colo (CHL) e América de Cáli (COL).

10 – Neto (José Ferreira Neto)
Corinthians – 1990
Já era titular e um dos principais jogadores do Guarani aos 17 anos. Meia de grande capacidade técnica, jogou no Bangu, no São Paulo e retornou para o Guarani. Atuou ainda no Palmeiras antes de chegar ao Corinthians, envolvido numa troca em que Ribamar e Dida foram para o Verdão e Denys e Neto para o Timão. Tornou-se um dos grandes ídolos da história do Corinthians, ganhando o apelido de Xodó da Fiel. O meia foi o líder do time que conquistou o Campeonato Brasileiro de 1990. Apesar de estar visivelmente além do peso, o meia era um exímio batedor de faltas e de escanteios, além de excelente lançador e finalizador. Em 1993, desligou-se do Corinthians e passou a rodar por diferentes clubes, tendo retornado ao Timão em 1996, sem o mesmo sucesso. Seu melhor momento na Seleção Brasileira foi a conquista da Medalha de Prata nos Jogos Olímpicos de 1988, em Seul, na Coreia do Sul. Ao pendurar as chuteiras tornou-se dirigente e depois comentarista e apresentador esportivo.

7 – Dady (Eduardo Fernandes Pereira Gomes)
Osasuna (ESP) – 2010
Atacante nascido no Cabo Verde que jogou no futebol português, espanhol, turco, cipriota e chinês, além da seleção de seu país.

9 – Papin (Jean-Pierre Papin)
Milan (ITA) – 1993
Considerado um dos grandes atacantes franceses, disputou apenas a Copa do Mundo de 1986, quando formou dupla com Platini. Jogou por "gigantes europeus", como Milan (ITA) e Bayern de Munique (ALE). Tornou-se treinador.

11 – Filhote
Corinthians – 1930
Ponta-direita obscuro do Corinthians da década de 1930. Em três anos de clube, fez apenas cinco partidas, sem balançar as redes.

GRUPOS

ANIMAIS

NATUREZA

GASTRONOMIA

MERCADO

FÉ

FAMÍLIA

GEOGRAFIA

ESPORTES

CORPO & ALMA

MÚSICA

ARTES

VALE-TUDO

GRUPO

GEOGRAFIA

SELEÇÕES

- ESPACIAL
- ESTADOS
- LUGARES
- NACIONALIDADES
- NATURALIDADES
- CIDADES
- PAÍSES
- ARQUITETÔNICA
- GAÚCHOS
- BAIANOS
- MEIOS DE TRANSPORTE

SELEÇÃO ESPACIAL

1 – Orión (Agustín Orión)
Boca Juniors (ARG) – 2011
Consagrou-se no Boca no Torneio Apertura e passou a ser escalado para a Seleção Argentina. Jogou antes dos Xeneizes no San Lorenzo (ARG), conquistando o Campeonato Argentino Clausura em 2007, e no Estudiantes (ARG), ganhando o Campeonato Argentino Apertura 2010.

2 – Foguete (Wellington Cabral Costa)
São Paulo – 2013
Lateral-direito veloz e forte fisicamente que está nas categorias de base do São Paulo. Foi contratado do Vasco, fato que gerou descontentamento da equipe carioca, que acusou o Tricolor de aliciamento. Foguete é figurinha carimbada nas convocações da Seleção Brasileira desde o Sub-15.

3 – Armstrong (Desmond Armstrong)
Santos – 1991
Um dos principais nomes da geração norte-americana do *soccer*. Disputou a Copa do Mundo de 1990. Armstrong jogava como volante e zagueiro. Passou uma temporada jogando pelo Santos, em 1991.

4 – Rubens Galaxe (Rubens Márcio Cordeiro Galaxe)
Fluminense – 1971
Zagueiro com boa qualidade técnica e força física. Jogou pelo Fluminense por 12 anos, de 1970 a 1982. Era titular do time que ganhou o apelido de A Máquina Tricolor, que contava com craques como Carlos Alberto Torres, Carlos Alberto Pintinho, Rivellino, Doval, entre outros.

6 – Luis Paulo ET (Luís Paulo Santos de Souza)
Botafogo – 1999
Surgiu como um lateral-direito promissor, principalmente pela velocidade e força física. Seu primeiro clube de destaque foi o Goiás, entre 1996 a 1998. Foi contratado pelo Botafogo e em seguida vestiu a camisa do São Paulo. A partir de então passou a ser um cigano, trocando de clube frequentemente.

5 – Astronauta (Roberto Silveira Gomes)
São Paulo (RS) – 1979
Volante de forte marcação, que jogou principalmente no interior gaúcho. O melhor momento da carreira foi no São Paulo (RS), quando formou o time que ficou em terceiro lugar no Gauchão de 1979 e garantiu a participação do clube no Campeonato Brasileiro de 1980.

8 – Nasa (Gesiel José de Lima)
Vasco da Gama – 1997
Em 1997, chegou desacreditado ao Vasco, vindo do Madureira e tendo rodado por diversos times de pouca expressão do Brasil. Nasa fez valer o investimento e, com seu futebol voluntarioso e de forte marcação, tornou-se coadjuvante dos craques do time. Entre as várias conquistas no Vascão, destacam-se os Brasileirões de 1997 e 2000 e a Libertadores de 1998. Transferiu-se para o Japão, em 2001, e encerrou a carreira no Madureira, em 2006.

10 – Marciano (Marciano José Silveira Filho)
Flamengo – 1976
Atacante que surgiu para o futebol brasileiro no Fortaleza, onde foi bicampeão estadual em 1973 e 1974, tornando-se ídolo da torcida. Também atuou no Internacional (RS), Flamengo, Coritiba, Bahia e Ceará. No total, Marciano jogou em 18 equipes em toda a sua carreira.

7 – Moon Chang-jin (Moon Chang-jin)
Seleção da Coreia do Sul – 2011
Meia e atacante considerado uma das principais promessas do futebol da Coreia do Sul. Joga pelo Pohang Steelers, um dos mais importantes clubes do seu país, além de já ter servido a seleção nacional nas categorias de base. Apesar do seu nome, que em inglês pode ser traduzido como "lua", é um jogador participativo e nunca fica no mundo da lua em campo.

9 – Saturno (Sérgio Omar Saturno)
Boca Juniors (ARG) – 1992
Ponta-direita dos anos 1980 e 1990 e que utilizava as pedaladas nos seus dribles. Com o apelido de El Larva, começou a carreira no Talleres (ARG). Jogou no Atlético Bucaramanga (COL) e em clubes menores da Argentina até chegar ao Boca Juniors (ARG).

11 – Luan (Luan Madson Gedeão de Paiva)
Atlético (MG) – 2014
Sua disposição e entrega em campo, chegando a jogar com dores por causa da costela quebrada, conquistaram a torcida do Atlético (MG), que adotou Luan como o seu novo talismã. Ganhou o apelido de Menino Maluquinho, personagem criado pelo cartunista Ziraldo, por fazer qualquer loucura para vencer. No título da Libertadores da América de 2013, Luan era considerado o 12º jogador do time. Tornou-se titular do Atlético (MG) em 2014, principalmente após a saída de Ronaldinho Gaúcho, e foi fundamental na conquista da Copa do Brasil de 2014.

SELEÇÃO ESTADOS

1 – Vítor Baía (Vítor Manuel Martins Baía)
Porto (POR) – 1989
Goleiro português que jogou apenas pelo Porto (POR) em duas oportunidades, de 1989 a 1996 e de 1999 a 2007, e no Barcelona (ESP). Começou na Seleção Portuguesa em 1990 e disputou as Eurocopas de 1996 a 2000 e a Copa do Mundo de 2002. Deixou de vestir a camisa do selecionado nacional quando Luiz Felipe Scolari assumiu o comando técnico da equipe. Conquistou um total de 33 títulos em toda a carreira.

2 – Ceará (Marcos Venâncio de Albuquerque)
Internacional (RS) – 2006
Ganhou notabilidade quando marcou de forma leal e limpa Ronaldinho Gaúcho, que era na época o melhor jogador do mundo, no Campeonato Mundial de Clubes da Fifa de 2006. Sua participação foi essencial para o Colorado vencer o Barcelona (ESP) por 1 X 0 e conquistar o título. Ceará rodou bastante antes de chegar ao Inter. Jogou no Cruzeiro e chegou ao Coritiba em 2016. Sua galeria dos principais títulos é formada, além do Mundial de 2006 e da Copa Libertadores da América 2006 (Internacional (RS)), pelo bicampeonato brasileiro de 2013/14 (Cruzeiro).

3 – Piauí (Édson Décimo Alves de Araújo)
Boa Esporte Clube (MG) – 2014
Lateral-esquerdo que rodou pelo Brasil, com passagens pelo Santa Cruz, Atlético (PR), Náutico, e que, em 2014, disputou a Série B do Brasileirão pelo Boa Esporte Clube. Havia acertado com o Rio Claro para disputar o Paulistão de 2015. Porém, Piauí foi assassinado a tiros enquanto passava férias em sua cidade natal, Floriano (PI), em 1º de novembro de 2014.

4 – Pará (Marcos Rogério Ricci Lopes)
Santos – 2010
Lateral-direito e esquerdo, além de volante. Faz da força física e do bom apoio ao ataque as suas principais armas. Também é forte na marcação, e às vezes

acaba confundindo virilidade com violência. Começou no Santo André, fazendo parte do grupo que ganhou a Copa do Brasil de 2004. Em 2008, foi jogar no Santos, atuando ao lado de craques como Neymar, Robinho e Paulo Henrique Ganso. Participou do título da Copa do Brasil, em 2010, e da Libertadores da América, de 2011. Em 2012, chegou ao Grêmio e, em 2015, assinou com o Flamengo.

6 – Carlinhos Paraíba (Carlos Pereira Berto Júnior)
Coritiba – 2008
Lateral-esquerdo, volante e meia. Cumpre todas as funções do lado esquerdo do campo. Após rápida passagem pelo Santa Cruz, desembarcou no Coritiba, em 2008, quando ganhou projeção nacional pela sua qualidade de passe e versatilidade. No final de 2009 foi contratado pelo São Paulo, onde ganhou o apelido de Motorzinho, por correr muito e se dedicar o tempo todo. Em 2012, foi para o futebol japonês.

5 – Marquinhos Paraná (Antônio Marcos da Silva Filho)
Cruzeiro – 2008
Joga como volante, meia, lateral-direito e zagueiro. Apesar de ter passado por diversos clubes, apenas em 2008 se destacou e passou a ser conhecido no futebol brasileiro pelas suas atuações com a camisa do Cruzeiro, permanecendo no clube até 2011. A seguir foi para o Sport e posteriormente para o América (MG).

8 – Maranhão (José Ribamar Celestino)
Vasco da Gama – 1960
Médio-volante de grande competência que jogou pelo Vasco durante a década de 1960. Após sair do clube carioca, tornou-se ídolo do ABC (RN). Pela Seleção Brasileira disputou os Jogos Pan-Americanos de 1959.

10 – Marcelinho Paraíba (Marcelo dos Santos)
Grêmio – 2001
Meia que teve a sua primeira oportunidade em um time grande no Santos, em 1994. Sem se destacar no Peixe, foi repassado para o Rio Branco de Americana (SP). Em 1997, foi contratado pelo São Paulo, onde viveu um bom momento, tanto que foi negociado pelo Olympique de Marseille (FRA). Retornou para o Brasil em 2001, para jogar pelo Grêmio. No Tricolor viveu o auge da sua carreira e foi um dos grandes nomes do título da Copa do Brasil de 2001. O sucesso lhe abriu as portas da Europa novamente, indo para a Alemanha. Atuou também pelo Flamengo, Coritiba, São Paulo (novamente), Sport e clubes menores, sem repetir o mesmo futebol dos tempos do Grêmio. Desde 2011, tem rodado por equipes menores. Em 2016, aos quarenta anos, jogou o Paulistão pelo Oeste.

7 – Paraná (Ademir de Barros)
São Paulo – 1965
Ponta-esquerda revelado pelo São Bento de Sorocaba em 1961, destacou-se no futebol jogando pelo São Paulo, onde foi bicampeão paulista, em 1970 e 1971. Ao sair do Tricolor, em 1973, passou a rodar por diversos clubes de menor projeção, principalmente do Paraná e do interior de São Paulo. Disputou a Copa do Mundo de 1966, quando a Seleção Brasileira fez uma campanha muito fraca.

9 – Gustavo Tocantins (Gustavo Henrique Barbosa Freire)
Corinthians – 2014
O atacante surgiu como uma grande revelação do Corinthians, mas ainda não conseguiu se consolidar. Emprestado para o Bragantino, não se firmou e, fora dos planos do Timão, foi liberado para jogar pela Portuguesa de Desportos a Série A-2 do Paulista e a Série C do Brasileirão em 2016.

11 – Bahia
Corinthians – 1950
Centroavante que fez muito sucesso jogando pelo Jabaquara (SP) ao lado de Alemãozinho, Baltazar, Leonardo e Tom Mix. O Corinthians buscou antes Baltazar e depois de um tempo investiu no Bahia, com a certeza de que a parceria com seu ex-companheiro funcionaria novamente. O plano não deu certo, e Bahia jogou apenas quatro amistosos e foi dispensado.

SELEÇÃO LUGARES

1 – Pompeia (José Valentino da Silva)
América (RJ) – 1960
Goleiro que tinha na flexibilidade a sua maior virtude. Criou um novo estilo no gol com as suas voadas. Diferentemente dos discretos arqueiros da sua época, Pompeia se destacava com seus saltos, tanto que ganhou vários apelidos, como Goleiro Voador e Ponte Aérea. Brilhou no América (RJ), onde conquistou o Campeonato Carioca de 1960. Ganhou o apelido de Pompeia porque gostava de fazer desenhos do marinheiro Popeye na infância. Como seus colegas não conseguiam pronunciar o nome do personagem corretamente, falavam "Pompeia" e isso ficou.

2 – Oceano (Oceano Andrade da Cruz)
Sporting (POR) – 1982
Atuava tanto na lateral como no meio de campo, e seus principais atributos eram a garra, a entrega e a raça dentro de campo. O Sporting (POR) foi a sua principal equipe.

3 – Orlando (Orlando Peçanha de Carvalho)
Vasco da Gama – 1953
Zagueiro revelado pelo Vasco e que jogou pela equipe carioca de 1953 a 1958. Também teve passagens marcantes pelo Boca Juniors (ARG) e Santos. Na Copa do Mundo de 1958 formou a zaga titular e campeã do mundo com Bellini, seu companheiro também no Vasco. Não disputou a Copa de 1962 por estar atuando na Argentina e voltou a defender o Brasil na desastrosa campanha da Copa do Mundo de 1966.

4 – Continente (Maximiniano Continente)
La Florida (ARG) – 2010
Zagueiro argentino ambidestro com carreira discreta desenvolvida em equipes pequenas do seu país.

6 – Mercado (Gabriel Mercado)
Estudiantes (ARG) – 2011
Defensor argentino com passagens pelo Racing (ARG), Estudiantes (ARG) e River Plate (ARG), sua

equipe atual, onde está desde julho de 2012. Esteve nas categorias de base da sua seleção nacional, sendo campeão mundial Sub-20 em 2007. Já como profissional, teve a primeira oportunidade em 2010, quando o técnico era Diego Maradona. Voltou a ser lembrado em 2014 e fez parte da pré-lista para a Copa do Mundo, mas acabou ficando de fora da competição.

5 – Piazza (Wilson da Silva Piazza)
Cruzeiro – 1966
Wílson Piazza era um volante de grande disposição física e implacável marcador, porém muito leal. Na Raposa formou grandes times ao lado de craques como Dirceu Lopes, Tostão, Zé Carlos, Raul Plassmann, Natal, entre outros, onde conquistou vários títulos, com destaque para a Taça Brasil de 1966 e a Taça Libertadores da América de 1976. Disputou e venceu a Copa do Mundo de 1970, atuando improvisado na zaga. Também fez parte do grupo do Brasil na Copa do Mundo de 1974.

8 – Ártico (Héctor Oscar Ártico)
River Plate (ARG) – 1975
Levado para o River Plate (ARG) por Ángel Labruna, Ártico era um meia dedicado e tático, que abria mão do brilho próprio pela equipe. Jogou pelo River de 1975 a 1977, transferindo-se para o Vélez Sarsfield (ARG).

10 – El Morro Garcia (Santiago Damián Garcia Correa)
River Plate (ARG) – 2014
Nascido no Uruguai, é um centroavante de força física que iniciou a carreira no Nacional (URU). Por seu estilo de jogo, é comparado ao ex-jogador George Weah. Jogou no Atlético (PR) entre 2011 e 2012, mas não correspondeu às expectativas e foi repassado para o futebol turco. Desde 2014 está no River Plate (ARG).

7 – LuaLua (Trésor Lomano LuaLua)
Newcastle (ING) – 2000
Jogador nascido no Congo. Mudou-se muito jovem para a Inglaterra, onde iniciou a sua carreira na terra da rainha. As principais equipes em que atuou foram o Newcastle (ING), Portsmouth (ING) e Olympiakos (GRE). Atualmente está no futebol turco. Disputou a Copa das Nações Africanas de 2006, tendo que abandonar o torneio devido ao falecimento de seu filho. Abalado, o atacante chegou a pensar em abandonar o futebol após esta fatalidade.

9 – Washington (Washington César Santos)
Fluminense – 1983
Centroavante revelado pelo Galícia (BA) e que teve passagens apagadas por Corinthians, Internacional, e futebol português até brilhar em 1982 no Atlético (PR). Foi no clube paranaense que iniciou a dupla de sucesso com o meia Assis, parceria que ficou conhecida como "Casal 20", em referência a um seriado de televisão que fazia sucesso na época. Washington e Assis se transferiram em 1983 para o Fluminense e repetiram o sucesso com a conquista do Brasileirão de 1984 e os cariocas de 1983, 1984 e 1985. Jogou ainda no Guarani, Botafogo, novamente no Atlético (PR) e clubes de menor expressão após desligar-se do Flu. Sofria de uma doença degenerativa grave e faleceu em 25 de maio de 2014.

11 – Alex Terra (Alex Barboza de Azevedo Terra)
Fluminense – 2002
Atacante que surgiu nas categorias de base do Fluminense. Já jogou por diversas equipes brasileiras, como Ponte Preta, Goiás e Bahia, além de passagens pelo futebol português, australiano e coreano.

SELEÇÃO NACIONALIDADES

1 – José Hungarês (José Lengyl)
Corinthians – 1934
Especialista em defender pênaltis, José jogou pelo Corinthians de 1934 a 1940, sendo tricampeão paulista nas campanhas de 1937 a 1939. Ganhou o apelido por ter nascido na Hungria. Apesar de errado, era a forma popular utilizada na época.

2 – Mexicano (Alfredo Lúcio de Moura)
Palmeiras – 1951
Lateral-direito que se destacou no Atlético (MG), onde atuou de 1946 a 1949, quando foi vendido para o Palmeiras. No Verdão encerrou precocemente a carreira em 1954, devido a uma fratura. No clube paulista foi campeão da Copa Rio 1951, torneio que está em processo de ser reconhecido pela Fifa como o primeiro campeonato mundial de clubes da história.

3 – Turcão (Alberto Chuairi)
Palmeiras – 1945
Zagueiro de físico avantajado que começou nos juvenis do Palmeiras, clube onde permaneceu até 1951. Transferiu-se para o rival São Paulo, permanecendo até 1958. No Tricolor tornou-se um exímio cobrador de faltas, sendo um dos zagueiros que mais marcaram gols no clube. Ganhou o apelido por ser filho de sírios.

4 – Polaco (Carlos Eduardo de Souza)
Palmeiras – 1968
Zagueiro de área que jogou na Prudentina, Palmeiras, Corinthians e Juventus (SP). No Verdão teve a oportunidade de começar como titular do time que ficaria conhecido como Academia de Futebol, mas uma contusão acabou fazendo com que perdesse espaço.

6 – Japinha (Adenílson Castelini)
São Caetano – 2000
Lateral-direito que se destacou no São Caetano, sendo titular do time no vice-campeonato brasileiro de 2000. A equipe contava com jogadores como o goleiro Sílvio Luís, o zagueiro Serginho, o volante Claudecir, o meia Adãozinho e o artilheiro Adhemar. Foi revelado pelo Botafogo (RP) e passou por diversas equipes do futebol brasileiro, principalmente do interior de São Paulo.

5 – Alemão (Ricardo Rogério de Brito)
Botafogo – 1982
Volante de forte marcação e boa qualidade técnica para sair para o jogo, Alemão se destacou no Botafogo. Em 1986, transferiu-se para o Atlético de Madrid (ESP), mas foi no Napoli (ITA), ao lado dos craques Careca e Maradona que viveu o seu melhor momento na Europa. Jogou ainda pelo São Paulo. Disputou as Copas do Mundo de 1986 e 1990. Tornou-se técnico e empresário de jogadores após pendurar as chuteiras.

8 – Tcheco (Anderson Simas Luciano)
Coritiba – 2002
Meia com boa qualidade técnica e força física que passou por diversos clubes, como Santos, Grêmio e Corinthians, porém viveu seus melhores momentos no Coritiba, que defendeu em duas oportunidades. Ali encerrou a carreira e passou a trabalhar como auxiliar técnico, quebrou um galho como treinador e atualmente trabalha como dirigente.

10 – Chinesinho (Sidney Colônia Cunha)
Palmeiras – 1958
Foi por causa das suas características físicas que ganhou o apelido. Era um meia baixinho, troncudo e de olhos puxados. Surgiu no futebol gaúcho e jogou no Renner (RS) e no Internacional (RS). Chegou ao Palmeiras em 1958, junto com os companheiros Valdir Joaquim de Moraes (goleiro) e Ênio Andrade (meia-atacante). Em 1962, foi negociado com a Europa e entre vários clubes que defendeu, destacou-se na Juventus (ITA). Fora de campo, tornou-se técnico, mas sem resultados relevantes.

7 – Paraguaio (Egídio Landolfi)
Botafogo – 1948
Atacante que brilhou no Botafogo na década de 1948 e que jogou também pelo Fluminense e América (RJ). Foi o primeiro craque a vestir a camisa número 7 do Fogão, já que a numeração foi implantada no futebol brasileiro a partir de 1948.

9 – Russinho (Moacir Siqueira de Queirós)
Vasco da Gama – 1924
Ídolo do Vasco da Gama na década de 1930. Chegou ao clube em 1924 e permaneceu até 1934, quando se transferiu para o Botafogo. Atacante de boa qualidade técnica, disputou a Copa do Mundo de 1930.

11 – Espanhol (José Armando Ufarte Ventoso)
Flamengo – 1961
Ponta-direita que jogou pelo Flamengo e Corinthians na década de 1960. Retornou ao seu país natal e tornou-se ídolo do Atlético de Madrid (ESP), sendo mais relevante fora de campo, já que em 2001 passou a trabalhar nas categorias de base da Seleção Espanhola e revelou a geração campeão da Copa do Mundo de 2010, além de craques como Raúl.

SELEÇÃO NATURALIDADES

1 – Zé Carlos Paulista (José Carlos da Costa Araújo)
Flamengo – 1989
Goleiro que foi titular do Flamengo entre 1986 a 1991, sendo campeão do Módulo Verde da Copa União em 1987 e da Copa do Brasil de 1990, entre outros títulos. Foi o terceiro goleiro na Copa do Mundo de 1990.

2 – Paulistinha (Oswaldo Sampaio Júnior)
Botafogo – 1958
Consagrou-se no Botafogo jogando como lateral, porém foi utilizado também como zagueiro, volante e até atacante. Ficou no Fogão até 1969 e tornou-se técnico, sendo o primeiro brasileiro a ir trabalhar na Arábia Saudita.

3 – Júnior Baiano (Raimundo Ferreira Ramos Júnior)
Flamengo – 1989
A carreira deste zagueiro alto e viril tem a coincidência de ter seus melhores momentos em clubes rivais. Começou no Flamengo, ganhou destaque no São Paulo, e brilhou no Palmeiras e Vasco. Pela Seleção Brasileira foi titular da zaga na Copa do Mundo de 1998, onde ficou marcado por ter feito o pênalti que determinou a derrota brasileira para a Noruega, por 2 X 1, na última partida da primeira fase, não comprometendo a classificação do Brasil para as fases eliminatórias.

4 – Dudu Cearense (Alexandro Silva de Sousa)
Vitória – 2001
Revelado pelo Vitória, jogou ainda no Atlético (MG) e Goiás. Sua carreira internacional teve passagens por Japão, França, Rússia, Grécia e Israel.

6 – Marquinhos Capixaba (Marco Antônio Moraes Wandermure)
Santos – 1995
Lateral-direito e zagueiro central que surgiu no interior de São Paulo. Passou pelo Fluminense e se destacou

no Santos com boas atuações na campanha do vice-campeonato brasileiro de 1995.

5 – Luiz Carlos Goiano (Luiz Carlos Vaz da Silva)
São Paulo – 1993
Volante que era titular do Novorizontino na campanha do vice-campeonato paulista de 1990. Contratado pelo São Paulo, fez parte do elenco campeão da Libertadores da América e do Mundial de Clubes de 1993. No Grêmio, foi campeão várias vezes, como da Libertadores de 1995, do Brasileirão de 1996 e da Copa do Brasil de 1997. Tornou-se técnico e dirigente esportivo.

8 – Marcelinho Carioca (Marcelo Pereira Surcin)
Corinthians – 1994
É um dos maiores ídolos da história do Corinthians, clube onde jogou em quatro oportunidade e conquistou uma série de títulos, sendo os mais expressivos a Copa do Brasil de 1995, os Brasileirões de 1998 e 1999 e o Mundial de Clubes da Fifa de 2000. Suas principais virtudes eram os lançamentos precisos e as cobranças de falta mortais.

10 – Ronaldinho Gaúcho (Ronaldo de Assis Moreira)
Grêmio – 1998
Começou no Grêmio, mas foi no futebol europeu que se destacou e foi considerado um dos principais jogadores do futebol mundial, sendo premiado Melhor Jogador do Mundo pela Fifa em 2004 e 2005. Seus melhores momentos foram com as camisas do Paris Saint-Germain (FRA) e do Barcelona (ESP). Já no Milan (ITA) não conseguiu reeditar as atuações, o mesmo acontecendo no Flamengo. Reencontrou o seu melhor futebol no Atlético (MG), sendo um dos principais atletas do clube no título da Libertadores de 2013. Em 2014, foi jogar no México, no Querétaro (MEX), onde já acumula algumas confusões. Pela Seleção Brasileira conquistou a Copa do Mundo de 2002 e esteve presente na Copa de 2006.

7 – Juninho Pernambucano (Antônio Augusto Ribeiro Reis Júnior)
Vasco da Gama – 1995
Revelado nas categorias de base do Sport, transferiu-se para o Vasco em 1995. O meia, que se destacava pela habilidade e cobranças de faltas perfeitas, tornou-se referência e ídolo do Vascão em suas três passagens pelo clube, sendo essencial nas conquistas dos títulos brasileiros de 1997 e 2000, Libertadores da América de 1998 e Copa Mercosul de 2000, entre outros. De 2001 a 2009 jogou pelo Lyon (FRA), onde marcou história, a ponto de ser considerado o terceiro melhor estrangeiro a ter atuado no país. Foi titular da Seleção Brasileira na Copa do Mundo de 2006.

9 – Fernando Baiano (João Fernando Nelo)
Corinthians – 1999
Logo no início de carreira se destacou sendo campeão Brasileiro de 1999 e do Mundial de Clubes da Fifa de 2000 pelo Corinthians. Jogou também pelo Internacional (RS) e Flamengo, além de outras equipes menores, assim como no futebol internacional, com destaque para as suas passagens pela Alemanha e Espanha.

11 – Almir Sergipano (Almir Rogério da Silva)
Itabaiana – 2014
Atacante veloz que também é conhecido como Almir Sergipe, atuou principalmente em equipes do Nordeste do Brasil, como Colo-Colo (BA) e Itabaiana (SE).

SELEÇÃO CIDADES

1 – Rafael Santos (Rafael de Carvalho Santos)
Portuguesa – 2014
Surgiu nas categorias de base do Corinthians, porém no Timão teve poucas chances no time titular. Rodou pelo Avaí, Bragantino, São Caetano e Botafogo (RP), até chegar à Portuguesa, em 2014. Apesar das boas atuações, não impediu que a Lusa fosse rebaixada para a Série C do Brasileirão.

2 – Sílvio Criciúma (Sílvio Nicoladelli)
Criciúma – 1991
Zagueiro que jogou por diversos clubes brasileiros, mas que ficou identificado com o Criciúma, clube onde iniciou e encerrou a carreira. Também foi no Tigre que começou como auxiliar e depois técnico.

3 – Edu Dracena (Eduardo Luiz Abonízio de Souza)
Cruzeiro – 2003
Após começar no Guarani, jogou no Olympiacos (GRE) e, em 2003, foi contratado pelo Cruzeiro. Na Raposa se destacou pela liderança e segurança na defesa, vivendo um momento importante na carreira. Formou um time que marcou época no futebol brasileiro, em 2003, quando o Cruzeiro conquistou a tríplice coroa, ou seja, o Campeonato Mineiro, a Copa do Brasil e o Brasileirão no mesmo ano. Valorizado, em 2006 foi para o Fenerbahçe (TUR). Retornou para o Brasil em 2009, para o Santos, e reconquistou o prestígio no Brasil ao ser um dos principais jogadores do time e por dar a experiência necessária para a equipe que contava com os jovens Neymar e Paulo Henrique Ganso. No Peixe foi campeão da Copa do Brasil de 2010 e da Libertadores de 2011, entre outros títulos. Em 2015 transferiu-se para o Corinthians e em 2016 foi para o Palmeiras.

4 – Jaú (Euclydes Barbosa)
Corinthians – 1932
Zagueiro do Corinthians de 1932 a 1937. Também se destacou no Vasco e foi com a camisa do Clube da Cruz de Malta que foi titular da Seleção Brasileira na Copa do

Mundo de 1938. Sua carreira no Timão ficou marcada por ter fama de "vendido", após denunciar tentativa de suborno por parte de um diretor do Palestra Itália, em 1932. Esta teria sido a causa principal da sua saída do Corinthians, mesmo após tantos anos. Jaú tornou-se pai de santo depois que abandonou o gramado e corria uma lenda de que ele teria sido o responsável pela maldição que fez com que o Timão ficasse quase 23 anos sem títulos. Ganhou o apelido de Jaú por causa da sua impulsão, parecendo que voava nas bolas aéreas, em referência ao primeiro hidroavião brasileiro que realizou a travessia do Oceano Atlântico, entre 1926 e 1927.

6 – Bruno Recife (Bruno Leonardo Barbosa)
Bahia – 2003
Lateral-esquerdo de bom apoio ao ataque e que acumulou passagens pelo Bahia, Ponte Preta, Sport, Portuguesa, entre outros.

5 – Léo Lisboa (Leonardo Santos Lisboa)
Figueirense – 2014
Jovem meio-campista que está nos profissionais do Figueirense desde 2012, tendo as principais oportunidades durante o Campeonato Brasileiro de 2014, quando se destacou na campanha de reabilitação.

8 – Caçapava (Luís Carlos Melo Lopes)
Internacional (RS) – 1975
Formou o histórico meio de campo do Internacional (RS) com Batista e Falcão. Forte fisicamente, era um marcador implacável. No Colorado sagrou-se bicampeão brasileiro de 1975/76. Em 1979, foi contratado a preço de ouro pelo Corinthians, onde tornou-se campeão paulista no mesmo ano. Em seguida, teve passagem apagada pelo Palmeiras.

10 – Tupãzinho (Pedro Francisco Garcia)
Corinthians – 1990
O talismã da Fiel no título do Brasileirão de 1990, tendo marcado o gol do título. Veio do São Bento de Sorocaba (SP) e criou o estigma de começar no banco de reservas e entrar no decorrer das partidas, fazendo gols e decidindo os jogos a favor do Corinthians. Também jogou no Fluminense e foi ídolo da torcida do América (MG).

7 – Camanducaia (Marcelo Fernando Domingues Rezende)
Santos – 1995
Atacante que poderia ser lembrado na história do Santos como o autor do gol do título do Brasileirão de 1985. Mas seu tento foi anulado erroneamente pelo árbitro Márcio Rezende de Freitas. O Botafogo sagrou-se o campeão e Camanducaia caiu no esquecimento do futebol, tendo atuado, depois do Peixe, por equipes menores.

9 – Flávio Guarujá (Flávio Rodrigues da Silva)
Portuguesa – 1995
Centroavante que começou tarde a carreira de jogador profissional. Mesmo assim fez sucesso jogando pela Portuguesa e pelo Criciúma.

11 – Léo Macaé (Leonardo Ferreira Coelho)
Vasco da Gama – 2000
Surgiu no Vasco com a promessa de ser o novo Romário. Com as categorias de base da Seleção foi o principal nome do time campeão mundial Sub-17, em 1999. Promovido para a equipe profissional do Vascão, não rendeu o que se esperava. Passou a ser um andarilho do futebol, jogando na Hungria, Portugal, Omã, Suécia e times medianos e pequenos do Brasil.

SELEÇÃO PAÍSES

1 – País (País José de Oliveira)
Santos – 1979
Goleiro que jogou no América (RJ), Santos e Sport. Manteve a tradição de excelentes arqueiros negros brasileiros, cujos destaques são Barbosa, titular na Copa de 1950, e Dida, entre outros.

2 – Iran (Iran Andrielle de Oliveira)
Ponte Preta – 2005
Lateral de forte apoio ao ataque, que se tornou conhecido no futebol brasileiro com a camisa da Ponte Preta. Da Macaca foi para o Botafogo e posteriormente fez parte do elenco do Corinthians na desastrosa campanha no Brasileiro de 2007, quando o Timão acabou rebaixado para a Série B. Falhou tanto no Corinthians que ganhou o apelido da torcida de Homem Bomba.

3 – China (Henrique Valmir da Conceição)
Grêmio – 1983
Cabeça de área que teve três passagens pelo Grêmio onde sagrou-se campeão brasileiro em 1981 e da Libertadores e do Mundial de Clubes em 1983. Também jogou no Vasco, Sport e equipes menores, além do futebol português.

4 – Itália (Luiz Gervazoni)
Vasco da Gama – 1930
Zagueiro que vestiu a camisa do Vasco de 1926 a 1937. É considerado um dos primeiros ídolos da história do clube. Representou e foi capitão do Brasil na primeira Copa do Mundo da história, em 1930.

6 – Vanderlei Luxemburgo (Vanderlei Luxemburgo da Silva)
Flamengo – 1971
Lateral-esquerdo regular e que nunca conseguiu se firmar como titular pelas equipes que jogou. De 1971

a 1978 atuou pelo Flamengo, sendo reserva do craque Junior. Partiu para o Internacional (RS), mas também não agradou e voltou para o Rio de Janeiro, para o Botafogo, onde teve atuações discretas. Diferentemente da sua época de jogador, é considerado um dos melhores treinadores que o Brasil já teve. Seu auge na função foi ter dirigido a Seleção Brasileira entre 1998 e 2000, além de grandes clubes brasileiros e o Real Madrid (ESP), em 2005.

5 – França (Wellington Wildy Muniz dos Santos)
Coritiba – 2012
Volantão de muita pegada, marcação e força física. Surgiu no Coritiba e passou pelo Criciúma e Hannover 96 (ALE). Em 2014, foi contratado pelo Palmeiras, mas não agradou nem dentro e nem fora de campo e foi repassado para o Figueirense.

8 – Wagner Líbano (Wagner Medeiros Líbano)
Internacional (RS) – 2009
Meia-atacante e lateral-direito que surgiu como uma grande promessa no Internacional (RS). Caiu de produção e passou a rodar por clubes menores, principalmente do Rio Grande do Sul.

10 – Miguel Angél Portugal (Miguel Angél Portugal Vicario)
Real Madrid (ESP) – 1979
Meia que fez a sua carreira como jogador nas décadas de 1970 e 1980 no futebol espanhol. Entre os vários clubes em que esteve, o Real Madrid (ESP), Cádiz (ESP), Rayo Vallecano (ESP) e Valladolid (ESP) são os que se destacam. Tornou-se treinador na Espanha. Após boa campanha pelo Bolivar (BOL), foi contratado pelo Atlético (PR), permanecendo no clube pouco mais de quatro meses.

7 – Maurício (Maurício de Oliveira Anastácio)
Botafogo – 1989
Entrou para a história do Fogão ao marcar o gol que deu o título do Campeonato Carioca de 1989, quebrando o jejum de títulos de 21 anos. Também foi importante no Grêmio na conquista da Copa do Brasil de 1992 e chegando a ser convocado para a Seleção enquanto esteve no clube. Teve passagens discretas pelo Internacional (RS), Portuguesa e futebol espanhol e coreano. Após deixar os gramados, dedicou-se à carreira de treinador.

9 – Somália (Wanderson de Paula Sabino)
América (MG) – 1997
Centroavante alto e forte que se destacou no América (MG), sendo protagonista na conquista da Série B do Brasileirão, em 1997. Rodou muito pelo mundo da bola. Os principais clubes que defendeu foram o São Caetano, Goiás, Grêmio, Santos, Vitória, Fluminense e Figueirense. Em 2014, atuou pelo Princesa de Solimões (AM).

11 – Alan Brazil (Alan Bernard Brazil)
Seleção Escocesa – 1982
Atacante escocês que disputou a Copa do Mundo de 1982, inclusive tendo enfrentado o seu xará, o Brasil. Jogou em clubes da Inglaterra e dos Estados Unidos, sendo os mais importantes o Tottenham (ING) e o Manchester United (ING). Tornou-se comentarista esportivo.

SELEÇÃO ARQUITETÔNICA

1 – Monasterio (César Monastério)
Deportivo Morón (ARG) – 1991
Goleiro que marcou no Platense (ARG) do final dos anos 1990. Começou no Deportivo Morón (ARG), em 1991, e também passou pelo Tigre (ARG) e San Martín de San Juan (ARG), entre outros.

2 – Muralha (Luiz Philipe Lima de Oliveira)
Flamengo – 2011
Volante forte na marcação que foi revelado pelo Flamengo e passou rapidamente pela Portuguesa. Foi recomendado pelo técnico Vanderlei Luxemburgo a deixar de utilizar o apelido e passar a ser chamado de Luiz Philipe. Porém a torcida continua chamando-o por Muralha, apelido que ganhou nas categorias de base por ter um físico avantajado.

3 – Passarella (Daniel Passarella)
River Plate (ARG) – 1974
Zagueiraço argentino, capitão na conquista da Copa do Mundo de 1978. Também jogou a edição de 1982 e ficou na reserva, devido a rixa com Maradona, no título da Copa do Mundo de 1986. Apesar de não ser muito alto para um zagueiro, medindo 1,73 m, Passarella se impunha pela excelente colocação e técnica. Também era eficaz no apoio ao ataque, marcando vários gols na carreira. Começou no pequeno Sarmiento (ARG), em 1974 foi para o River Plate (ARG), permanecendo no clube até 1982. Teve passagens destacadas pela Fiorentina (ITA) e Internazionale (ITA) e retornou para o River Plate (ARG) em 1988, encerrando a carreira no ano seguinte. Foi no próprio River que começou a carreira de técnico, tendo treinado também a Seleção Argentina na Copa do Mundo de 1998. Comandou ainda a Seleção Uruguaia de 1999 a 2001. Dirigiu também o Parma (ITA), o Monterrey (MEX) e o Corinthians, além do River Plate em outras ocasiões. Para completar a relação com o River, Passarella também foi presidente do clube em 2009.

4 – Alexandre Torres (Carlos Alexandre Torres)
Fluminense – 1985
Mesmo sendo um zagueiro de qualidade técnica acima da média, Alexandre Torres foi sempre lembrado como o filho de Carlos Alberto Torres. Em campo, Alexandre Torres surgiu como uma grande promessa no Fluminense. Transferiu-se para o Vasco em 1991 e, em 1995, foi para o Japão. Em 2000, retornou para o Vasco, onde conquistou os títulos de maior projeção na carreira: o Campeonato Brasileiro e a Copa Mercosul, em 2000.

6 – Paredes (Aldo Gustavo Paredes)
Boca Juniors (ARG) – 1994
Começou no Boca em 1994, mas só jogou seis partidas. Depois passou para o Ferro Carril (ARG) e as suas boas atuações e rigidez defensiva o levaram a seu segundo time grande, San Lorenzo (ARG), onde chegou ao auge da carreira quando foi campeão do torneio Apertura e da Copa Mercosul em 2001 e da Sul-Americana em 2002, tornando-se um dos maiores jogadores da história do clube.

5 – Latorre (Diego Fernando Latorre)
Boca Juniors (ARG) – 1987
Descoberto num torneio regional, Diego Latorre deslumbrou a todos quando apareceu no Boca, em 1987. Com grandes atuações, tornou-se ídolo do Xeneize e ganhou o Apertura de 1991, formando uma inesquecível dupla com Batistuta. Nesse ano, enquanto disputava a Copa América com a Seleção, foi comprado pela Fiorentina (ITA). Diego jogou apenas duas partidas no time italiano e se transferiu para o Tenerife (ESP), em 1993. Após uma breve passagem pelo Salamanca (ESP), voltou para o Boca Juniors (ARG), em 1996. Em 1998, chegou ao Racing (ARG) e depois foi para o Cruz Azul (MEX). Seu currículo conta ainda com Chacarita Juniors (ARG), Rosario Central (ARG), times mexicanos, até que, em 2004, aposentou-se no Comunicaciones (GUA). Tornou-se um importante comentarista esportivo.

8 – Casagrande (Walter Casagrande Júnior)
Corinthians – 1982
Atacante revelado pelo Corinthians e que ficou marcado como um jogador contestador e polêmico. Foi um dos líderes da Democracia Corinthiana, ao lado de craques como Sócrates, Wladimir, Eduardo Amorim, entre outros. Sua carreira está vinculada ao Corinthians, clube onde teve quatro passagens no geral e viveu um dos seus melhores momentos. Também jogou pelo São Paulo, futebol português e italiano e Flamengo. Foi reserva na Copa do Mundo de 1986. Tornou-se comentarista esportivo.

10 – Casas (Ángel Gastón Casas)
Racing (ARG) – 2003
Atacante de categoria que se destacou no Huracán (ARG) no final dos anos 1990. Também jogou na Europa e voltou para o Racing (ARG), em 2003.

7 – Palacio (Rodrigo Sebastián Palacio)
Internazionale (ITA) – 2012
Atacante argentino de grande presença de área. Em seu país teve seu melhor momento pelo Boca Juniors (ARG), sendo a sua principal conquista a Libertadores da América em 2007, ao lado de craques como Riquelme e Palermo. Também brilhou na Internazionale (ITA) que o contratou a partir da temporada de 2012/13.

9 – Houseman (René Houseman)
Huracán (ARG) – 1973
Ponta-direita argentino driblador e de muita raça. Viveu o auge da carreira jogando pelo Huracán (ARG), clube que defendeu de 1973 a 1980. Jogou a Copa do Mundo de 1974 como titular e fez parte do grupo campeão na Copa de 1978.

11 – Salas (Marcelo Salas)
River Plate (ARG) – 1996
Atacante chileno que também é conhecido como El Matador [O Matador]. Foi ídolo e multicampeão no River (ARG). Jogou no Universidad de Chile (CHI), Lazio (ITA) e Juventus (ITA). Formou uma histórica dupla de ataque com Iván Zamorano na Seleção Chilena, disputando a Copa do Mundo de 1998. É o maior artilheiro de seu selecionado, com 37 gols. Sua carreira foi encerrada em 2008, devido às constantes lesões.

SELEÇÃO GAÚCHOS

1 – Marcelo Pitol, O Gauchão (Marcelo Pitol)
Grêmio – 2003
Goleiro que começou no futebol gaúcho e que passou por vários times do estado. Também defendeu a meta do Náutico, Joinville, Vila Nova (GO), Novo Hamburgo, entre outros.

2 – Paulinho Gaúcho (Paulo César Silva)
Corinthians – 1988
Ponta-direita revelado pelo Internacional (RS), que foi contratado pelo Corinthians em 1988. Mesmo reserva, foi importante, entrando durante as partidas, na conquista do Campeonato Paulista de 1988 pelo Timão.

3 – Edson Gaúcho (Edson José Valandro)
Juventude – 1977
Zagueiro viril que no Juventude formou uma zaga de meter medo nos adversários ao lado de Luiz Felipe Scolari. Tornou-se um treinador muito requisitado pelos clubes medianos e menores do futebol brasileiro.

4 – Gaúcho (Carlos Roberto Orrigo da Cunha)
Vasco da Gama – 1971
Zagueirão valente que jogou no Vasco de 1971 a 1979, conquistando o Campeonato Brasileiro de 1974. Transferiu-se para o Botafogo e ainda atuou no Grêmio. Como técnico, assumiu o time vascaíno em diversas oportunidades.

6 – Tchê Tchê (Danilo das Neves Pinheiro)
Palmeiras – 2016
Revelado pelo Audax, teve rápidas passagens pelo Guaratinguetá, Ponte Preta e Boa Esporte. Brilhou no vice-campeonato do Paulistão de 2016 pelo Audax, transferindo-se, em seguida, para o Palmeiras.

5 – Alexandre Gaúcho (Alexandre de Ávila Vieira)
Internacional (RS) – 1994
Meia de bons atributos técnicos que começou no Pelotas. Após passar pelo Goiás, jogou no Internacio-

nal (RS). Viveu boa fase no Grêmio, fazendo parte do elenco campeão da Libertadores de 1995. Depois rodou por vários clubes, como Botafogo, Flamengo, Portuguesa e Figueirense.

8 – Gauchinho (Paulo Roberto Junges)
Grêmio – 2000
Após jogar no Cerro Porteño (PAR) na Taça Libertadores de 1999, sendo o artilheiro do torneio com seis gols, foi contratado pelo Grêmio. Atuou também no Atlético (PR) e Goiás, além de passagens pelo México, Paraguai novamente, desta vez pelo Guarani (PAR), e Colômbia.

10 – Ronaldinho Gaúcho (Ronaldo de Assis Moreira)
Grêmio – 1998
O Melhor Jogador do Mundo pela Fifa em 2004 e 2005 começou a carreira no Grêmio em 1998, permanecendo no Tricolor até 2000, quando foi negociado para o Paris Saint-Germain (FRA). Em 2003 foi contratado pelo Barcelona (ESP), onde viveu seus melhores momentos no futebol, e permaneceu até 2008. Seu principal título no Barça foi a Liga dos Campeões de 2005/06. Após passagem discreta pelo Milan (ITA), retornou ao Brasil, em 2011, para o Flamengo. Em 2013, assinou com o Atlético (MG) e no Galo reencontrou o bom futebol, sendo um dos principais jogadores na conquista inédita da Libertadores da América de 2013. Encerrou o ciclo no clube mineiro em 2014, quando passou a defender o Querétaro (MEX). Pela Seleção Brasileira foi protagonista no título da Copa do Mundo de 2002. Também jogou a Copa de 2006, mas como todo o time, não brilhou apesar do favoritismo. É empresariado por Assis, ex-jogador e, coincidentemente, seu irmão.

7 – Renato Gaúcho (Renato Portaluppi)
Grêmio – 1982
Foi um ponta-direita que associava a força física com a habilidade. Começou no Grêmio em 1982 e tornou-se ídolo da torcida ao brilhar nos títulos da Libertadores e do Mundial de Clubes de 1983. Foi negociado com o Flamengo em 1987, onde logo se tornou campeão da Copa União. Teve passagem decepcionante pelo Roma (ITA) e retornou para o Flamengo. Passou ainda pelo Grêmio, Botafogo. Cruzeiro, novamente o Flamengo, Atlético (MG), Fluminense e Bangu. Era nome certo na Copa do Mundo de 1986, mas foi cortado pelo técnico Telê Santana por indisciplina. Na Copa de 1990 foi reserva de Müller e Careca. Tornou-se técnico e realizou importantes trabalhos no Fluminense, sendo campeão da Copa do Brasil de 2007 e vice na Libertadores de 2008, e no Grêmio, vice-campeão brasileiro em 2013.

9 – Gaúcho (Luís Carlos Tóffoli)
Palmeiras – 1990
Centroavante típico de área, começou no Flamengo, onde acumulou três passagens. No Santo André conquistou destaque e foi negociado com o Palmeiras. Mesmo sem conquistar títulos pelo Verdão, tornou-se um dos jogadores mais queridos da torcida. Entregava-se em campo, a ponto de substituir o goleiro Zetti, que havia se contundido seriamente, no Campeonato Brasileiro de 1988. A partida era contra o Flamengo e o regulamento exigia a decisão por pênaltis se a partida acabasse empatada. Gaúcho defendeu duas cobranças, e o Verdão levou o ponto extra. Voltou ao Flamengo em 1993, sendo campeão da Copa do Brasil de 1990 e do Brasileirão de 1992. Jogou a seguir na Itália e finalizou a carreira com passagens apagadas pelo Boca Juniors (ARG), Atlético (MG), Ponte Preta e Fluminense. Fundou em 2001 o Cuiabá Esporte Clube e posteriormente tornou-se técnico. Faleceu em 2016, aos 52 anos, vítima de câncer de próstata.

11 – Sandro Gaúcho (Sandro Rogério Formoso Pires)
Santo André – 2004
Atacante que passou pelo Juventude, Coritiba, Ponte Preta, Sport, São Caetano, entre outros, até voltar ao Santo André, em 2004, clube onde havia estado em 2001. Foi essencial na conquista do título mais importante do Ramalhão: a Copa do Brasil de 2004. Encerrou a carreira em 2007 e tornou-se treinador.

SELEÇÃO BAIANOS

1 – Gessé Baiano (Gessé Ribeiro dos Santos)
Bahia – 2007
Goleiro que iniciou a carreira no Pitanga, em 2006. O Bahia é o clube de maior destaque onde atuou, mesmo sem ter se firmado como titular.

2 – Gil Baiano (José Gildásio Pereira de Matos)
Bragantino – 1990
Lateral-direito que fez parte do pacotão com seis jogadores que o Guarani enviou para o Bragantino em troca do zagueiro Vitor Hugo. O zagueirão não deu em nada em Campinas, enquanto o Bragantino formou uma base com os seis atletas (que além de Gil, eram os zagueiros Nei e Junior, o meia Zé Rubens, o volante Mauro Silva e o atacante Mário) e foi campeão paulista de 1990 e vice-campeão brasileiro de 1991. Chegou a jogar pela Seleção Brasileira nesse período, inclusive participando do jogo comemorativo dos cinquenta anos de Pelé. Gil Baiano foi para o Palmeiras em 1993 e não repetiu o bom futebol. Teve oportunidades no Vitória, Paraná Clube e Sporting (POR), mas continuou sem brilhar, passando então a jogar em equipes menores até o final da carreira.

3 – Júnior Baiano (Raimundo Ferreira Ramos Júnior)
Flamengo – 1989
Zagueiro forte e que muitas vezes exagerava na dose e acabava sendo violento. Revelado pelo Flamengo, onde conquistou diversos títulos e principalmente o Brasileirão de 1992, transferiu-se para o São Paulo, em 1994. Sua primeira experiência internacional ocorreu em 1995 pelo Werder Bremen (ALE). Retornou para o Flamengo, mas foi no Palmeiras que reencontrou o seu bom futebol e foi um dos destaques na conquista da Libertadores de 1999. Voltou para o Rio de Janeiro e atuou pelo Vasco, onde foi novamente campeão brasileiro em 2000. Desde então começou a rodar, jogando na China, Internacional (RS) e nos Estados Unidos. Apesar de questionado, foi titular na

campanha do vice-campeonato na Copa do Mundo de 1998 pelo Brasil, ficando marcado por ser o autor da penalidade máxima sobre o norueguês Flo, que determinou a derrota brasileira por 2 X 1 no último jogo da primeira fase.

4 – Edinho Baiano (Edson Manoel do Nascimento)
Palmeiras – 1993
Zagueiro que surgiu no Vitória e que viveu sua melhor fase no Palmeiras. Quando era reserva conquistou os títulos do Paulista, do Torneio Rio-São Paulo e do Brasileirão de 1993. Paraná, Atlético (PR), Coritiba e Avaí foram outras equipes onde atuou.

6 – Luciano Baiano (Luciano Ferreira dos Santos)
Flamengo – 2000
Despontou no Sport e no Goiás e chegou ao Flamengo em 2000. A grande oportunidade logo se transformou em frustação, pois a torcida pegou muito no pé deste lateral-direito. Trocou o Mengo pela Ponte Preta e reencontrou o bom futebol.

5 – Baiano (Dermirval de Almeida Lima)
Santos – 1996
Começou no Santos como volante, sendo que acabou sendo adaptado à lateral-direita posteriormente. Teve os melhores momentos na carreira jogando pelo Vitória, Atlético (MG) e Palmeiras. Também jogou no Boca Juniors (ARG), mas sem muito destaque. Foi titular da Seleção Brasileira nos Jogos Olímpicos de 2000, em Sydney.

8 – Fábio Baiano (Fábio da Silva Moraes)
Flamengo – 1992
Jogava como meia e lateral-direito. Surgiu no Flamengo, fazendo parte do elenco campeão brasileiro em 1992. No Grêmio encontrou o bom futebol e foi peça relevante no título da Copa do Brasil de 2001. No São Caetano e no Corinthians continuou em boa fase, mas acabou caindo de produção quando jogou no Santos, Atlético (MG) e Vasco.

10 – Baiano (Valmecir Margon)
Santa Cruz – 1980
Um dos maiores jogadores da história do futebol de Pernambuco. Era um meia que gostava de jogar perto do gol adversário. Como também era um bom cobrador de faltas, ficou conhecido como O Zico do Nordeste. Fez muito sucesso no Santa Cruz, nos anos de 1980 e 1981. Foi contratado em seguida pelo Fluminense, mas não conseguiu se firmar no futebol carioca. Foi repassado em 1982 para o Náutico, onde voltou a brilhar e permaneceu até 1987.

7 – Baianinho (Luís Carlos Pereira)
Corinthians – 1981
Vindo do Operário (MS), era um ponta-direita arisco e driblador. Não conseguiu fazer sucesso no Corinthians, sendo negociado em 1982 com o Ubiratan (MS).

9 – Neto Baiano (Euvaldo José de Aguiar Neto)
Vitória – 2009
Atacante rodado do futebol brasileiro que já jogou no Internacional (RS), Atlético (PR), Palmeiras, Ponte Preta, Vitória, Goiás, Sport, entre outros. Também acumulou experiência internacional, tendo atuado no futebol do Vietnã, Coreia do Sul e Japão.

11 – Val Baiano (Osvaldo Félix Souza)
Grêmio Barueri – 2008
Tornou-se conhecido nacionalmente em 2009, quando foi o artilheiro do Grêmio Barueri no Brasileirão. Val Baiano rodou bastante antes de chegar ao Barueri. Esteve até no Santos em 2003. Em 2010, chegou como a esperança de gols do Flamengo, mas decepcionou.

SELEÇÃO MEIOS DE TRANSPORTE

1 – Combi (Gianpiero Combi)
Juventus (ITA) – 1934
Primeiro goleiro italiano campeão do mundo, em 1934. Combi defendeu apenas a Juventus (ITA) por toda a carreira, que foi de 1921 a 1934.

2 – Gaëtan Bussmann (Gaëtan Bussmann)
Metz (FRA) – 2010
Lateral-esquerdo e central francês, que passou pelas categorias de base da sua seleção nacional, porém até o momento ainda não se destacou a ponto de ser convocado para a equipe principal.

3 – Beto Fuscão (Rigoberto Costa)
Palmeiras – 1977
Passou a ser conhecido no futebol brasileiro atuando pelo Grêmio, em 1973. Vestiu também a camisa do Palmeiras de 1977 a 1980 e depois rodou por equipes menores. O seu apelido surgiu por causa da comparação com o também zagueiro Luís Pereira, que era chamado de Chevrolet. Assim o Beto virou Fuscão, principalmente por causa do porta-malas.

4 – Rubens Galaxe (Rubens Márcio Cordeiro Galaxe)
Fluminense – 1971
Zagueiro de um dos melhores times que o Fluminense já teve, cujo apelido era Máquina Tricolor e que teve nomes como Carlos Alberto Torres, Rivellino, Gil, entre outros. Fiel ao Tricolor Carioca, Galaxe defendeu o clube por 12 anos.

6 – Ferrari (Gilberto José Ferrari)
Palmeiras – 1963
Tradicional lateral-esquerdo da década de 1960, quando tinha a função principal de marcação dos hábeis pontas-direitas que infestavam o futebol brasileiro. Raçudo, Ferrari tornou-se um dos símbolos do Palmeiras nos seis anos em que vestiu a camisa alviverde, no período de 1963 a 1969.

5 – Vespa (Líber Ernesto Vespa Legarralde)
Argentino Juniors (ARG) – 1992
Volante uruguaio aposentado que primava pela forte marcação e que fez a carreira por equipes da Argentina e do Uruguai. Pela seleção de seu país, foi vice-campeão da Copa América de 1999.

8 – Mark van Bommel (Mark van Bommel)
Barcelona (ESP) – 2005
Volante holandês que encerrou a carreira em 2013. No meio esportivo carregou a fama de ser expulso diversas vezes por jogo violento e por ter o costume de fazer cera. Disputou a Copa do Mundo de 2006.

10 – Fernando Karanga (Luiz Fernando da Silva Monte)
Boa Esporte Clube (MG) – 2014
Atacante que se projetou no Boa Esporte Clube, na campanha da Série B do Brasileirão de 2014, quando o time mineiro deixou escapar o acesso na última rodada. Foi revelado pelo Santa Cruz e jogou ainda no Bragantino e Criciúma.

7 – Junior Brasília (José Francisco Solano Júnior)
Flamengo – 1976
Ponta-direita que ficou conhecido por sua passagem, entre 1976 a 1978, pelo Flamengo. Atuou pouco pelo Mengão, pois tinha a concorrência direta da revelação Tita. Cruzeiro e Operário (MS) foram as outras equipes de destaque que defendeu. Ganhou o apelido de Brasília no Flamengo, para diferenciá-lo do lateral-esquerdo Junior.

9 – Barcos (Hernán Barcos)
Palmeiras – 2012
Centroavante argentino que, após passar pelo Racing (ARG), e rodar pelo futebol paraguaio, equatoriano, sérvio, chinês e no Hurácan (ARG), destacou-se pela LDU de Quito (EQU) jogando a Taça Libertadores de 2011. O Palmeiras o contratou no ano seguinte e O Pirata, apelido que ganhou por comemorar os gols tampando um dos olhos, tornou-se rapidamente ídolo da torcida do Verdão. A relação chegou ao fim em fevereiro de 2013, quando o atacante foi envolvido numa negociação com o Grêmio. Um dos principais motivos da sua saída do Palmeiras seria seu desejo de disputar a Copa do Mundo de 2014 e suas chances diminuiriam por estar jogando num time da Série B do Brasileirão, pois o Alviverde havia sido rebaixado. Transferiu-se para o Grêmio, onde se tornou ídolo da Tocida. Depois jogou na China e no Sporting (POR).

11 – João Carlos Motoca (João Carlos da Silva)
Botafogo (RP) – 1977
Ponta-esquerda driblador, arisco e de bom arremate que formou um dos melhores times que o Botafogo (RP) já teve, ao lado do ponta-direita Zé Mário, de Sócrates e do centroavante e artilheiro Geraldão. Seu principal título foi a Taça Cidade São Paulo, que era o primeiro turno do Campeonato Paulista, pelo Pantera, em 1977. Portuguesa e o Comercial (RP), arquirrival do Botafogo (RP), completam a lista de times onde atuou.

GRUPOS

ANIMAIS

NATUREZA

GASTRONOMIA

MERCADO

FÉ

FAMÍLIA

GEOGRAFIA

ESPORTES

CORPO & ALMA

MÚSICA

ARTES

VALE-TUDO

GRUPO
ESPORTES

SELEÇÕES

XARÁS DOS CRAQUES

PELÉ

JOGOS

TIMES

NARRADORES

SELEÇÃO

XARÁS DOS CRAQUES

1 – Gilmar (Gilmar Luís Rinaldi)
Internacional (RS) – 1978
Goleiro que se destacou no Internacional (RS), São Paulo e Flamengo. No Colorado foi campeão brasileiro em 1979, repetindo a conquista em 1986, só que desta vez com a camisa do São Paulo. Em 1992, foi pela terceira vez campeão do Brasileirão e novamente por outro clube diferente, o Flamengo. Era o terceiro goleiro no título da Copa do Mundo de 1994. Após deixar os gramados, tornou-se empresário de atletas. Em julho de 2014 foi anunciado como o novo coordenador-geral de seleções da CBF.

2 – Cafu (Jaílson Lima dos Santos,)
Cene – 2011
Lateral-direito que jogou nas categorias de base do Flamengo. Como profissional, o Cene foi a sua principal equipe. Também teve uma experiência internacional no futebol da Costa Rica.

3 – Romário (Romário Leiria de Moura)
Internacional (RS) – 2011
Apesar do nome de artilheiro, é um zagueiro canhoto. Alto e forte, frequentou as categorias de base da Seleção Brasileira. Revelado pelo Internacional (RS) em 2011, acumulou passagens pelo Náutico, Novo Hamburgo, Paysandu e Marítimo (POR), sem se destacar em nenhum deles.

4 – Sérgio Baresi (Sérgio Felipe Soares)
São Paulo – 1991
Surgiu como uma grande revelação no São Paulo. Jogava como zagueiro e volante e se destacava pela qualidade técnica e seriedade em campo. Também atuou no Cruzeiro e na Ponte Preta, além do futebol chileno, coreano e belga. Voltou ao São Paulo como treinador das categorias de base.

6 – Makelelê (Leandro dos Santos de Jesus)
Palmeiras – 2007
Volante de muita dedicação em campo, que faz da marcação o seu ponto forte. Revelado pelo Santo André, jogou no Palmeiras, Grêmio, Coritiba. Pelotas e ABC, antes de ir para o futebol português.

5 – Breitner (Overath Breitner da Silva Medina)
Santos – 2009
Venezuelano revelado pelo Santos em 2009. O meia teve poucas oportunidades no Peixe e foi frequentemente emprestado para equipes como Figueirense, Náutico, XV de Piracicaba e o Boa Esporte Clube (MG). Em 2014, transferiu-se para o Mineros de Guayana (VEN) e no ano seguinte para o União da Madeira (POR).

8 – Diogo Rincón (Diego Augusto Pacheco da Fontoura)
Internacional (RS) – 2000
Graças às suas características físicas: forte e alto, este meio-campista ganhou o apelido em referência ao colombiano Freddy Rincón. Revelado no Internacional (RS), foi um dos primeiros brasileiros a ter passagem destacada pelo futebol da Ucrânia, quando atuou pelo Dínamo de Kiev (UCR). Em 2008, retornou para o futebol brasileiro e jogou a Série B do Brasileirão pelo Corinthians. As constantes contusões atrapalharam o seu desempenho, retornando para a Europa. Jogou ainda na Grécia e em times menores do Rio Grande do Sul.

10 – Pedro Rocha (Pedro Rocha Neves)
Grêmio – 2014
Atacante revelado pelo modesto Diadema (SP) e com passagem pelo Juventus (SP), foi contratado pelo Tricolor Gaúcho para jogar nas suas equipes de base. Graças ao bom desempenho, Pedro Rocha foi promovido para o time profissional aos vinte anos, onde teve as primeiras oportunidades no Campeonato Gaúcho de 2015, pelas mãos do treinador Felipão.

7 – Michel Platini (Michel Platini Ferreira Mesquita)
CSKA Sofia (BUL) – 2009
Meia brasileiro xará do craque francês. Começou jogando em times menores do Distrito Federal. Passou ainda futebol mexicano e chinês até chegar à Bulgária, onde se tornou ídolo do CSKA Sofia (BUL).

9 – Obina (Manuel de Brito Filho)
Vitória – 2004
Surgiu para o futebol brasileiro com a camisa do Vitória. Após passagem frustrada pelo Al-Ittihad, da Arábia Saudita, desembarcou no Flamengo, sendo muito importante na conquista da Copa do Brasil de 2006. Nessa época foi homenageado pela torcida com o grito: "Obina é melhor que Eto'o", em referência ao atacante de Camarões que era então considerado um dos melhores do mundo. Jogou no Palmeiras, onde ficou marcado pela briga que teve dentro de campo com o zagueiro e companheiro de time Maurício numa partida contra o Grêmio pelo Brasileirão. Atuou novamente pelo Flamengo, passou pelo Atlético (MG) e futebol chinês e teve nova oportunidade no Palmeiras. Bahia e América (MG) completam a lista de times. Joga no futebol japonês desde 2015.

11 – Müller (Luís Antônio Corrêa da Costa)
São Paulo – 1984
Jogou por vários clubes, mas ficou ligado ao São Paulo, time onde foi revelado, por onde teve três passagens e onde ganhou diversos títulos, com destaque para os Brasileirões de 1986 e 1991 e os bicampeonatos da Libertadores e do Mundial de clubes em 1992/93. Começou como um atacante de velocidade e driblador, mas com o passar do tempo mudou as suas características passando a ser um jogador mais cerebral. Além do Tricolor, fez sucesso com as camisas do Palmeiras, Santos e Cruzeiro. No Corinthians teve duas passagens, mas não marcou. Jogou no exterior no Torino (ITA), Kashiwa Reysol (JAP) e Perugia (ITA). Tem três Copas do Mundo em seu currículo: 1986 e 1990, nas quais foi titular, formando o ataque com Careca. Já em 1994 ficou na reserva e ajudou o Brasil a conquistar o tetracampeonato mundial. Após pendurar as chuteiras virou treinador, comentarista esportivo e dirigente.

SELEÇÃO PELÉ

1 – Edinho (Edson Cholbi Nascimento)
Santos – 1995
Mais que apenas um goleiro, é o filho do Pelé. De acordo com o próprio Edinho, ele foi para o gol por ser melhor que os outros meninos na linha. Como profissional, surgiu no Santos, tendo o seu melhor momento em 1995, quando foi titular da equipe em toda a campanha do vice-campeonato brasileiro do mesmo ano. Portuguesa Santista, São Caetano e Ponte Preta foram as outras equipes que defendeu. Nunca passou de um arqueiro regular.

2 – Léo Pelé (Leonardo Pinheiro da Conceição)
Fluminense (2016)
Lateral que ganhou o apelido por causa da sua semelhança com o original Pelé. Aliás, o próprio Fluminense demonstrou preocupação com o peso desse apelido. Está emprestado ao Londrina para ganhar experiência.

3 – Steven Pelé (Steven Robert Pelé)
Rennes (FRA) – 1999
Steven Robert Pelé, sim Pelé é seu nome, nunca se destacou e jogou apenas por clubes pequenos e medianos no seu país, a França. Este defensor é irmão do goleiro Yohann Pelé, que teve mais sorte no futebol e já defendeu o Toulouse (FRA) e o Sochaux (FRA).

4 – Pedro Pelé (Pedro Miguel Cardoso Monteiro)
Belenenses (POR) – 2005
Defensor português que atuou nas equipes Farense (POR) e o Belenenses (POR) e times da Inglaterra. Devido à sua ascendência, jogou também pela seleção de Cabo Verde. E qual a razão de um defensor receber o apelido Pelé? Nem Pedro sabe.

6 – Pelé Passos (Vitor Hugo Gomes Passos)
Internazionale (ITA) – 2007
Volante português que surgiu como grande promessa nas categorias de base da sua seleção. Os anos pas-

saram, o atleta acumulou passagens discretas por vários clubes, como o Vitória Guimarães (POR), Internazionale (ITA), Porto (POR), entre outros, e nada de justificar o apelido real.

5 – Freddy "Pelé" Adu (Fredua Koranteng Adu)
Benfica – 2007
Meia-atacante nascido em Gana e naturalizado norte-americano, que despontou para o futebol com apenas 14 anos, sendo o jogador mais jovem a assinar com um clube norte-americano. Devido à sua habilidade, logo o consideraram o Pelé norte-americano. Mas a profecia não se concretizou, e Adu transformou-se em apenas um jogador comum. Com dez anos de carreira, o meia já jogou em 13 clubes diferentes, com destaque para o Benfica (POR) e o Bahia.

8 – Pelezinho (Adavilson da Cruz)
Mixto – 1976
Ponta-direita que é o maior ídolo da história do Mixto, também jogou com destaque no Operário de Várzea Grande (MT), porém não brilhou nas suas passagens pelo Internacional (RS) e Goiás. Pelezinho ficou eternizado no futebol mato-grossense pelos seus muitos tentos, como um belíssimo gol olímpico sobre o Vasco, no Campeonato Brasileiro de 1976, marcado aos 45 minutos do segundo tempo, que selou o empate no antigo estádio Verdão, mais tarde derrubado, dando lugar à Arena Pantanal. Durante o Carnaval de 1981, o craque faleceu após um acidente de automóvel.

10 – Abedi Pelé (Abedi Ayew Pelé)
Olympique de Marseille (FRA) – 1988
Meia e atacante nascido em Gana, onde é um dos principais jogadores da história do futebol de seu país. Foi o desbravador e evidenciou o nome de Gana numa época em que poucos conheciam o futebol de lá. Não teve a oportunidade de disputar uma Copa do Mundo. Viveu seus melhores momentos em campo jogando por times da França.

7 – Edson Pelé (Edson Araújo da Silva)
Portuguesa – 2000
Como se já não bastasse ser Edson, também é Pelé. Surgiu na Portuguesa em 2000 e despontou como uma grande promessa, que como muitas acabaram se perdendo pelo caminho. Pelo menos Edson Pelé pode orgulhar-se de ter jogado em grandes clubes, como Corinthians e Atlético (MG).

9 – François M'Pelé (François M'Pelé)
Paris Saint-Germain (FRA) – 1973
Atacante que nasceu no Congo. Teve a carreira profissional desenvolvida em clubes franceses, como o Ajaccio (FRA), Paris Saint-Germain (FRA) e Stade Rennes (FRA). Foi escolhido em 2006 pela Confederação Africana de Futebol como um dos duzentos maiores jogadores do continente nos últimos cinquenta anos. Foi campeão da Copa das Nações Africanas em 1972, pelo Zaire.

11 – Graziano Pelle (Graziano Pelle)
Lecce (ITA) – 2004
Pode ser apenas coincidência, até porque a grafia do nome deste atacante italiano é Pelle, mas que seu sobrenome é de peso, isso ninguém pode negar. Revelado no Lecce (ITA), passou por vários clubes do seu país, jogou na Holanda e desde 2014 defende o Southampton (ING). Participou de todas as categorias de base da Seleção Italiana e, em 2014, teve a sua primeira oportunidade no time principal.

SELEÇÃO JOGOS

1 – Trucco (Carlos Leonel Trucco Medina)
Bolívar (BOL) – 1989
Nascido na Argentina, foi no futebol boliviano que se destacou, naturalizando-se e assumindo a posição de goleiro titular da seleção da Bolívia na Copa do Mundo de 1994. Entre os vários clubes que defendeu, o Vélez Sarsfield (ARG), em 1981, o Bolívar (BOL), em 1989, e o Pachuca (MEX), no qual se aposentou, foram os principais.

2 – Polo (Luciano Polo)
Racing (ARG) – 1975
Zagueiro que começou no Racing (ARG), em 1975. Depois passou pelo San Martín de Mendoza (ARG), em 1978, Sarmiento de Junín (ARG), entre 1981 e 1982, e Chacarita Juniors, em 1984.

3 – Dama (José Eduardo de Souza)
Corinthians – 1986
Zagueiro com físico avantajado e de pouca técnica. Veio da Ferroviária de Araraquara (SP) para o Corinthians. Nunca se firmou como titular absoluto da posição no Timão. Herdou o apelido de seu pai, que jogou no São Paulo na década de 1960.

4 – Game (Estebán Game)
Rosario Central (ARG) – 1986
Jogou apenas uma partida na primeira divisão argentina em toda a sua carreira, no Rosario Central (ARG), em 1986. No entanto, foi suficiente para deixar seu nome gravado nas páginas de glória do clube. Depois, com a fama adquirida por ter sido parte daquele elenco, conseguiu jogar mais alguns jogos na Série B, com o Argentino de Rosário (ARG), até que encerrou a carreira.

6 – Wayne Bridge (Wayne Michael Bridge)
Chelsea (ING) – 2003
Lateral-esquerdo inglês que disputou as Copas do Mundo de 2002 e 2006. Apesar de ter jogado em grandes clubes ingleses, como Chelsea (ING) e Man-

chester City (ING), Bridge ganhou as manchetes dos jornais quando se tornou pública a polêmica em que a sua esposa teria tido um caso com John Terry, antigo parceiro de Chelsea. O escândalo fez com que Terry perdesse a braçadeira de capitão do English Team e foi fundamental para a queda de rendimento de Bridge.

5 – Baraja (Rubén Baraja Vegas)
Real Valladolid (ESP) – 1995
Volante espanhol descoberto no Real Valladolid (ESP) em 1995. Depois passou pelo Atlético de Madrid (ESP), mas o grande auge da sua carreira chegaria em 2000, quando foi comprado pelo Valencia (ESP), vencendo duas ligas locais (2001/02 e 2003/04), Supercopa Europeia, a Copa Uefa em 2004 e a Copa do Rei de 2008. Despediu-se do futebol e do Valencia (ESP) em 2010. Desde então, comenta os jogos na televisão valenciana.

8 – Marcos Senna (Marcos Hënsmut Senna da Silva)
Villarreal (ESP) – 2002
Volante revelado pelo Rio Branco de Americana (SP) e que passou pelo Corinthians entre 1999 a 2001, fazendo parte do elenco campeão do Brasileirão de 1999 e do Mundial de Clubes da Fifa de 2000. No São Caetano foi titular da equipe vice-campeã da Libertadores da América de 2002. No mesmo ano, desembarcou na Espanha. O sucesso no Vilarreal (ESP) o credenciou a representar a Seleção Espanhola na Copa do Mundo de 2006, sendo o primeiro brasileiro a jogar o torneio pela Espanha. Também disputou e venceu a Eurocopa de 2008 pela Fúria.

10 – Ludo Coeck (Ludovic Coeck)
Internazionale (ITA) – 1983
Meio-campista belga que se destacou na década de 1970 e até a metade dos anos 1980. Jogou a Copa do Mundo de 1982 e a Eurocopa de 1984 representando o seu país. Faleceu em 1985 num acidente automobilístico.

7 – Cassino (Esteba Daniel Cassino)
Defensores (ARG) – 2007
Meio de campo que começou a carreira no Defensores de Belgrano (ARG), em 2007. Depois passou para o Deportivo Merlo (ARG) e Deportivo Español (ARG). Quase perdeu a vida quando um grupo de delinquentes o atacou na estação de trem de Linier, bairro de Buenos Aires (ARG). O atleta recebeu golpes de arma branca e ficou inconsciente.

9 – Loto (Leandro Loto)
Victoriano Arenas (ARG) – 1999
Atacante, Leandro Loto surgiu no Victoriano Arenas de Avellaneda (ARG), em 1999. Lá ficou até 2004, ano em que passou para o Claypole (ARG), onde jogou a temporada 2004/05.

11 – Victor Palito (Victor de Jesus Dourado)
Moto Clube – 2006
Atacante que se destacou na Copa São Paulo de Futebol Juniores, em 2006, quando fez parte da seleção do torneio e diversos clubes grandes do Brasil quiseram contratá-lo. A revelação acabou não vingando e passou rapidamente por clubes como Ipatinga, CRAC, Mirassol, entre outros.

SELEÇÃO
TIMES

1 – Ferro (Óscar Julio Ferro Góndara)
Ferro Carril (ARG) – 1995
Goleiro uruguaio que teve integração total com o Ferro Carril (ARG), a começar pelo nome. Não foi xará dos outros times em que atuou, mas destacou-se no Peñarol (URU), clube onde começou e encerrou a carreira, Sporting Cristal (PER) e Compostela (ESP).

2 – Bilbao (Rodrigo Martín Bilbao)
Vélez Sarsfield (ARG) – 1994
Mesmo com o nome do time espanhol, só jogou por equipes argentinas, e mesmo assim sem muito brilho.

3 – André Bahia (André Luiz Bahia Santos Viana)
Flamengo – 2001
Zagueiro canhoto que surgiu aos 18 anos no Flamengo. Depois de jogar no futebol holandês e turco, foi contratado pelo Botafogo em 2013. Começou na reserva, mas ganhou espaço no clube e tornou-se um dos principais atletas até a sua saída no final de 2014 para o Japão.

4 – Bocca (Pedro José Bocca)
Platense (ARG) – 2005
Zagueiro que poderia causar uma confusão danada nas partidas contra o homônimo Boca Juniors (ARG). Mas a carreira de Pedro Bocca não permitiu que tal proeza acontecesse com frequência, por ele jogar apenas por equipes modestas, principalmente da segunda divisão argentina.

6 – Douglas Santos (Douglas dos Santos Justino de Melo)
Atlético (MG) – 2014
Jovem lateral-esquerdo revelado pelo Náutico e que jogou no Granada (ESP) e na Udinese (ITA). Foi contratado pelo Atlético (MG) em agosto de 2014 e fez parte do elenco campeão da Copa do Brasil de 2014.

Defendeu a Seleção Brasileira nas categorias Sub-20 e Sub-21.

5 – Corrêa (Carlos Rodrigues Corrêa)
Palmeiras – 2003
Volante de passes e cobranças de faltas precisas com passagem marcante pelo Palmeiras, quando formou o time titular do Verdão campeão da Série B do Brasileirão de 2003. Após jogar na Ucrânia, voltou para o Brasil e vestiu a camisa do Flamengo, Atlético (MG), novamente do Palmeiras e da Portuguesa.

7 – Roque Santa Cruz (Roque Luis Santa Cruz Cantero)
Bayern de Munique (ALE) – 1999
Atacante alto e muito forte fisicamente, sua carreira foi baseada em passagens por clubes europeus. Revelado pelo Olimpia (PAR), jogou no Bayern de Munique (ALE), Manchester City (ING), Málaga (ESP), entre outros. Disputou as Copas do Mundo de 2002, 2006 e 2010, tendo marcado sete tentos na competição. É o maior artilheiro da história da Seleção Paraguaia, com trinta gols.

8 – Vélez (José Iván Vélez Castillo)
América de Cáli (COL) – 2007
Colombiano que joga como segundo volante e tem função defensiva. Sua carreira é baseada no futebol do seu país, apesar da rápida passagem pelo Independiente (ARG) entre 2011 e 2012.

9 – Valencia (Adolfo José Valencia Mosquera)
Independiente Santa Fé (COL) – 1988
Atacante que fez parte da geração de ouro da Seleção Colombiana, junto com nomes como Rincón, Valderrama, Asprilla, entre outros. Disputou as Copas do Mundo de 1994 e 1998. Rápido e goleador, correu o mundo jogando no Bayern de Munique (ALE), Atlético de Madrid (ESP), Reggiana (ITA), PAOK (GRE), NY Metro Stars (EUA) e futebol chinês. O Independiente Santa Fé (COL) foi o seu principal clube na Colômbia.

10 – Paulinho Criciúma (Paulo Roberto Rocha)
Botafogo – 1989
Foi um dos heróis do Fogão na conquista do bicampeonato carioca de 1989 e 1990, dando fim ao jejum de 21 anos sem títulos do clube. No Brasil, atuou ainda no Internacional (RS), Criciúma, entre outros clubes de menor expressão. Também jogou na Coreia do Sul, Japão, Estados Unidos, Canadá e México.

11 – San Lorenzo (Julio San Lorenzo)
Racing (ARG) – 1963
Atacante que jogou a temporada de 1963 no Racing (ARG), vindo do Nueva Chicago (ARG). No ano seguinte passou a atuar pelo Banfield (ARG).

SELEÇÃO NARRADORES

1 – Sílvio Luiz (Sílvio Luiz de Oliveira de Paula)
São Caetano – 2000
Despontou no São Caetano e foi o goleirão nas campanhas dos vice-campeonatos brasileiros de 2000 e 2001 e da Libertadores de 2002. Pelo Azulão foi campeão paulista de 2004. Teve passagens rápidas e apagadas pelo Corinthians e Vasco. Em 2008, sofreu um grave acidente automobilístico quando jogava pelo Boavista (RJ). Ficou afastado por dois anos dos gramados e voltou a jogar no Duque de Caxias (RJ).

2 – Silvério (Silvério Júnio Gonçalves da Silva)
Rio Ave (POR) – 2014
Jovem defensor português de apenas 19 anos, que atua principalmente como zagueiro. Foi revelado pelo Rio Ave (POR) e está emprestado para o Famalicão (POR) para ganhar experiência.

3 – Oscar (José Oscar Bernardi)
São Paulo – 1980
Zagueiro que aliava a força física e a presença na área com uma certa qualidade com a bola nos pés. Revelado em 1973 na Ponte Preta, em pouco tempo passou a ser pretendido pelos principais clubes do Brasil, ainda mais quando foi convocado para a Seleção Brasileira. Em 1979, foi para o New York Cosmos (EUA). Voltou para o São Paulo alguns meses depois, em 1980, permanecendo no Tricolor até 1987, entrando para a história do clube como um dos melhores beques de todos os tempos. A dupla de zaga com Darío Pereyra tornou-se referência. Em 1987, decidiu embarcar na aventura de desbravar o futebol japonês, indo jogar no Nissan Motors (JAP), onde se aposentaria em 1990. Pela Seleção Brasileira disputou as Copas do Mundo de 1978, 1982 e 1986, tendo sido o capitão na edição disputada na Espanha.

4 – Osmar (Jorge Osmat Guarnelli)
Botafogo – 1970
Também conhecido como Osmar Guarnelli, foi um zagueiro que se destacou no Fogão no período de 1970 a 1979, época em que o clube ficou 21 anos sem títulos. Jogou ainda no Atlético (MG), sendo campeão mineiro em cinco oportunidades, e na Ponte Preta, clube onde encerrou a carreira. Tornou-se um técnico requisitado nas décadas de 1990 e de 2000.

6 – Pedro Luiz (Pedro Luiz Vitorino)
São Paulo – 1996
Zagueiro de muita raça, mas lento devido ao seu porte físico. Despontou na Ponte Preta e foi contratado pelo São Paulo, permanecendo no clube nos anos de 1996 e 1997. Depois atuou em equipes menores do interior paulista e no Paraná Clube.

5 – Luciano (Luciano Williams Dias)
Grêmio – 1995
Zagueiro revelado no Grêmio. Apesar de ser reserva imediata dos zagueiros Rivarola e Adílson, disputou várias partidas importantes por jogar tanto do lado direito como do esquerdo. Em 1999, foi negociado com o Corinthians e na temporada seguinte com o futebol japonês. No Grêmio foi campeão da Libertadores de 1995, Brasileiro de 1996 e da Copa do Brasil de 1997. Já pelo Corinthians fez parte do grupo campeão brasileiro de 1999 e do Mundial de Clubes da Fifa de 2000.

8 – Milton (Milton Luiz de Souza Filho)
Coritiba – 1987
Despontou com a camisa do Coritiba no Campeonato Brasileiro de 1988. Era um meia de boa capacidade técnica e passadas largas, que disputou os Jogos Olímpicos de 1988, em Seul, na Coreia do Sul. Depois foi negociado com o Como (ITA) e encerrou a carreira jogando no futebol suíço.

10 – Galvão (José Antônio Martins Galvão)
Santos – 2006
Centroavante bastante rodado, tendo duas passagens pelo futebol suíço e japonês. As principais equipes que defendeu na carreira foram o Santos, onde conquistou o Campeonato Paulista de 2006, o Atlético (MG), sagrando-se campeão brasileiro da Série B em 2006, o São Caetano e o Bahia.

7 – Cléber (Cléberson Luciano Frolich)
Bahia – 2007
Meia-atacante canhoto e excelente cobrador de faltas. Foi revelado pelo Grêmio, porém, após jogar em vários clubes, destacou-se na Portuguesa em 2005. Em 2007, conseguiu o feito de jogar no mesmo ano nos principais clubes da Bahia: Vitória e Bahia. Foi atuando no Tricolor de Aço na Série C do Brasileirão do mesmo ano que Cléber sofreu um AVC e, após ser operado, faleceu quase dois meses depois.

9 – Gigliotti (Emmanuel Gigliotti)
Boca Juniors (ARG) – 2013
Centroavante no estilo argentino de muita disposição e garra. Jogou em equipes menores do seu país, como o All Boys (ARG) e o Colón (ARG), além do San Lorenzo (ARG). Em 2013, chegou ao Boca Juniors (ARG), contratado do Novara Calcio (ITA).

11 – Geraldo José (Geraldo José da Silva)
Palmeiras – 1961
Também ficou conhecido no futebol como Geraldo II. Os melhores momentos da carreira deste atacante, que jogava também como centroavante e ponta-esquerda, foram jogando pelo Náutico, clube que o revelou, e o Palmeiras. Também não foi mal no Flamengo, conquistando o Campeonato Carioca de 1963. Mas suas passagens por Corinthians e Sport foram discretas.

GRUPOS

ANIMAIS

NATUREZA

GASTRONOMIA

MERCADO

FÉ

FAMÍLIA

GEOGRAFIA

ESPORTES

CORPO & ALMA

MÚSICA

ARTES

VALE-TUDO

GRUPO

CORPO & ALMA

SELEÇÕES

CORPO HUMANO

CABELOS E PELOS

SEXUAL

CARAS LEGAIS

BELEZA

SEDUTORES

DUPLO SENTIDO

SELEÇÃO CORPO HUMANO

1 – Marcelo Lomba (Marcelo Lomba do Nascimento)
Flamengo – 2008
Goleiro oriundo das categorias de base do Flamengo e que no clube carioca nunca teve uma sequência de partidas como titular. Sem espaço, transferiu-se para o Bahia em 2011, clube onde completou duzentas partidas em outubro de 2014. Transferiu-se em 2015 para a Ponte Preta e retornou para o Bahia em 2016.

2 – Ruy Cabeção (Ruy Bueno Neto)
América (MG) – 2000
Lateral-direito que começou a carreira atuando no meio de campo. Revelado pelo América (MG), se destacou no Cruzeiro e Botafogo. Também jogou pelo Figueirense, Náutico, Grêmio e Fluminense, além de clubes com menos expressão. É um dos líderes do Bom Senso Futebol Clube, movimento criado pelos atletas profissionais para exigir melhorias em todos os processos do futebol brasileiro.

3 – Nariz (Álvaro Lopes Cançado)
Botafogo – 1934
Zagueiro que se destacou no futebol brasileiro na década de 1930, tanto que disputou a Copa do Mundo de 1938. O Atlético (MG) foi o seu primeiro clube, porém despontou no Botafogo, que defendeu de 1934 a 1941. No Fogão formou a defesa que recebeu o sugestivo apelido de Esquadrão de Cavalaria, por causa do jogo pesado e às vezes violento. Ainda teve uma breve passagem pelo Fluminense, em 1933. Tornou-se ortopedista após deixar o futebol, sendo responsável pela fundação do primeiro departamento médico do Botafogo.

4 – Costacurta (Alessandro Costacurta)
Milan (ITA) – 1987
Formou uma das melhores defesas da história do Milan (ITA), quando atuou ao lado dos craques Baresi e Paolo Maldini. Era um zagueiro de categoria e também jogava como lateral-direito. Atuou em apenas duas

equipes: Monza (ITA), temporada 1986/87, e o Milan (ITA), por mais de vinte anos. Disputou as Copas do Mundo de 1994 e de 1998.

6 – Bocão (Jonathan Ferreira da Silva)
Avaí – 2014
Lateral que se destaca mais pelo apelido do que pelo futebol. Sua carreia é composta de passagens por clubes de menor expressão e pelo Vila Nova, Avaí, Goiás e CRB.

5 – Luciano Sorriso (Luciano Pazzini Prado)
Figueirense – 2005
Volante e meia que viveu a sua melhor fase no Figueirense, sendo contratado a seguir pelo Flamengo, onde não brilhou. Rodou por vários outros clubes, sendo os principais Ponte Preta, Santa Cruz e Atlético (GO).

8 – Marcelo Costa (Marcelo Pereira da Costa)
Juventude – 2000
Acumula passagens por equipes como Grêmio, Palmeiras, Juventude (RS) e Goiás. Pelo Joinville foi um dos principais jogadores do elenco que foi campeão da Série B do Brasileiro em 2014. Atualmente está no Paysandu.

10 – Edson Pezinho (Edson José Carvalho)
Corinthians – 1991
O Corinthians, clube que defendeu em 1991, foi o principal time da carreira deste meia, que atuou ainda no Novorizontino, onde foi vice-campeão paulista em 1990, e no Guarani. Atualmente é técnico e trabalha principalmente em equipes do interior de São Paulo.

7 – Valdir Bigode (Valdir de Moraes Filho)
Vasco da Gama – 1993
Iniciou a carreira e conquistou vários títulos pelo Vasco, clube onde jogou de 1992 a 1994 e voltou entre 2001 e 2004. Também se destacou no São Paulo, Atlético (MG), Botafogo e Santos. Jogou ainda pelo Benfica (POR) e no futebol dos Emirados Árabes Unidos.

9 – Washington "Coração Valente"
(Washington Stecanela Cerqueira)
Atlético (PR) – 2004
Centroavante clássico de área sem muita habilidade com a bola, mas enorme faro de gol. Após ser revelado pelo Caxias e ter passagens pelo Internacional (RS), Grêmio, Ponte Preta e Paraná, ganhou projeção ao jogar no futebol turco, no Fenerbahçe (TUR). Foi na Turquia que teve que realizar a sua primeira operação cardíaca. O procedimento cirúrgico teve que ser repetido na sua volta ao Brasil, após realizar exames no Atlético (PR). Ficou afastado dos gramados por 14 meses, até que, em 2003, jogou pelo mesmo Atlético (PR), onde vive um dos melhores momentos na sua carreira, sendo o artilheiro do Brasileirão de 2004. Graças à sua recuperação, Washington foi apelidado de Coração Valente. Depois do Furacão, foi para o futebol japonês e em 2008 se transferiu para o Fluminense. Também defendeu o São Paulo e encerrou a carreira voltando para o Fluminense, onde ganhou o Campeonato Brasileiro de 2010.

11 – Dentinho (Bruno Ferreira Bonfim)
Corinthians – 2007
Teve a primeira oportunidade na terrível campanha do Corinthians no Brasileirão de 2007, quando o Timão acabou sendo rebaixado. Na época usava o nome de Bruno Bonfim. A partir de 2008 a diretoria alvinegra apostou no menino, que passou a usar o apelido Dentinho. Foi a principal revelação na conquista da Série B do Brasileiro no mesmo ano, tornando-se ídolo da torcida. Em 2011, foi negociado com o Shakhtar Donetsk (UCR). Pouco utilizado, foi emprestado para o Besiktas (TUR), voltando para a Ucrânia posteriormente. Dentinho é o autor do gol de número 10.000 do Corinthians. Mas muitos garantem que seu maior golaço foi o casamento com a modelo Danielle Souza, a Mulher Samambaia.

SELEÇÃO CABELOS E PELOS

1 – Cabeção (Luís Morais)
Corinthians – 1951
Cabeção foi reserva de Castilho na Copa do Mundo de 1954 e disputou a posição no Corinthians com Gilmar dos Santos Neves. Jogou também pela Portuguesa, Bangu e Comercial (RP).

2 – Barbas (Juan Barbas)
Racing (ARG) – 1977
Volante argentino que fez parte do elenco da seleção na Copa do Mundo de 1982. Após iniciar a carreira no Racing (ARG), teve passagem de dez anos pelo futebol europeu, jogando pelo Real Zaragoza (ESP), Lecce (ITA), Locarno (SUI) e o Sion (SUI). Ao retornar para a Argentina, jogou pelo Huracán (ARG), Alvarado (ARG) e All Boys (ARG). Tornou-se treinador.

3 – Calvo (José Maria Calvo)
Boca Juniors (ARG) – 2000
Zagueiro que está no Boca Juniors (ARG) desde 2000 e coleciona uma série de títulos importantes, como as Libertadores de 2001 e 2003 e o Mundial de Clubes de 2003.

4 – Peluso (Ferederico Peluso)
Juventus (ITA) – 2013
Zagueiro italiano cujos principais clubes foram o Atalanta (ITA), Juventus (ITA) e o Sassuolo (ITA). É considerado um jogador moderno que pode exercer várias funções e jogar em diferentes posições.

6 – Bigode (João Ferreira)
Fluminense – 1943
Lateral-esquerdo que foi titular do Brasil na Copa do Mundo de 1950. Sua carreira por clubes contou com passagens pelo Atlético (MG), duas passagens pelo Fluminense e Flamengo.

5 – Fábio Capello (Fábio Capello)
Roma (ITA) – 1969
Jogava como volante. Após passar pelo Roma (ITA), destacou-se na Juventus (ITA), conquistando três tí-

tulos nacionais e recebendo as primeiras convocações para a seleção. Em 1976, foi jogar no Milan (ITA), encerrando a carreira em 1980. Como jogador, disputou e marcou gol na Copa do Mundo de 1974. Foi no próprio Milan que teve as primeiras experiências como treinador. Dirigiu a Seleção Russa na Copa do Mundo de 2014.

8 – Piolho (Antônio Jesuíno da Silva)
Vitória – 1973
Piolho foi um defensor que se caracterizava pela raça e pelas arrancadas. Começou no Conquista, time do interior baiano. Em 1973, foi para o Vitória e no ano seguinte, ignorando a enorme rivalidade, assinou com o Bahia. Ganhou o apelido ainda garoto, por perturbar a todos.

10 – Mauro Shampoo (Mauro Texeira Thorpe)
Íbis (PE) – 1980
É considerado o maior jogador do Íbis (PE), "O pior time do mundo". O time pernambucano ganhou a honraria pelas várias sacoladas que levava e por ter ficado três anos sem ganhar um jogo, na década de 1980. Shampoo foi um meio-campista sem qualidades técnicas, tanto que marcou apenas um gol em toda a sua carreira. Mesmo assim era o camisa 10 do time. Trabalhava como cabelereiro até quando era jogador. Recebeu várias homenagens, como a música *A Incrível História de Mauro Shampoo*, composta por Oswaldo Montenegro, e dois filmes: *Mauro Shampoo – Jogador, Cabelereiro e Homem* e *Mauro Shampoo – o pior camisa 10 do mundo*.

7 – Gareca (Ricardo Alberto Gareca Nardi)
Boca Juniors (ARG) – 1978
Goleador nato, iniciou no Boca Juniors (ARG). Em seguida, jogou no Sarmiento (ARG), onde se destacou pelos vários gols marcados, que credenciaram a sua volta para o Boca Juniors (ARG), permanecendo no clube por mais três anos. Jogou rapidamente no arquirrival River Plate (ARG) e se transferiu para o América de Cáli (COL), a única experiência internacional da carreira. Brilhou ainda no Vélez Sarsfield (ARG) e no Independiente (ARG). Tornou-se treinador, e foi no Vélez Sarsfield (ARG) que viveu o auge da carreira. Em 2014, foi contratado pelo Palmeiras, mas fez uma campanha pífia e foi dispensado após três meses no comando do Verdão.

9 – Careca (Antônio de Oliveira Filho)
Guarani – 1978
Caracterizava-se por ser um centroavante habilidoso e muito inteligente e aos 18 anos foi um dos principais jogadores na conquista do Campeonato Brasileiro de 1978 pelo Guarani. Em 1983, foi contratado pelo São Paulo, sendo novamente determinante no título do Brasileirão de 1986. De 1987 a 1993 vestiu a camisa do Napoli (ITA) e formou uma grande dupla com Diego Maradona, sendo campeão italiano na temporada 1989/90. Passou pelo futebol japonês, Santos e encerrou a carreira no pequeno São José de Porto Alegre. Pela Seleção Brasileira disputou a Copa do Mundo de 1986 e era nome certo na Copa anterior, em 1982, mas foi cortado em cima da hora por causa de uma contusão. Tornou-se dirigente ao encerrar a carreira e fundou o Campinas F.C., ao lado do também ex-jogador Edmar. Porém o clube deixou de existir em 2010.

11 – Crespo (Hernán Jorge Crespo)
River Plate (ARG) – 1993
Atacante argentino com faro de gol nato. Jogou as Copas do Mundo de 1998, 2002 e 2006. Marcou época ao fazer dezenove gols nas Eliminatórias para a Copa de 1998. É o terceiro maior artilheiro da sua seleção, ficando atrás apenas de Batistuta e Messi. Começou no River Plate em 1993. Após três anos foi para a Europa e nunca mais atuou por uma equipe de seu país. Na sua vasta lista de clubes, destacam-se a Internazionale (ITA), o Chelsea (ING) e o Milan (ITA).

SELEÇÃO SEXUAL

1 – Javi Varas (Javier Varas Herrera)
Sevilla (ESP) – 2008
Goleiro espanhol que surgiu no Sevilla (ESP). Foi emprestado em 2012 para o Celta (ESP) e, em 2014, foi contratado em definitivo pelo Real Valladolid (ESP).

2 – Bustos (Rubén Darío Bustos Torres)
Grêmio – 2007
Lateral-direito colombiano de bom apoio ao ataque e cobrador de faltas. Após se destacar atuando em clubes do seu país, foi contratado pelo Grêmio. Em 2008, trocou de camisa e foi para o arquirrival Internacional (RS), onde permaneceu por duas temporadas. Em 2010, retornou para a Colômbia.

3 – Marco Cassetti (Marco Cassetti)
Roma (ITA) – 2006
Defensor italiano que passou por vários clubes do seu país e que também jogou na Inglaterra, no Watford (ING). Foi o primeiro jogador do Lecce (ITA) a jogar pela Seleção Italiana principal.

4 – Salvatore Bocchetti (Salvatore Bocchetti)
Genoa (ITA) – 2008
Zagueiro canhoto italiano de forte pegada, jogou com destaque no Genova (ITA) e teve passagem rápida pelo Milan (ITA). Transferiu-se para a Rússia, tendo defendido o Rubin Kazan (RUS) e o Spartak Moscou (RUS). Pela Seleção Italiana disputou a Copa do Mundo de 2010.

6 – Phillip Cocu (Phillip John William Cocu)
Barcelona (ESP) – 1998
Volante holandês de forte marcação e qualidade, com boa visão e saída de jogo. Esteve nos Copas do Mundo de 1998 e 2006. PSV Eindhoven (HOL), com duas passagens, e Barcelona (ESP) foram os principais clubes onde atuou.

5 – Suíngue (Álvaro Aparecido Pedro)
Palmeiras – 1966
Volante, meia e até ponta recuado. Formado na Prudentina de Presidente Prudente (SP), foi contratado pelo Palmeiras em 1966, onde formou o meio de campo ao lado de Ademir da Guia. Jogou ainda no Fluminense, Corinthians e Vasco.

8 – Verônica Boquete (Verônica Boquete Giadans)
Seleção Espanhola Feminina – 2004
Meia da Seleção Espanhola de futebol feminino, iniciou a carreira em times do próprio país. Como a Espanha não é um grande centro do esporte para as mulheres, Boquete mudou para locais mais importantes e evoluídos, defendendo equipes dos Estados Unidos, Rússia e Suécia.

10 – Ana Buceta (Ana Buceta Rodríguez)
Seleção Espanhola Feminina – 2010
Meio-campista avançada que frequenta a Seleção Espanhola de futebol feminino desde as categorias de base. Atua no Levante UD (ESP) e é considerada uma atleta de grande futuro.

7 – Milton Caraglio (Milton Joel Caraglio)
Rosario Central (ARG) – 2007
Centroavante argentino de força física. Revelado no Rosario Central (ARG), também teve passagem pelo futebol norte-americano e mexicano. Passou rapidamente pelo Pescara (ITA) e voltou para a Argentina jogando pelo Arsenal de Sarandi (ARG), Vélez Sarsfield (ARG) e Dorados (MEX).

9 – João Pinto (João Manuel Vieira Pinto)
Benfica (POR) – 1992
Atacante português que agrediu o árbitro na derrota por 1 X 0 para a Coreia do Sul, na Copa do Mundo de 2002. Aliás, meter-se em confusões e agressões contra os adversários foram fatos comuns na vida do atleta. João Pinto fez parte da "Geração de Ouro" portuguesa, que havia sido bicampeã mundial Sub-21. Foi revelado pelo Boavista (POR), passou pelo Atlético de Madrid (ESP) e tornou-se ídolo no Benfica (POR), onde recebeu o apelido de Menino de Ouro. Após desentendimento com a direção, trocou o Benfica (POR) pelo rival Sporting (POR), onde também se destacou e conquistou a torcida. Encerrou a carreira após um retorno ao Boavista (POR) e passagem pelo Braga (POR).

11 – Shota Arveladze (Shota Arveladze)
Ajax (HOL) – 1997
Atacante nascido na Geórgia, que passou por várias equipes de diferentes países: URSS, Geórgia, Turquia, Holanda, Escócia e Espanha, vivendo o auge no Ajax (HOL), onde jogou de 1997 a 2001. Tornou-se treinador.

SELEÇÃO CARAS LEGAIS

1 - Carlos Alberto Cavalheiro (Carlos Alberto Martins Cavalheiro)
Vasco da Gama – 1951
Goleiro revelado no Vasco, que jogou no clube de 1951 a 1957. Permaneceu na colônia e transferiu-se para a Portuguesa em 1958, encerrando a carreira no clube paulista. É curiosa a razão da mudança de clube: Cavalheiro era militar da ativa da Aeronáutica e foi transferido para São Paulo, o que o obrigou a se desligar do Vasco. Jogou toda a carreira como amador. Só disputou uma Copa do Mundo após deixar o futebol, quando esteve na Alemanha, em 1974, como supervisor da Seleção Brasileira.

2 - Jérome Boateng (Jérome Agyenim Boateng)
Bayern de Munique (ALE) – 2011
Lateral e zagueiro alemão com ascendência ganesa. É meio-irmão do também jogador Kevin-Prince Boateng, que defende a seleção de Gana. Jérome é presença constante na Seleção Alemã desde o Sub-17. Estreou no time principal da Alemanha em 2009 e já disputou as Copas do Mundo de 2010 e de 2014, onde foi titular do time que se sagrou tetracampeão mundial. Em relação à sua carreira nos clubes, foi revelado no Hertha Berlin (ALE) e passou pelo Hamburgo (ALE) e Manchester City (ING), jogando pelo Bayern de Munique (ALE) desde 2011.

3 - Flávio Boaventura (Flávio de Souza Boaventura)
Atlético (PR) – 2011
Zagueiro alto e forte que começou no Joinville, em 2007. Jogou em diversas equipes brasileiras. Em 2014, foi para o Paço Ferreira (POR).

4 - Curtis Good (Curtis Edward Good)
Newcastle (ING) – 2012
Zagueiro australiano que fez parte da pré-lista de convocação do seu país para a Copa de 2014, sendo excluído por estar contundido. Já atuou no futebol inglês e escocês.

6 – Cláudio Gentile (Cláudio Gentile)
Juventus (ITA) – 1973
Este nome ainda causa arrepios em muitos brasileiros. Gentile foi um dos destaques da Itália na vitória sobre o Brasil na Copa de 1982 e nessa partida fez de tudo para parar Zico e cia., inclusive dando entradas ríspidas e fortes. Parece brincadeira, mas seu jogo nunca teve nada de "Gentile", chegando a ser considerado pelo jornal inglês *The Times* como o oitavo jogador mais rude de todos os tempos. Apesar da fama, o lateral-esquerdo só foi expulso uma vez na carreira, e mesmo assim porque colocou a mão na bola. É inegável que Gentile formou uma das linhas de defesa mais sólidas da história do futebol na Seleção Italiana, ao lado de Dino Zoff, Gaetano Scirea e Antonio Cabrini. Com a Itália disputou duas Copas do Mundo: 1978, quarto colocado, e 1982, conquistando o tricampeonato da Azurra. Ficou identificado com a Juventus (ITA), clube onde atuou de 1973 a 1984. Uma curiosidade é que Gentile nasceu em Trípoli, capital da Líbia, antiga colônia da Itália. Tornou-se técnico e dirigiu a Seleção Italiana Sub-21 de 2000 a 2006.

5 – Bonamigo (Paulo Bonamigo)
Grêmio – 1983
Meio-campista que jogou durante as décadas de 1970 e 1980. O Grêmio foi a sua principal equipe, conquistando a Libertadores e o Mundial de Clubes de 1983. Internacional (RS), Botafogo e Rio Branco de Americana (SP) foram os outros clubes onde ele jogou. Tornou-se um técnico bastante requisitado.

8 – Fábio Simplício (Fábio Henrique Simplício)
São Paulo – 2000
Volante voluntarioso e dedicado que é especialista na marcação no melhor estilo "carregador de piano". Começou no São Paulo e jogou ainda no Parma (ITA), Palermo (ITA), Roma (ITA), onde viveu um grande momento, e no futebol japonês.

10 – Modesto (Francesco Modesto)
Parma (ITA) – 2011
Seu nome deve ter influenciado a sua carreira, pois este meio-campista e lateral-esquerdo acumulou passagens por equipes medianas e pequenas do futebol italiano, como o Palermo (ITA) e o Parma (ITA).

7 – Franco (Darío Javier Franco Gatti)
Seleção Argentina – 1991
Como jogador, começou a carreira no Newell's Old Boys (ARG) e após quatro anos foi jogar na Espanha, no Real Zaragoza (ESP). O sucesso chegou quando o atacante se transferiu para o futebol mexicano, onde defendeu o Atlas (MEX) e o Monarcas Morelia (MEX). Pela Seleção Argentina se destacou na Copa América de 1991. Deixou os campos em 2004 e desde 2006 tem se dedicado à carreira de treinador.

9 – Bueno (Carlos Heber Bueno Suárez)
Boca Juniors (ARG) – 2007
Atacante uruguaio que representa perfeitamente a carreira dos jogadores de seu país. Bueno foi revelado pelo Peñarol (URU) e a partir de 2006 ganhou o mundo, indo jogar na França, Portugal, Argentina, Espanha, Chile e México.

11 – Rodrigo Pimpão (Rodrigo Pimpão Vianna)
Vasco da Gama – 2009
Surgiu no Paraná, mas foi no Vasco que se destacou na campanha do título da Série B do Brasileiro de 2009. Depois jogou no Japão, na Coreia do Sul e até no Irã, além de clubes brasileiros como Ponte Preta e América (RN). Atualmente está no Botafogo.

SELEÇÃO BELEZA

1 – Chloë Bellavia (Chloë Bellavia)
Standard Liege (BEL) – 2010
Goleira belga que era considerada uma promessa, mas parou a carreira para se dedicar aos estudos.

2 – Arlindo (Arlindo Galvão)
São Paulo – 1971
Quarto zagueiro que fazia da marcação o seu ponto forte. Teve duas passagens pelo São Paulo. Também era conhecido como Arlindo Galvão e jogou no Tricolor ao lado de craques como Roberto Dias, Gérson, Pedro Rocha e Toninho Guerreiro.

3 – Belorukov (Dmitri Belorukov)
Zenit (RUS) – 2002
Zagueiro russo que teve a carreira baseada em times locais. Começou em 2002 no pequeno F.C. Petrotrest (RUS), sendo transferido no mesmo ano para o Zenit (RUS). Jogou ainda no Anzi Makhachkala (RUS) e está desde 2005 no Amkar Perm (RUS). Um detalhe interessante é que Belonukov é um azarado, já que jogou no Zenit (RUS) e no Anzi (RUS), dois clubes que se tornaram verdadeiras potências econômicas do futebol local, numa época em que ainda eram considerados clubes de pouca expressão.

4 – Bellini (Hilderaldo Luís Bellini)
Vasco da Gama – 1952
Era o capitão do Brasil, na conquista da primeira Copa do Mundo, em 1958 na Suécia. Nessa ocasião, Bellini imortalizou o gesto de levantar a taça, que segundo ele mesmo foi espontâneo, pois os fotógrafos queriam fotografar e levantando o troféu era a melhor forma de mostrá-lo. Também fez parte do grupo campeão da Copa do Mundo de 1962, mas dessa vez na reserva. Era um zagueiro que compensava a falta de técnica com a força física e a vontade. As principais equipes que defendeu foram o Vasco, de 1952 a 1961, São Paulo, de 1962 a 1967, e o Atlético (PR), 1968 e 1969, quando encerrou a carreira.

6 – Galhardo (Rafael Galhardo de Souza)
Flamengo – 2009
Revelado pelo Flamengo em 2009, tem na precisão dos passes e nas cobranças de falta as principais virtudes. Versátil, joga nas duas laterais e também como meia. No Mengão fez parte do elenco campeão brasileiro em 2009. Jogou ainda no Santos, mas foi no Bahia e no Grêmio que reencontrou o bom futebol do início da carreira. Em 2016, transferiu-se para o Anderlecht (BEL).

5 – Antônio Formoso (Antônio José Faria Formoso)
Sporting Braga (POR) – 1997
Volante português que jogou em clubes medianos e pequenos do seu país durante as décadas de 1980 e 1990. Gil Vicente (POR), Sporting Braga (POR) e Boavista (POR) se destacam no seu vasto currículo.

8 – Damian Bellón (Damian Bellón)
Aston Villa (ING) – 2006
Meia suíço que surgiu como grande promessa do seu país. Jogou na Inglaterra, no Aston Villa (ING), ainda nas categorias de base. Após profissionalizar-se, atuou por equipes de centros menores do futebol e desde 2012 joga em times gregos.

10 – Lindomar (Lindomar de Paula Queiróz)
Corinthians – 1996
Meia e volante, começou no Atlético (GO) e logo em seguida foi negociado com o Corinthians, junto com seu companheiro Romerito. Caracterizou-se por jogar em vários times de Goiás, mas sempre voltando para o Atlético (GO), onde teve três passagens no total. Também passou pelo Guarani, Gama, Brasiliense e Ponte Preta.

7 – Gatão (Vicente Naval Filho)
Corinthians – 1952
O Timão foi o principal time da carreira deste atacante, que jogou ainda no XV de Piracicaba e na Ponte Preta, além de ter trabalhado como treinador.

9 – Gallardo (Marcelo Daniel Gallardo)
River Plate (ARG) – 1992
Atacante argentino que teve presença marcante na seleção de seu país, quando disputou as Copas do Mundo de 1998 e de 2002, além de conquistar a medalha de prata nos Jogos Olímpicos de 1996. O River Plate (ARG) sempre foi a sua casa, acumulando três passagens pelo clube (1992 a 1999, 2003 a 2006 e 2009 a 2010). Entre os títulos conquistados no clube, destacam-se a Libertadores de 1996. Jogou ainda no Mônaco (FRA), Paris Saint-Gemain (FRA), D.C.United (EUA) e no Nacional (URU). Retornou para o River Plate (ARG) como treinador, em 2014, e conquistou a Copa Sul-Americana, quebrando um jejum de 18 anos do clube sem títulos internacionais.

11 – Rodrigo Lindoso (Rodrigo Oliveira Lindoso)
Botafogo – 2015
Meio-campista de boa qualidade técnica, foi revelado pelo Madureira. As boas atuações no Tricolor Suburbano o credenciaram a ser contratado pelo Fluminense, onde não se destacou. Criciúma, Marítimo (POR) e um retorno para o Madureira aconteceram antes de ser contratado pelo Botafogo em 2015.

SELEÇÃO SEDUTORES

1 – Seliga (Aleksander Seliga)
Eslovênia – 2010
Goleiro reserva da Seleção Eslovena na Copa do Mundo de 2010. Atuou a maior parte da carreira em clubes do seu país, com exceção da passagem pelo Sparta Rotterdam (HOL) no período de 2009 a 2011.

2 – Galante (Fábio Galante)
Livorno (ITA) – 2010
Defensor italiano aposentado que jogou no Empoli (ITA), onde iniciou, Genoa (ITA), Internazionale (ITA), Torino (ITA) e Livorno (ITA).

3 – Galán (Sebastián Galán Rueda)
Cerro (URU) – 2011
Zagueiro uruguaio bastante rodado e que vestiu a camisa de nove clubes de seu país, destacando-se a passagem pelo Peñarol (URU). Sua experiência internacional se limita a uma temporada na Suíça, jogando pelo Biaschesi (SUI).

4 – Juan (Juan Silveira dos Santos)
Flamengo – 1996
Zagueiro que jogou por seis anos pelo Flamengo, até transferir-se para a Europa, atuando pelo Bayer Leverkusen (ALE) e pelo Roma (ITA). Retornou para o Brasil em 2012 e assinou com o Internacional (RS). Foi titular da Seleção Brasileira nas Copas do Mundo de 2006 e 2010. Retornou ao Flamengo em 2016.

6 – Bustamante (Walter Marcelo Bustamante)
Vélez Sarsfield (ARG) – 2000
Lateral-esquerdo defensivo argentino com carreira marcada pelas suas passagens pelo Vélez Sarsfield (ARG) e pelo Banfield (ARG).

5 – Casanova (Bruno Casanova)
Ferro Carril (ARG) – 2011
Volante de marcação com passagens pelo futebol argentino, israelense, equatoriano, chileno e boliviano.

8 – Lance (Ernesto Luís Lance)
Corinthians – 1977
Meio-campista que jogou na Ferroviária de Araraquara (SP) e pelo Corinthians, que defendeu de 1971 a 1977, fazendo parte do elenco campeão paulista de 1977 e que deu fim ao jejum de quase 23 anos sem títulos do Alvinegro.

10 – Leandro Gianechini (Leandro Lessa Azevedo)
São Paulo – 2006
Atacante que ganhou destaque na campanha do Botafogo (RP) na conquista do vice-campeonato paulista de 2001. No mesmo ano foi contratado pelo Corinthians junto com seus companheiros Doni e Luciano Ratinho. Passou pelo futebol russo e voltou para o Brasil para atuar no Goiás. Depois vestiu a camisa do Fluminense e em 2006 desembarcou no São Paulo, sendo bicampeão brasileiro em 2006 e 2007. Após nova experiência internacional, dessa vez no Japão, jogou pelo Grêmio e, posteriormente, no Vasco, onde sagrou-se campeão da Copa do Brasil de 2011. O apelido Gianechini é por causa da sua beleza.

7 – Beijoca (Jorge Augusto Ferreira de Aragão)
Bahia – 1970
Centroavante polêmico e controverso, mas que dentro de campo resolvia. É um dos maiores ídolos da história do Bahia, clube no qual atuou por sete anos em três passagens distintas. Adorava uma confusão e era expulso com frequência. Jogou também pelo Sport, Flamengo, Vitória, entre outros clubes. Ganhou o apelido porque comemorava os gols mandando beijos para a torcida.

9 – Vágner Love (Vágner Silva de Souza)
Palmeiras – 2002
Despontou na Copa São Paulo de Juniores em 2003, não só dentro de campo como fora dele. Foi durante essa competição que Vágner foi flagrado com uma mulher na concentração, fato que inspirou a criação do apelido que o acompanha até hoje: Love, pois era o craque do amor também. No mesmo ano foi promovido para o profissional do Palmeiras, tornando-se um dos principais nomes da equipe na conquista da Série B do Campeonato Brasileiro de 2003. Foi negociado com o CSKA (RUS). Voltou para o Palmeiras emprestado pelo time russo, em 2009, e após ser agredido por um torcedor em uma agência bancária foi repassado para o Flamengo, seu time de coração. O destino quis que Vagner Love, com a camisa rubro-negra, marcasse o gol que decretou o rebaixamento do Palmeiras para a Série B, no empate de 1 X 1 entre o Verdão e o Flamengo em 18 de novembro de 2012. Voltou para o CSKA (RUS) em 2012. Em 2013, foi jogar na China. Retornou ao Brasil em 2015, sendo campeão brasileiro pelo Corinthians, e em 2016 transferiu-se para o Monaco (FRA).

11 – Amoroso (Márcio Amoroso dos Santos)
Guarani – 1994
Revelado nas categorias de base do Guarani e tendo uma breve passagem pelo futebol japonês, estourou no Campeonato Brasileiro de 1994, quando foi o artilheiro e a revelação do torneio, jogando pelo Bugre. Valorizado, jogou por três meses pelo Flamengo e iniciou uma longa carreira no futebol europeu, entre os anos de 1996 a 2005, jogando pela Udinese (ITA), Parma (ITA), Borussia Dortmund (ALE) e Málaga (ESP). Retornou ao Brasil e brilhou no São Paulo, sendo importante para as conquistas da Libertadores e do Mundial de Clubes em 2005. Novamente em alta, foi contratado pelo Milan (ITA), mas não brilhou no gigante italiano e logo voltou para o Brasil, dessa vez para jogar pelo Corinthians. Fechou a carreira atuando pelo Grêmio, futebol grego e, por fim, o Guarani. É sobrinho do ex-atacante Amoroso, que atuou no Fluminense e pelo Botafogo nas décadas de 1950 e 1960.

SELEÇÃO DUPLO SENTIDO

1 – Lukasz Merda (Lukasz Merda)
Formacja Port (POL) – 2000
Goleiro polonês que jogou toda a carreira em equipes de seu país.

2 – Dick (Luiz Henrique Almeida de Lima)
Ituano – 2014
Lateral-direito campeão paulista pelo modesto Ituano. Começou a carreira no A.D.Guarujá e coleciona passagens por equipes menores e medianas do futebol brasileiro, sendo que a oportunidade mais expressiva foi vestindo a camisa do Coritiba em 2008. Seu apelido em inglês é considerado um palavrão.

3 – Del Corno (Diego Del Corno)
Almirante Brown (ARG) – 2000
Zagueiro valente que tem em seu currículo uma passagem inusitada pelo futebol do Haiti, além de equipes modestas da Argentina.

4 – Argel Fucks (Argélico Fucks)
Internacional (RS) – 1993
Zagueiro que fazia o estilo xerife, usando principalmente a força física para se impor em campo. Destacou-se ainda jovem no Internacional (RS), acumulando atuações marcantes no Santos, Porto (POR), Palmeiras e Benfica (POR). Seu principal título foi a Copa do Brasil de 1992, pelo Internacional (RS). Tornou-se um respeitado treinador brasileiro com bons trabalhos realizados em clubes como Figueirense e Internacional.

6 – Bastardo (Marlon Bastardo)
Caracas (VEN) – 2011
Lateral-esquerdo venezuelano que deve sofrer bastante com seu nome e a "zoação" dos adversários. Jogou em diversos times do seu país, sendo que acumula três passagens pelo Caracas (VEN).

5 – Bostjan Cesar (Bostjan Cesar)
Chievo Verona (ITA) – 2010
Zagueiro esloveno de 1,91m que se destacou nas bolas aéreas e força e disputou a Copa do Mundo de 2010 pelo seu país. Além de equipes do seu país, atuou ainda na França e Inglaterra e atualmente está na Itália, defendendo o Chievo Verona (ITA).

8 – Franco Foda (Franco Foda)
Kaiserslautern (ALE) – 1987
Defensor alemão que jogou nas décadas de 1980 e 1990 por diversos clubes do seu próprio país, da Suíça e da Áustria. Chegou a atuar pela Seleção Alemã, mas não disputou uma Copa do Mundo. Tornou-se técnico e dirigiu o seu filho Sandro Foda no Stum Graz (AUS). Seu outro filho, Marco Foda, também é jogador profissional.

10 – Dragan Mrdja (Dragan Mrdja)
Estrela Vermelha (SER) – 2001
Atacante sérvio que tem carreira associada ao Estrela Vermelha, tradicional clube do seu país e que já foi campeão da Champions League e do Mundial de Clubes em 1991, quando ainda pertencia à extinta Iugoslávia. Também jogou em clubes da Bélgica, Rússia e Suíça. Fez parte do elenco da seleção de seu país na Copa do Mundo de 2010, mas não entrou em campo.

7 – Porras (Gonzalo Porras)
Nacional (URU) – 2016
Um dos principais nomes do time uruguaio na boa campanha realizada na Libertadores de 2016. Apesar de ser um volante de marcação e contenção, tem excelente chegada ao ataque e tem nas assistências o seu forte. Experiente, jogou em várias equipes uruguaias e no Toluca (MEX), antes de ser contratado pelo Nacional (URU).

9 – Suker (Davor Suker)
Real Madrid (ESP) – 1996
Era o centroavante e um dos principais jogadores da Croácia na surpreendente campanha na Copa do Mundo de 1998, quando seu país ficou na terceira colocação e o próprio Suker tornou-se o artilheiro máximo da competição com seis tentos. Esteve ainda na Copa do Mundo de 1990, pela Iugoslávia, e, em 2002, novamente pela Croácia. Jogou em importantes clubes europeus, como o Sevilla (ESP), Real Madrid (ESP) e Arsenal (ING).

11 – Shinji Kagawa (Shinji Kagawa)
Borussia Dortmund (ALE) – 2010
Meia-atacante habilidoso do Japão. Após destacar-se no Cerezo Osaka (JAP), teve a sua primeira oportunidade no futebol europeu jogando pelo Borussia Dortmund (ALE). Suas boas apresentações na Alemanha chamaram a atenção do Manchester United (ING), que o contratou em 2012. Após atuações discretas na Inglaterra, retornou para o Borussia (ALE). Foi o camisa 10 do Japão na Copa das Confederações de 2013 e na Copa do Mundo de 2014.

GRUPOS

GRUPO

MÚSICA

SELEÇÕES

MUSICAL

CANTO

INSTRUMENTOS

DUPLAS SERTANEJAS

ROCK NACIONAL

ROCK

CANTORES

SAMBA

MÚSICA

SELEÇÃO MUSICAL

1 – Escutti (Misael Escutti)
Colo-Colo (CHI) – 1961
Jogou os 18 anos no Colo-Colo (CHI), tornando-se um dos maiores goleiros do clube em toda a sua história. Escutti atuou em cinco dos seis jogos do Chile na Copa do Mundo de 1962, realizada no próprio Chile. Só não jogou a decisão do terceiro lugar, contra a Iugoslávia.

2 – Song (Alexandre Song)
Camarões – 2010
Volante camaronês que jogou apenas por equipes europeias. Foi formado no Bastia (FRA) e depois jogou pelo Arsenal (ING), Charlton Athletic (ING), Barcelona (ESP) e West Ham (ING). Faz parte da seleção de Camarões desde 2005 e disputou as Copas do Mundo de 2010 e 2014. Aliás, a sua participação na Copa realizada no Brasil não foi das melhores, pois foi expulso na segunda partida, contra a Croácia. Uma curiosidade é que Song chegou a jogar pela Seleção Francesa no Sub-16. Mas acabou optando por seu país natal.

3 – Roque (Marcelo José Ribeiro)
Portuguesa – 1993
Volante que quebrava um galho na zaga. Era forte na marcação e fez parte de um time histórico da Portuguesa, ao lado de outros jovens revelados na Lusa como Dener e Bentinho.

4 – Samba (Christopher Samba)
Hertha Berlin (ALE) – 2004
Zagueiro nascido na França, mas que defende a seleção do Congo. Entre os clubes que defendeu, destacam-se o Hertha Berlin (ALE), Anzi (RUS), Queens Park Rangers (ING) e o Dínamo Moscou (RUS).

6 – Flamenco (Diego Andrés Flamenco)
Olimpo (ARG) – 2010
Lateral argentino com passagens em clubes menores do seu país.

5 – Funk (Patrik Funk)
Stuttgart (ALE) – 2008
Volante alemão que joga no ritmo do batidão. Aos 17 anos foi considerado o melhor jogador na sua categoria na Alemanha e desde então vem buscando espaço. Foi revelado no Stuttgart (ALE), joga atualmente no Wehen Wiesbaden (ALE), da terceira divisão do campeonato alemão.

8 – Mozart (Mozart Santos Batista Júnior)
Flamengo – 2000
Volante de forte pegada, iniciou a carreira no Paraná Clube e passou rapidamente pelo Bordeaux (FRA). Mas ganhou projeção no Coritiba, clube que defendeu em 1999. Jogou ainda no Flamengo. Palmeiras, futebol italiano e russo. Foi o capitão da Seleção Brasileira Sub-23 que disputou os Jogos Olímpicos de 2000, em Sydney, na Austrália. Depois de deixar os gramados passou a dedicar-se à produção de cachaça tipo exportação.

10 – Suíngue (Álvaro Aparecido Pedro)
Palmeiras – 1966
Jogava de volante, meia e ponta recuado. Palmeiras, Fluminense, Corinthians e Vasco foram suas principais equipes. Ganhou o apelido do ritmo musical que fazia muito sucesso na época em que surgiu, em meados da década de 1960.

7 – Pé de Valsa (Antônio Machado de Oliveira)
Fluminense – 1945
Era um verdadeiro dançarino dentro de campo, principalmente pela facilidade em driblar. Brilhou nos tricolores Fluminense e São Paulo.

9 – Roque Santa Cruz (Roque Luis Santa Cruz Cantero)
Bayern de Munique (ALE) – 1999
Atacante paraguaio com grande fama no futebol europeu, onde atuou no Bayern de Munique (ALE), Manchester City (ING), Málaga (ESP), entre outros. É o maior artilheiro da história da Seleção Paraguaia, com trinta gols, tendo disputado as Copas do Mundo de 2002, 2006 e 2010, tendo marcado sete tentos na competição.

11 – Bruno Baião (Bruno Miguel Vinha Baião)
Benfica (POR) – 2004
Jovem atacante português que morreu aos 18 anos, em 2004, logo após ter treinado com a equipe júnior. Baião teria tido um colapso depois de receber a notícia de que o Benfica (POR) queria firmar um contrato profissional com ele.

SELEÇÃO CANTO

1 – Cantareli (Antônio Luís Cantareli)
Flamengo – 1973
Goleiro que mais vestiu a camisa do Flamengo, além de ter atuado na fase mais vitoriosa do clube. Jogou profissionalmente de 1973 a 1990, sendo que em apenas uma temporada defendeu o Náutico e o restante esteve no Mengo. Neste período pelo clube carioca, a sua carreira variou entre ser titular e ficar no banco, conquistando diversos títulos como os Brasileiros de 1980, 1982, 1983 e 1987 e a Libertadores e o Mundial de Clubes de 1981.

2 – Agudelo (Juan Pablo Agudelo)
Envigado (COL) – 2007
Defensor colombiano cuja carreira é baseada em passagens por equipes menores de seu país.

3 – Kantoutsis (Anastasios Kantoutsis)
Atromitos Athen (GRE) – 2014
Jovem zagueiro central grego de 1,93 m e que tem chamado a atenção de grandes clubes europeus. Até agora só jogou no futebol grego e já foi convocado em algumas oportunidades para a sua seleção.

4 – Tenório (Edwin Tenório)
Seleção Equatoriana – 2006
Zagueirão equatoriano que disputou as Copas do Mundo de 2002 e 2006. Destacou-se no Barcelona de Guayaquil (EQU), LDU Quito (EQU) e no Deportivo Quito (EQU), além de ter jogado na Bolívia e no México.

6 – Kante (Cédric Kanté)
Seleção de Mali – 2008
Zagueiro com dupla nacionalidade: maliano e francês. Seguindo o perfil tradicional das promessas do futebol africano, Kante tem a sua carreira baseada no futebol europeu desde as categorias de base. Suas principais equipes foram o Estrasburgo (FRA), onde foi revelado, Panathinaikos (GRE), Sochaux (FRA) e atualmente está no Ajaccio (FRA).

5 – Sissi (Sisleide do Amor Lima)
Seleção Brasileira Feminina – 1995
Meio de campo habilidosa e que foi uma das primeiras jogadoras de futebol a se destacar no Brasil. Disputou pela Seleção Brasileira Feminina duas Copas do Mundo: 1995 e 1999 (3º lugar) e foi uma das artilheiras da competição com sete gols. Também participou de dois Jogos Olímpicos: 1998 e 2000. É citada constantemente como referência por Marta e Cristiane.

8 – Lalá (Altin Lala)
Seleção da Albânia – 1996
Ex-volante albanês que se destacou com a camisa do Hannover 96 (ALE).

10 – Coro (Ferran Corominas)
Espanyol (ESP) – 2010
O Espanyol (ESP) foi a sua principal equipe. Atualmente está no Elche (ESP). Jogou apenas nas categorias de base da Seleção Espanhola.

7 – Agudiak (Iván Agudiak)
Villa Mitre (ARG) – 2010
Atacante dedicado, mas sem grande habilidade. Passou a maior parte da carreira jogando pelo pequeno Vila Mitre (ARG). Atualmente está no San Martín de Tucumán (ARG), da terceira divisão.

9 – Cantoná (Éric Cantoná)
Manchester United (ING) – 1992
Atacante francês que é considerado o melhor jogador do Manchester United (ING) de todos os tempos. Só não fez mais sucesso por causa da sua carreira cheia de polêmicas, sendo a principal delas a agressão a um torcedor do Crystal Palace (ING) que o ofendera. Cantoná simplesmente invadiu a torcida e deu uma voadora e uma série de socos no fã adversário. Por essa razão, o atacante foi suspenso por noves meses, o que lhe custou ainda a exclusão da Seleção Francesa, que seria campeã mundial em 1998. Aposentou-se aos trinta anos e virou ator e treinador da Seleção Francesa de futebol de areia.

11 – Jean Coral (Jean Carlos Alves Coral)
Botafogo – 2010
Atacante que surgiu bem no Criciúma e logo em seguida foi negociado com o futebol português. Retornou rapidamente para o Brasil e foi jogar no Botafogo, onde teve passagem apagada. Desde então rodou por vários clubes como Figueirense, Ceará, Juventude e até o Once Caldas (COL).

SELEÇÃO INSTRUMENTOS

1 – Piano (José Antonio Piano)
Platense (ARG) – 1948
Goleiro histórico do Platense (ARG), tendo atuado no clube no final da década de 1940.

2 – Cuíca (João José Venceslau)
Santa Cruz – 1969
Ponta-direita driblador que conquistou quatro títulos consecutivos com a camisa do Santa Cruz, de 1969 a 1972. Encerrou a carreira no pequeno América (PE) para estudar direito. Voltou ao futebol depois de formado, mas desta vez como árbitro, apitando diversas partidas dos Campeonatos Pernambucanos na década de 1970 e 1980.

3 – David Banjo (David Banjo)
Montrose (ESC) – 2015
Defensor inglês que atua como lateral-esquerdo ou no meio de campo. É conhecido por sua força física e já teve uma passagem discreta pelo Tottenham (ING) no início da carreira.

4 – Trombetta (Cristian Trombetta)
Nueva Chicago (ARG) – 2008
Zagueiro argentino que começou no Nueva Chicago (ARG). Com Trombetta como titular, o Nueva Chicago chegou a ser promovido à primeira divisão do Campeonato Argentino, em 2006. Jogou ainda em Portugal e ao retornar para o seu país, foi campeão do Torneio Clausura de 2012 com o Arsenal de Sarandí (ARG).

6 – Carlinhos Violino (Luís Carlos Nunes da Silva)
Flamengo – 1958
Volante e meia que dedicou toda a carreira ao Flamengo, de 1958 a 1969. Inclusive foi no Rubro-Negro que iniciou a carreira de técnico também. Com extrema técnica e toque de bola refinado, daí a origem do ape-

lido de Violino, brilhou no meio de campo flamenguista numa época de poucas glórias. Foi um dos poucos jogadores a ganhar o troféu Belfort Duarte por nunca ter sido expulso na carreira. Como técnico, comandou o Flamengo nas conquistas da Copa União de 1987 e do Brasileirão de 1992, entre outros.

5 – Pianelli (José Eduardo Pianelli)
São Paulo – 1984
Meia que teve seu melhor momento no São Paulo, jogando pelo clube de 1984 a 1987 e conquistando os títulos do Paulistão de 1985 e o Brasileirão de 1986. Surgiu no XV de Piracicaba, onde fez parte do time que conseguiu o acesso em 1983, glória que repetiu em 1989 pelo Rio Branco de Americana (SP).

8 – Giannini (Giuseppe Giannini)
Roma (ITA) – 1981
Meia que jogou por quinze anos pelo Roma (ITA), sendo o capitão por dez. Em 1984/85, começou a ganhar espaço no time titular, revezando com o brasileiro Falcão. Pouco tempo depois assumiu a posição de ídolo da fanática torcida. Alcançou o auge em 1990, quando jogou a sua única Copa do Mundo. Atualmente trabalha como treinador.

10 – Lucas Pratto (Lucas David Pratto)
Vélez Sarsfield (ARG) – 2012
Tornou-se jogador do Atlético (MG) a partir de 2015. Foi revelado pelo Boca Juniors (ARG) e depois de rodar por diversos clubes na própria Argentina e no exterior (Noruega, Itália e Chile), encontrou o seu melhor futebol jogando pelo Vélez Sarsfield (ARG).

7 – Del Vecchio (Emmanuele Del Vecchio)
Santos – 1963
Teve duas passagens marcantes pelo Santos, de 1953 a 1957 e de 1965 a 1966. Também jogou no São Paulo de 1964 a 1967. No exterior jogou na Itália e no Boca Juniors (ARG). Era um atacante rápido, técnico e que não abria mão da raça para aterrorizar as defesas adversárias.

9 – Viola (Paulo Sérgio Rosa Barroso)
Corinthians – 1988
Despontou ao marcar o gol que deu o título paulista de 1988 para o Corinthians. A seguir foi emprestado para o São José (SP) e Olímpia (SP) e retornou mais maduro para o Timão, sendo destaque do time. Foi negociado com a Espanha, em 1995, e voltou para o Brasil no ano seguinte para jogar no Palmeiras. Também brilhou no Santos, clube onde passou por duas vezes. O último clube onde se destacou foi o Vasco. Depois, tornou-se um cigano da bola, aposentando-se com quase 44 anos. Fez parte do elenco da Seleção Brasileira na conquista da Copa do Mundo de 1994. Frequentou as páginas policiais ao ser preso por porte ilegal de arma e violência doméstica.

11 – Buglê (José Roberto Bougleux)
Atlético (MG) – 1963
É o autor do primeiro gol do antigo Mineirão, na partida Seleção Mineira 1 X 0 River Plate (ARG), dia 5 de setembro de 1965. Era um meia-atacante de boas qualidades técnicas, que jogou no Atlético (MG) de 1963 a 1966. Também vestiu a camisa do Santos e do Vasco. Apesar de buglê ser uma espécie de corneta, o apelido é o seu sobrenome Bougleux abrasileirado.

SELEÇÃO DUPLAS SERTANEJAS

1 – Xororó
Corinthians – 1922
Goleiro que jogou apenas quatro partidas pelo Corinthians em 1922. A última marcou a sua carreira, quando o Alvinegro perdeu para o Palestra Itália por 3 X 2. Xororó foi acusado de receber suborno de um conto e oitocentos mil réis, moeda vigente no Brasil na época, e mais um violão.

2 – Vítor (Claudemir Vítor Marques)
São Paulo – 1993
A principal marca na carreira deste lateral-direito foi ser campeão da Libertadores da América por três times diferentes. Começou no São Paulo, onde disputou a posição de titular com Cafu, que foi obrigado a atuar como meio-campista na época. Pelo Tricolor foi bicampeão da Libertadores em 1992/93 e do Mundial de Clubes de 1992, entre outros. Teve rápida passagem pelo Real Madrid (ESP). Também jogou pelo Corinthians, conquistando a Copa do Brasil de 1995. A seguir vestiu a camisa do Cruzeiro, onde faturou a Copa do Brasil de 1996 e novamente a Libertadores, dessa vez em 1997. Deixou a sua marca vitoriosa no Vasco, sendo campeão da Libertadores de 1998. Sua carreira decaiu desde então, passando a jogar em clubes menores, com exceção do Botafogo, clube que defendeu de 2000 a 2001.

3 – Léo (Leonardo Renan Simões de Lacerda)
Grêmio – 2007
Zagueiro revelado pelo Grêmio, passou discretamente pelo Palmeiras e depois foi repassado para o Cruzeiro. Na Raposa fez parte do time bicampeão brasileiro em 2013/14.

4 – Daniel (Daniel da Silva)
São Caetano – 2000
Zagueiro forte fisicamente, mas fraco tecnicamente. No início da carreira passou pelo Santos, porém sua melhor fase foi no São Caetano. Também se destacou

jogando pelo Palmeiras, sendo titular no time campeão da Série B do Brasileirão em 2003.

6 – João Paulo (João Paulo Gomes da Costa)
Flamengo – 2013
Lateral-esquerdo que rodou por diversos clubes, principalmente pelo interior paulista. Após jogar pelo Mogi Mirim e pela Ponte Preta, foi contratado Flamengo. Em 2015, chegou ao Palmeiras.

5 – Ralf (Ralf de Souza Teles)
Corinthians – 2010
Passou pelas categorias de base do São Paulo, porém jogou grande parte da sua carreira profissional em equipes de menor projeção. Destacou-se jogando o Brasileirão de 2009 pelo Grêmio Barueri (SP), sendo contratado a seguir pelo Corinthians. Ralf ganhou espaço no Timão e foi campeão brasileiro em 2011, da Libertadores, do Mundial de 2012 e do Brasileiro em 2015. Foi transferido para o futebol chinês em 2016.

8 – Cristian (Cristian Mark Júnior Nascimento Oliveira Baroni)
Corinthians – 2008
Volante de forte marcação revelado no Paulista de Jundiaí (SP), onde conquistou a inédita Copa do Brasil de 2005. Passou pelo Atlético (PR) e Flamengo e desembarcou no Corinthians no final de 2008, dando tempo de participar da campanha do título da Série B do Brasileirão. No Timão também foi campeão paulista e da Copa do Brasil de 2009. De 2009 a 2014 jogou pelo Fenerbahçe (TUR) e, em 2015, retornou ao Corinthians.

10 – Leonardo (Leonardo Nascimento de Araújo)
Flamengo – 1987
Revelado pelo Flamengo, começou a carreira jogando ao lado de craques como Zico, Andrade e Leandro. Sagrou-se campeão da Copa União em 1987, logo no seu primeiro ano como profissional. Pelo Rubro-Negro também foi campeão da Copa do Brasil de 1990. Destacou-se ainda no São Paulo, onde teve três passagens, conquistando vários títulos. O principal foi o Mundial de Clubes de 1993. No exterior jogou pelo Valencia (ESP), Kashima Antlers (JAP) e Paris Saint-Germain (FRA). Teve o seu melhor momento no futebol europeu jogando pelo Milan (ESP), clube onde jogou em duas oportunidades e faturou a Champions League de 2002/03, entre outros títulos. Pela Seleção Brasileira jogou as Copas do Mundo de 1994 e de 1998. Começou a Copa de 1994 como titular, mas sua participação no torneio ficou marcada pela cotovelada que Leonardo desferiu no norte-americano Tab Ramos, na partida válida pelas quartas de final. O lateral foi suspenso do restante da competição. Encerrou a carreira pelo Milan (ITA), clube onde exerceu a função de dirigente e depois, técnico. Também foi um dos fundadores da Fundação Gol de Letra, ao lado de Raí.

7 – Luciano (Luciano da Rocha Neves)
Corinthians – 2014
Atacante que surgiu no Atlético (GO) e que jogou também pelo Avaí. Em 2014, chegou ao Corinthians, ganhando o status de talismã, marcando gols importantes quando saía do banco de reservas no decorrer das partidas.

9 – Leandro (Leandro Machado)
Internacional (RS) – 1994
Atacante revelado pelo Internacional (RS) e que teve passagens significativas pelo Flamengo, Santos e Sport. Seus títulos nacionais foram o Brasileirão, em 2004, pelo Santos, e Copa do Brasil de 2008, pelo Sport. Jogou na Espanha, Portugal, Ucrânia, México, Paraguai e Coreia do Sul.

11 – Zezé (Antônio José da Silva Gouveia)
Fluminense – 1976
Ponta-esquerda que passou a maior parte da sua carreira no Fluminense. Curiosamente, foi no arquirrival Flamengo que conquistou os seus títulos de maior importância: o bicampeonato nacional em 1982/83.

SELEÇÃO ROCK NACIONAL

1 – Raul (Raul Guilherme Plassmann)
Cruzeiro – 1966
Após passar pelo Atlético (PR) e São Paulo, destacou-se no Cruzeiro, clube que defendeu de 1965 a 1978. Curiosamente, logo no jogo da sua estreia Raul se envolveu numa polêmica, ao utilizar uma camisa amarela. O que começou como um escândalo, passou a ser um talismã, tanto que até hoje a torcida cruzeirense utiliza a réplica da camisa do ídolo. Dentro de campo, o goleiro participou de um período glorioso com diversos títulos, sendo os mais destacados a Taça Brasil de 1966 e a Libertadores de 1976. Foi contratado pelo Flamengo, em 1978, e foi novamente campeão de uma série de campeonatos, como três Brasileirões (1980, 1982 e 1983), a Libertadores e o Mundial de Clubes, em 1981. Tornou-se comentarista de televisão e treinador de categorias de base.

2 – Renato (José Renato da Silva Júnior)
Sport – 2010
Lateral-direito que se destacou no Sport pelo bom apoio ao ataque. Sem espaço no clube pernambucano, jogou pelo ABC e em seguida, em 2014, foi contratado pelo Fluminense.

3 – Igor (Igor Nascimento Soares)
Atlético (PR) – 1999
Zagueiro campeão brasileiro de 2001 pelo Atlético (PR). Jogou ainda no Fluminense, Juventude e Botafogo. No Sport foi titular do time campeão da Copa do Brasil de 2008.

4 – Fabiano Eller (Fabiano Eller dos Santos)
Internacional (RS) – 2006
Começou jogando como volante e depois foi deslocado para a zaga. Profissionalizou-se no Vasco da Gama, onde foi campeão do Brasileirão de 1997 e

2000 e da Libertadores da América de 1998, entre outros. Jogou ainda no Palmeiras, Flamengo, Fluminense e Santos, mas foi no Internacional (RS) que viveu uma fase marcante na sua carreira. No Colorado jogou em duas oportunidades e esteve presente nas campanhas que culminaram nos títulos da Libertadores de 2006 e 2010 e do Mundial de Clubes da Fifa de 2006. Também atuou fora do Brasil em quatro ocasiões: no Catar duas vezes, Turquia e Espanha.

6 – Lee (Darryl Lee)
Jamaica – 2013
Jovem ponteiro e lateral-esquerdo jamaicano que é considerado uma das maiores promessas do futebol local.

5 – Dinho (Edi Wilson José dos Santos)
São Paulo – 1992
Volante de forte marcação que às vezes confundia força com violência. Destacou-se no Sport, onde fez parte do elenco campeão do Brasileirão de 1987. Após breve passagem pelo futebol espanhol, chegou ao São Paulo e conquistou a Libertadores da América e o Mundial de Clubes, em 1992 e 1993. Foi negociado com o Santos, porém reencontrou o bom futebol no Grêmio. No clube gaúcho colecionou vários títulos, como a Copa do Brasil de 1994 e 1997, Libertadores de 1995 e o Brasileiro de 1996. Tentou a carreira de técnico e enveredou para a política após pendurar as chuteiras.

8 – Viana (José Roberto Viana dos Santos)
São Paulo – 1977
Meio-campista que foi campeão brasileiro de 1977 pelo São Paulo. Também jogou no Botafogo (PB), Comercial (MS) e Coritiba.

10 – Léo Jaime (Léo Jaime da Silva Pínheiro)
Bragantino – 2010
Meia que se destacou mais por ser xará de um conhecido cantor brasileiro do que pela sua própria bola. Foi revelado no Ferroviário (CE) e joga atualmente no Bragantino.

7 – Roger (Roger Rodrigues da Silva)
São Paulo – 2005
Atacante goleador bastante rodado revelado pela Ponte Preta e com passagens pelo São Paulo, Palmeiras, Sport, Fluminense, Vitória, Guarani, Ceará e Atlético (PR). Jogou no Japão, no Kashiwa Reysol (JAP). Os principais títulos da sua carreira foram a Libertadores de 2005, pelo São Paulo, e a Copa do Brasil de 2008, pelo Sport.

9 – Erasmo (Erasmo José Rodrigues Forte)
Palmeiras – 1990
O principal clube da sua carreira foi o Palmeiras, que defendeu entre 1990 e 1991 sem brilho. Veio do Náutico para o time paulista e depois ainda jogou no Bahia e Sport. Era um meia habilidoso. Partiu para a carreira de treinador.

11 – Samuel Rosa (Samuel Rosa Gonçalves)
Fluminense – 2012
Atacante que não é o vocalista da banda Skank, apesar de o músico também ter batido um bolão no campeonato Rock Gol da MTV. Este Samuel Rosa é o atacante que se destacou no Fluminense e no Goiás.

SELEÇÃO ROCK

1 – Larroque (Héctor Larroque)
Boca Juniors (ARG) – 1996
Goleiro que jogou no Boca Juniors (ARG) e no Estudiantes de La Plata (ARG), além de clubes argentinos menos expressivos.

2 – John Lennon (John Lennon Silva Santos)
Botafogo – 2012
Lateral-direito revelado no futebol goiano, no Vila Nova (GO), e que também jogou no Atlético (GO), emprestado pelo Botafogo, clube que o contratou em 2012 e ao qual ainda está vinculado. Não conseguiu se firmar no Alvinegro nas oportunidades que teve e é mais lembrado por ter o mesmo nome do ex-Beatle do que pelo seu futebol.

3 – Abba (Fernando Abba)
San Martín (ARG) – 2010
É muita coincidência! Além de se chamar Abba, nome da banda sueca, também é Fernando, nome de um dos maiores hits da mesma banda. Em campo, o zagueiro não tem o mesmo sucesso e jogou em equipes medianas do futebol argentino.

4 – Zappa (Osmar Alfredo Zappa)
Argentinos Juniors (ARG) – 1942
A sorte do zagueiro é que ele não inventava em campo como o seu xará músico fazia, pois Frank Zappa era um dos maiores experimentalistas do rock. Já o Zappa jogador de futebol se destacou no Argentinos Juniors (ARG) e depois passou por equipes menores da Argentina.

6 – Saimon (Saimon Pains Tormen)
Grêmio – 2009
Zagueiro que foi profissionalizado no Grêmio. Mesmo sendo um zagueiro jovem e promissor, ficou marcado por agredir com um tapa o treinador do Internacional (RS), Osmar Loss, durante a partida de despedida do Estádio Olímpico. Saimon acabou sendo expulso da partida.

5 – Santana (Jonathan Santana)
River Plate (ARG) – 2005
Nascido na Argentina, tem nacionalidade paraguaia por causa da sua mãe, tanto que deu preferência a defender a seleção do Paraguai. Sua carreira em clubes foi formada praticamente em equipes argentinas e paraguaias, como o San Lorenzo (ARG), River Plate (ARG), Libertad (PAR) e Cerro Porteño (PAR), além de rápidas passagens pela Alemanha e Turquia.

8 – Kiss (László Kiss)
Seleção Húngara – 1982
Diferentemente da banda de que é xará, este Kiss nunca foi mascarado. Era um atacante húngaro que entrou para a história das Copas do Mundo por ter sido o primeiro jogar e marcar três gols numa única partida após sair do banco de reservas. O fato aconteceu no massacrante Hungria 10 X 1 El Salvador, na Copa do Mundo de 1982. Atualmente é treinador.

10 – Eriklepton (Eriklepton Soares)
Icasa – 2013
Meia ofensivo que teve o nome registrado de forma incorreta, mas que mesmo assim não deixa de ser uma justa homenagem ao cantor e guitarrista inglês. Seu nome é tão diferente que os seus companheiros de equipe preferem chamá-lo de Kléber Juazeiro.

7 – Harison (Harison da Silva Nery)
São Paulo – 2000
Revelado pelas categorias de base do São Paulo, onde era o titular do time e seu reserva imediato era o Kaká. Desde então rodou por diversos clubes brasileiros. Também jogou no Japão, Portugal, Arábia Saudita e China.

9 – Quinn (Niall Quinn)
Seleção Irlandesa – 1990
Disputou as Copas do Mundo de 1990 e 2002 pela Irlanda, perdendo a edição de 1994 devido a uma contusão. Jogou em apenas três equipes por toda a sua carreira, e todas inglesas: Arsenal (ING), Manchester City (ING) e Sunderland (ING). Sua ligação com o Sunderland (ING) foi tão forte, que Quinn exerceu o cargo de presidente do clube.

11 – Creedence Clearwater (Creedence Clearwater Couto)
Guarani – 2002
Seu pai lhe deu o nome em homenagem à banda norte-americana de rock, que fez muito sucesso na década de 1970. Em campo, Creedence se destacou no Guarani e jogou em mais de uma dúzia de clubes, entre eles o Brasiliense, o Figueirense, o Santa Cruz e o Sampaio Corrêa.

SELEÇÃO CANTORES

1 – Caetano (José Caetano Mendes)
Vasco da Gama – 1997
Goleiro oriundo do time de juniores do Vasco que contava com atletas destacados como o lateral-direito Pimentel, o volante Leandro Ávilla e os atacantes Jardel e Valdir Bigode. Foi na maioria das vezes reserva no Vascão, clube que defendeu até 2000, e quando teve oportunidades como titular, acabou falhando e ficou marcado pela torcida.

2 – Fagner (Fagner Conserva Lemos)
Corinthians – 2006
Com apenas 17 anos estreou pelo Corinthians. Após passagens discretas por Vitória e PSV Eindhoven (HOL), se destacou no Vasco e foi campeão da Série B do Brasileirão em 2009 e da Copa do Brasil de 2011. Transferiu-se para o Wolfsburg (ALE) e retornou rapidamente para o Vasco. Voltou para o Corinthians em 2014 e tem se destacado como lateral-direito.

3 – Chico (Luís Francisco Grando)
Palmeiras – 2011
Volante e zagueiro que apareceu para o futebol brasileiro no Atlético (PR), clube onde atuou de 2005 a 2010. Em 2011, foi contratado pelo Palmeiras, a pedido do técnico Felipão e teve passagem discreta. Jogou também no Coritiba e atualmente está no Gaziantepspor (TUR).

4 – Gonçalves (Marcelo Gonçalves Costa Lopes)
Botafogo – 1989
Zagueiro que ficou famoso pela sua segurança e pela vasta cabelereira. Apesar de ter sido revelado pelo Flamengo, clube onde foi campeão brasileiro de 1987, foi no rival Botafogo que brilhou. Foi um dos líderes na conquista do Brasileirão de 1995. Jogou ainda no Cruzeiro e Internacional (RS), além do Tecos (MEX). Disputou a Copa do Mundo de 2008, chegando a participar de duas partidas.

6 – Roberto Carlos (Roberto Carlos da Silva Rocha)
Palmeiras – 1993
Despontou no Palmeiras, após ser revelado pelo União São João de Araras (SP). Pelo Verdão foi campeão paulista de 1993, encerrando um jejum de títulos desde 1976. Também ganhou o Campeonato Brasileiro em 1993 e 1994, entre outros títulos. Transferiu-se para a Internazionale (ITA), em 1995, e no ano seguinte foi contratado pelo Real Madrid (ESP), clube onde jogou por 11 anos. No Real, foi três vezes campeão da Champions League (1997/98, 1999/2000 e 2001/02) e do Mundial de Clubes em 1998 e 2002. Tornou-se ainda o estrangeiro com o maior número de partidas no campeonato espanhol, superando o argentino Alfredo Di Stéfano. Em seguida, vestiu as camisas do Fenerbahçe (TUR), Corinthians e o Anzi (RUS), time onde encerrou a carreira de jogador e iniciou a de treinador. Foi o segundo jogador a vestir mais vezes a camisa da Seleção Brasileira, com 125 jogos, perdendo apenas para Cafu, com 149 participações. Disputou as Copas de 1998, 2002 e 2006, sempre como titular, sendo pentacampeão mundial em 2002.

5 – Magal (Sidnei da Silva)
Ponte Preta – 2004
Volante de forte marcação, que rodou por diversos clubes brasileiros, como Internacional (RS) e Figueirense, mas que se destacou com as camisas da Ponte Preta e Mogi Mirim. Ganhou o apelido de Magal por se chamar Sidnei, assim como o famoso cantor brasileiro.

8 – Zé Ramalho (José Ramalho Silva)
São Paulo – 2004
Meia e volante que o São Paulo foi buscar no Atlético (PR) em 2004. Como já havia outro Ramalho no elenco, ex-Santo André, este passou a ser conhecido como Zé Ramalho. Jogou ainda no Bahia e São Caetano.

10 – Milton (Milton Luiz de Souza Filho)
Coritiba – 1987
Despontou com a camisa do Coritiba no Campeonato Brasileiro de 1988. Era um meia de boa capacidade técnica e passadas largas, que disputou os Jogos Olímpicos de 1988, em Seul, na Coreia do Sul. Depois foi negociado com o Como (ITA) e encerrou a carreira jogando no futebol suíço.

7 – Nei (Elias Ferreira Sobrinho)
Palmeiras – 1972
Ponta-esquerda driblador e que é um grande ídolo da história do Palmeiras. Surgiu na Ferroviária de Araraquara (SP) e chegou ao Verdão em 1972, conquistando os títulos Paulista de 1972, 1974 e 1976 e os Brasileiros de 1972 e 1973. Curiosamente, seu nome é Elias Ferreira Sobrinho e Nei é um apelido em homenagem a um ex-jogador do Corinthians.

9 – Fábio Júnior (Fábio Júnior Pereira)
Cruzeiro – 1997
Atacante com vasta lista de clubes que já defendeu. Começou no Cruzeiro, passou pelo Palmeiras, Atlético (MG), América (MG), Boa Esporte Clube, entre outros times brasileiros. Também teve passagens pelo futebol internacional, sendo a principal na Roma (ITA). Jogou ainda em Portugal, Japão, Emirados Árabes Unidos, Alemanha e Israel. O auge da carreira aconteceu em 2000, quando foi campeão da Copa do Brasil com a camisa do Cruzeiro.

11 – Tim (Elba de Pádua Lima)
Fluminense – 1936
Tim não queria sossego e foi um dos primeiros grandes jogadores do futebol brasileiro. Jogou a Copa do Mundo de 1938 e brilhou no Fluminense. Voltou a disputar uma Copa do Mundo em 1978, mas desta vez como treinador do Peru.

SELEÇÃO SAMBA

1 – Moreira (José Filipe da Silva Moreira)
Benfica (POR) – 2001
Goleiro português que passou grande parte da carreira no Benfica (POR), clube que defendeu de 1999 a 2011.

2 – Adoniran (Adoniran Vinícius de Campos)
Santos – 2007
Volante que jogou em alguns clubes do interior paulista até se destacar no Ituano, em 2007. Suas boas atuações lhe credenciaram a ser contratado pelo Santos, atuando poucas vezes como titular no Peixe.

3 – Bezerra (Juvenal de Souza)
São Paulo – 1976
Iniciou a carreira como lateral-esquerdo e depois foi deslocado para zagueiro, posição em que se destacou. Seu melhor momento foi no São Paulo, onde era titular na conquista do Campeonato Brasileiro de 1977, quando disputou todas as partidas do torneio.

4 – Arlindo (Arlindo Galvão)
São Paulo – 1971
Zagueirão do São Paulo na década de 1970. Apesar da falta de técnica, conquistou espaço e a torcida por sua vontade e força.

6 – Zeca (José Carlos Cracco Neto)
Santos – 2014
Jovem lateral-esquerdo que despontou no título do Santos da Copa São Paulo de Futebol Junior de 2014, ano em que foi promovido para os profissionais da equipe praiana.

5 – Alcir Portela (Alcir Pinto Portela)
Vasco da Gama – 1963
Volante que entrou na história do Vasco pela sua fidelidade ao clube. É o quarto jogador com maior número de partidas disputadas pelo Vascão, com 508 participações, no período de 1963 a 1975. Pelo clube da Cruz de Malta foi campeão brasileiro de 1974.

Após pendurar as chuteiras, continuou no Vasco como auxiliar técnico e treinador. Participou dos títulos brasileiros de 1989, 1997 e 2000 como auxiliar técnico.

8 – Dudu (Olegário Tolói de Oliveira)
Palmeiras – 1964
Volante de grande capacidade técnica e que também defendia com excelência, era o "carregador de piano" do meio de campo e jogava de forma simples e eficiente. É um dos maiores jogadores da história do Palmeiras, tendo formado a equipe que ficou conhecida como "Academia de Futebol". Revelado pela Ferroviária de Araraquara (SP), no Palmeiras foi campeão em diversas ocasiões, destacando-se os Brasileiros de 1967, 1969, 1972 e 1973. Teve poucas oportunidades na Seleção Brasileira, mesmo sendo um craque inquestionável.

10 – Diogo (Diogo Luís Santo)
Portuguesa – 2005
Meia-atacante que surgiu na Portuguesa como uma grande promessa do futebol brasileiro. Também jogou no Olympiakos (GRE), Flamengo e Santos, antes de retornar à Lusa. Em 2014, jogou pelo Palmeiras.

7 – Bebeto (José Roberto Gama de Oliveira)
Flamengo – 1983
O Vitória foi seu clube formador, mas foi no Flamengo que começou a chamar a atenção no futebol brasileiro, sendo campeão brasileiro em 1983 e da Copa União de 1987. Causou alvoroço ao trocar o Flamengo pelo arquirrival Vasco da Gama em 1989, onde conquistou o Campeonato Brasileiro do mesmo ano. Desembarcou na Espanha em 1992 e jogou pelo Deportivo La Coruña (ESP), clube onde se tornou ídolo, até 1996. A partir de então começou a rodar por diferentes clubes: Flamengo, Sevilla (ESP), Vitória, Cruzeiro, Botafogo, futebol mexicano e japonês, novamente Vitória e Vasco, encerrando a carreira na Arábia Saudita. Jogou diversos anos na Seleção Brasileira, disputando as Copas do Mundo de 1990, 1994 e 1998. Foi de extrema importância na conquista do Mundial de 1994. Tornou-se treinador, dirigente e atualmente dedica-se à vida política.

9 – Nunes (João Batista Nunes de Oliveira)
Flamengo – 1980
Marcou época com a camisa do Flamengo, jogando ao lado de craques como Leandro, Júnior, Andrade, Adílio, Zico, entre outros. Nunes era o homem gol do time que conquistou os Campeonatos Brasileiros de 1980 e 1982, além da Libertadores e do Mundial de Clubes em 1983, além de vários campeonatos estaduais e torneios. Também brilhou no Santa Cruz (PE) no período de 1976 a 1978. Fluminense, Monterrey (MEX), Botafogo, Náutico, Boavista (POR), Santos e Atlético (MG) foram as outras equipes que defendeu.

11 – Auecione (Auecione Alves)
Palmeiras – 1996
Meia-esquerda que pintou bem no Palmeiras, só que não passou de apenas uma promessa. Jogou ainda no Juventude, Paraná, Paysandu, Goiás, entre outros. Atualmente tenta emplacar como treinador.

SELEÇÃO MÚSICA

1 – Júlio Iglesias (Júlio José Iglesias Puga de la Cueva)
Real Madrid (ESP) – 1958
Um dos cantores mais românticos do mundo foi goleiro do time juvenil do Real Madrid de 1958 a 1962. Só não continuou a carreira de futebolista por causa de um acidente automobilístico que o deixou semiparalítico por cerca de um ano e meio. Sem poder voltar aos campos, passou então a se dedicar à música.

2 – Mauro Ovelha (Mauro Grasel)
Figueirense – 1997
Xará do cantor brega que fez sucesso nas décadas de 1970 e 1980, este Ovelha foi revelado nas categorias de base do Internacional (RS), mas jogou grande parte da carreira profissional em equipes de Santa Catarina, sendo as principais o Criciúma, em 1988, e o Figueirense, em 1997. Como treinador manteve a mesma característica e dirigiu vários times catarinenses.

3 – Luan Santana (Luan Andrade Santana)
XV de Piracicaba (SP) – 2013
Volante que ganhou o reality show *Joga 10*, exibido pela Rede Bandeirantes e que tinha como jurados Zagallo, Bebeto e Dunga. Anteriormente, Luan havia passado pelas categorias de base do Corinthians e Santos, além de ter se profissionalizado no Feirense (POR). Também jogou no Goiás, Bragantino e Barueri. A coincidência de nome com o cantor sertanejo fez com que ambos trocassem de papel por um dia em um quadro do programa *Caldeirão do Hulk*, apresentado por Luciano Hulk nas tardes de sábado, na Rede Globo.

4 – Naldo (Ronaldo Aparecido Rodrigues)
Juventude – 2004
Zagueiro que está no futebol alemão desde 2005. Foi revelado pelo Juventude e já jogou como volante e até atacante. Por ser alto, encontrou na zaga a sua posição e tem no posicionamento e velocidade as princi-

pais características. Teve passagem brilhante pelo Werder Bremen (ALE) e no Wolfsburg (ALE), sendo contratado pelo Schalke 04 (ALE) para a temporada 2016/17.

6 – Élvis (Élvis Gustavo de Oliveira de Sá)
Santo André – 2004
Meia que fazia parte do time do Santo André campeão da Copa do Brasil de 2004. Foi revelado no Vitória e passou por diversos clubes, com destaque para o Santa Cruz e Botafogo.

5 – Jackson (Jackson Coelho Silva)
Palmeiras – 1999
Despontou com a camisa do Sport e em seguida foi negociado com o Palmeiras. Pelo Verdão conquistou a Libertadores de 1999. Sua passagem pelo Cruzeiro ficou marcada com o título da Copa do Brasil de 2000. Também jogou no Internacional (RS), Vitória, Santa Cruz, entre outros. Em 2010, fez parte do time do ABC que se tornou Campeão Brasileiro da Série C.

8 – Páez (Jonathan Páez)
Argentinos Juniors (ARG) – 2009
Meio-campista xará do cantor argentino Fito Páez que começou a carreira no Argentinos Juniors (ARG) e que passou por equipes medianas do seu país, como o Platense (ARG), além de clubes com menor expressão.

10 – Michael Jackson (Marileia dos Santos)
Seleção Brasileira Feminina – 1991
Foi a primeira estrela do Brasil no futebol feminino e abriu as portas para as futuras gerações. Era considerada a "Pelé do futebol feminino brasileiro" e jogou por diversos times, como Radar, Corinthians, Vasco, Santos, Saad e na Itália, abrindo o mercado do esporte para as outras jogadoras brasileiras. Pelas suas contas, marcou 1.567 gols nos trinta anos de carreira. Jogou as Copas do Mundo de 1991 e 1995 e a Olimpíada de 1996.

7 – Aguilera (Carlos Alberto Aguilera)
Peñarol (URU) – 1988
Atacante uruguaio bastante rodado na carreira. Jogou no Uruguai, Colômbia, Argentina, México e Itália. Mesmo vestindo várias camisas, foi com a do Peñarol (URU) que mais se identificou, tendo duas passagens. Disputou as Copas do Mundo de 1986 e de 1990 pela Celeste Olímpica.

9 – Falcão Garcia (Radamel Falcão Garcia)
River Plate (ARG) – 2005
O River Plate foi buscá-lo na Colômbia ainda nas categorias de base. Desde seus tempos de futebol argentino mostrava-se um atacante diferenciado, principalmente pela técnica e precisão nos arremates. Em 2009, se transferiu para o Porto (POR), clube onde despontou para o futebol europeu. Mas foi no Atlético de Madrid (ESP), onde atuou de 2011 a 2013, que estourou e se tornou um dos grandes atacantes do continente. Foi contratado em maio de 2013 pelo Monaco (FRA) por € 60 milhões. No clube francês sofreu uma grave lesão no joelho esquerdo, que o impediu de disputar a Copa do Mundo de 2014. Transferiu-se para o Manchester United (ING) e depois para o Chelsea (ING), sem mostrar o mesmo futebol de antigamente. Falcão foi o principal nome da Seleção Colombiana nas Eliminatórias para a Copa de 2014. A sua ausência na Copa abriu espaço para o protagonismo de James Rodríguez.

11 – Wando (Wando da Costa Silva)
Vila Nova (GO) – 2001
Atacante de área que teve os seus melhores momentos jogando no futebol goiano, principalmente no Vila Nova (GO), clube onde jogou em quatro oportunidades. Também passou pelo Goiás, Cruzeiro e Botafogo, além das experiências internacionais no futebol do Irã e da Coreia do Sul.

GRUPOS

ANIMAIS

NATUREZA

GASTRONOMIA

MERCADO

FÉ

FAMÍLIA

GEOGRAFIA

ESPORTES

CORPO & ALMA

MÚSICA

ARTES

VALE-TUDO

GRUPO

ARTES

SELEÇÕES

ARTÍSTICA
LITERÁRIA
CINE NACIONAL
CINE INTERNACIONAL
APRESENTADORES
NOVELAS
INFÂNCIA
ESTÚDIOS DISNEY
TURMA DO CHAVES
SÉRIES DE TV
HISTÓRICA
IMPÉRIO ROMANO

SELEÇÃO ARTÍSTICA

1 – Picasso (Ronei Paulo Travi)
São Paulo – 1967
Mesmo tendo atuado anteriormente por cinco anos no Palmeiras, o momento importante de sua carreira foi no São Paulo. No Tricolor jogou de 1967 a 1971, conquistando o Paulistão de 1971. Em 1970, atuou pelo Bahia, onde foi escolhido o melhor goleiro brasileiro daquele ano.

2 – Cuadros (Néstor Cuadros)
Bucaramanga (COL) – 2006
Meia colombiano com passagens por times colombianos e espanhóis de menor expressão.

3 – Artes (Mário Artes)
Atlético Tucumán (ARG) – 1997
Defensor argentino que jogou em equipes pequenas e das divisões de acesso no seu país.

4 – Mussa (Javier Mussa)
Racing (ARG) – 1999
Zagueiro central com passagens pelo Racing (ARG), futebol português, coreano e chinês.

6 – Mussón (Gabriel Mussón)
Acassuso (ARG) – 2010
Defensor do pequeno Acassuso (ARG), equipe que disputa as divisões inferiores regionalizadas do Campeonato Argentino.

5 – Artemov (Vitali Artemov)
Seleção do Cazaquistão – 2006
Volante de marcação da seleção do Cazaquistão, um país que fazia parte da URSS e que entre 1992 até as eliminatórias para a Copa do Mundo de 2002 fazia parte da Ásia. A partir das eliminatórias para a Copa do Mundo de 2006 se filiou à Uefa e passou a disputar as eliminatórias europeias.

8 – Pinto (Gustavo Pinto)
Boca Juniors (ARG) – 2003
Formado no Boca, este meio-campista argentino fez parte do elenco campeão da Libertadores de 2001 e 2003. Jogou ainda na Rússia, Equador e outros clubes de seu país, como o Newell's Old Boys (ARG).

10 – Da Olio (Jorge Gabriel Da Olio)
San Telmo (ARG) – 2010
Volante avançado que teve o melhor momento no San Telmo (ARG), clube que atualmente está na quarta divisão do Campeonato Argentino.

7 – Velásquez (Pablo César Leonardo Velásquez Centurión)
Libertad (PAR) – 2006
Atacante paraguaio que jogou em clubes do seu país, da Argentina e do México.

9 – Rearte (Luis Antonio Rearte)
Almagro (ARG) – 1997
Atacante que jogava fixo na área. Passou por vários clubes menores da Argentina, não chegando a disputar a primeira divisão.

11 – Dalí
Chacarita Juniors (ARG) – 1938
Atacante argentino que jogou na segunda metade da década de 1930 e parte da década seguinte. O Chacarita Juniors (ARG) foi o principal clube pelo qual passou.

SELEÇÃO LITERÁRIA

1 – Cervantes (David Cervantes)
Tampico Madero (MEX) – 2007
Goleiro mexicano que, ao contrário de seu xará, o escritor Miguel de Cervantes, não se tornou famoso, atuando apenas em equipes de pouca expressão no México.

2 – Coelho (Dyego Rocha Coelho)
Corinthians – 2003
Lateral-direito revelado pelo Corinthians, que teve passagens pelo Atlético (MG), Bologna (ITA), Bahia e Guaratinguetá. Mesmo com a boa técnica, ganhou fama nacional após dar uma entrada violenta em Kerlon Foquinha, durante o clássico Atlético (MG) X Cruzeiro em 2007.

3 – Machado (Diego Fabián Machado)
Deportivo Español (ARG) – 2011
Zagueiro forte fisicamente e que atua no futebol argentino por equipes das divisões de acesso.

4 – Dante (Dante Bonfim Costa Santos)
Bayern Munique (ALE) – 2012
Teve apenas uma experiência profissional no Brasil, pelo Juventude. Desde 2004 está no futebol europeu, já tendo jogado na França, Bélgica e Alemanha. Em 2009, foi contratado pelo Borussia Mönchengladbach (ALE), sendo que as suas boas apresentações pelo clube lhe credenciaram para atuar no Bayern de Munique (ALE), em 2012. Na temporada 2015/16 foi contratado pelo Wolfsburg (ALE). Começou a ser convocado pela Seleção Brasileira em janeiro de 2013, assim que Luiz Felipe Scolari reassumiu o comando. Foi convocado para a Copa de 2014 e era o titular, substituindo o capitão Thiago Silva, na goleada sofrida para a Alemanha por 7 X 1.

6 – Vargas (Vargas Thiago Guilherme)
Palmeiras – 1982
Lateral-esquerdo raçudo, forte e de bom apoio ao ataque, mas fraco na marcação. Foi revelado muito

jovem e tornou-se titular do Palmeiras em 1982, permanecendo no clube até 1983, quando acabou dispensado.

5 – Andrade (Jorge Luís Andrade da Silva)
Flamengo – 1977
Volante que jogou no Flamengo na melhor fase do clube e que fez parte da formação de um dos melhores times que o futebol brasileiro já presenciou, ao lado de craques como Leandro, Junior, Adílio e Zico, todos revelados no próprio Mengão. Pelo Rubro-Negro foi campeão da Copa União de 1987, dos Brasileiros de 1980, 1982 e 1983 e da Libertadores e do Mundial de Clubes de 1981. Após uma fraca temporada pelo Roma (ITA), voltou para jogar no Vasco, onde fez parte do time campeão brasileiro de 1989. Tornou-se treinador e foi campeão brasileiro de 2009 pelo Flamengo.

8 – Sócrates (Sócrates Brasileiro Sampaio de Souza Vieira de Oliveira)
Corinthians – 1979
Foi batizado como Sócrates em homenagem ao filósofo grego, um dos mais influentes até os dias atuais. Em campo e fora dele, o craque era diferente da maioria dos jogadores de futebol. Alto e magro, teve que driblar as limitações físicas para dar velocidade às jogadas utilizando o calcanhar. Brilhou no Corinthians e na Seleção Brasileira. Jogou também no Botafogo (RP), Fiorentina (ITA), Flamengo e Santos. Faleceu em 4 de dezembro de 2011.

10 – Bandeira (Fábio Camargo Bandeira Vilela)
Palmeiras – 1988
Meia de boa qualidade técnica e que jogou no Palmeiras de 1988 a 1990 sem alcançar resultados relevantes e nem mesmo sendo titular absoluto.

7 – William (William Gomes de Siqueira)
Figueirense – 2010
Atacante de força física, qualidade e muita disposição. Após ser revelado pelo Guarani e jogar em alguns clubes, despontou no Figueirense na campanha do acesso à Série A do Brasileirão em 2010. Em 2011, foi contratado pelo Corinthians e mesmo não sendo titular absoluto, foi importante na conquista dos títulos do Brasileiro de 2011 e da Libertadores de 2012. Foi negociado para o futebol ucraniano e retornou em 2013 para o Cruzeiro, tornando-se um dos jogadores mais queridos da torcida e de grande importância no bicampeonato brasileiro de 2013/14.

9 – Lima (Adesvaldo José de Lima)
Corinthians – 1984
Centroavante revelado no Operário (MS), que após excelente campeonato brasileiro em 1984 foi negociado com o Corinthians. Nunca foi uma unanimidade no Timão e a torcida adorava pegar no seu pé pelos gols perdidos. Teve boas passagens pelo Santos, e, principalmente, pelo Grêmio, onde foi bicampeão gaúcho em 1987/88. Ainda atuou no Benfica (POR) e Internacional (RS), além de outros clubes menores.

11 – Borges (Humberlito Borges Teixeira)
São Paulo – 2007
Vestiu a camisa de vários clubes brasileiros. Destaque para as suas passagens pelo São Caetano, São Paulo, Grêmio, Santos e Cruzeiro, além do Vegalta Sendai (JAP). Já ganhou quatro títulos brasileiros: 2007 e 2008 pelo São Paulo e 2013 e 2014 pelo Cruzeiro.

SELEÇÃO CINE NACIONAL

1 – Mazarópi (Geraldo Pereira de Matos Filho)
Grêmio – 1983
Goleiro que se destacou no Vasco, Grêmio e Coritiba, que recebeu o apelido em homenagem ao personagem caipira de mesmo nome, criado pelo ator e cineasta Amácio Mazzaropi.

2 – Arnaldo (Arnaldo Manoel de Almeida)
Portuguesa – 2014
Revelado pelo Mirassol, este lateral jogou também no Botafogo (RP), América (RN) e Portuguesa.

3 – Dedé (Anderson Vital da Silva)
Vasco da Gama – 2009
Considerado um dos melhores zagueiros que surgiram no futebol brasileiro nos últimos anos. Foi revelado no Volta Redonda, mas foi no Vasco da Gama que ganhou projeção nacional. Tornou-se ídolo da torcida vascaína, que o apelido de O Mito, conquistando o Campeonato Brasileiro da Série B em 2009 e a Copa do Brasil de 2011. Em abril de 2013 transferiu-se para o Cruzeiro e sagrou-se bicampeão brasileiro em 2013/14.

4 – Fernando (Fernando Santos)
Flamengo – 2005
Zagueiro de 1,91 m de altura, firme na marcação e muito eficiente nas bolas aéreas, mas fica devendo na velocidade e na técnica. Teve duas passagens pelo Flamengo e fez parte do time campeão da Copa do Brasil de 2006. Depois de atuar no futebol alemão e austríaco, vestiu a camisa do Vasco e foi campeão da Série B do Brasileirão de 2009 e da Copa do Brasil de 2011.

6 – Montenegro (Daniel Montenegro)
Independiente (ARG) – 1999
Jogador argentino que passou por vários clubes, começando a carreira no Huracán (ARG). Ficou marcado pelas duas vezes que jogou pelo Independiente (ARG), apesar de ter atuado no River Plate (ARG) em

duas ocasiões também. No exterior passou pelo futebol da França, Itália, Rússia e México.

5 – Capitão (Oleúde José Ribeiro)
Portuguesa – 1988
Volante de forte marcação, que fez história na Portuguesa, clube onde atuou por mais de quinhentas vezes, sendo o jogador que mais vezes vestiu a camisa da Lusa. Era um dos líderes do clube que foi vice-campeão brasileiro de 1996. Jogou ainda no Japão e teve boa passagem pelo São Paulo e Grêmio.

8 – Xuxa (Cássio Luís Rissardo)
Mirassol – 2011
Meia canhoto habilidoso e que acumula passagens em vários clubes de pequeno e médio porte. Jogou na Portuguesa, América (RN), Juventude, Vitória e ABC, porém é com o Mirassol que mais se identifica, com três passagens pelo time.

10 – Wagner (Wagner Ferreira dos Santos)
Cruzeiro – 2004
Meia de qualidade técnica e especialista em organizar o jogo. Revelado pelo América (MG), foi no Cruzeiro que se destacou. Teve três experiências internacionais jogando na Arábia Saudita, Rússia e Turquia. Em 2012, foi contratado pelo Fluminense e tornou-se um dos principais nomes do time no título brasileiro de 2012.

7 – Dadinho (Eduardo Soares)
Remo – 1983
É o maior artilheiro da história do Remo com 163 gols marcados entre 1983 a 1986. Jogou também no Paysandu, Santa Cruz, Internacional (RS), Ceará e no Pinheiros (PR). Ao contrário do personagem do filme *Cidade de Deus*, este Dadinho não virou Zé Pequeno.

9 – Didi (Sebastião Pereira do Nascimento)
Corinthians – 1998
Centroavante que surgiu no Sport, tendo feito relativo sucesso no Corinthians, apesar de ser reserva na maioria das vezes. Rodou muito e passou pela Portuguesa, Juventude, Bahia, Internacional (RS), entre outros. Seu passaporte também foi bastante utilizado, ao jogar no futebol alemão, suíço, coreano e mexicano.

11 – Johnny (Johnny Meg do Nascimento Osório)
Náutico – 2008
Diferente do título do filme nacional, o nome deste meio-campista é Johnny. Trata-se de um volante que jogou no Corinthians (AL), CRB, Vasco, Náutico e futebol chinês.

SELEÇÃO CINE INTERNACIONAL

1 – Coppola (Fernando Coppola)
Atlanta (ESP) – 2010
Foi indiciado como um dos envolvidos no escândalo de venda de resultados no futebol italiano, em 2011. Sua pena inicial era de seis meses, mas acabou reduzida para quatro meses. Suas principais atuações foram por clubes da segunda divisão italiana. Nos times maiores não passou da reserva. Jogou, entre outras equipes, no Napoli (ITA), Bologna (ITA), Milan (ITA), Atalanta (ITA) e Torino (ITA).

2 – Maicon Douglas (Maicon Douglas Sisenando)
Cruzeiro – 2003
O lateral-direito Maicon disputou as Copas do Mundo de 2010 e 2014. Jogou pelo Cruzeiro, onde esteve no elenco que conquistou a tríplice coroa, em 2003: campeonato mineiro, Brasileirão e Copa do Brasil. Desde 2004 está na Europa, tendo atuado no Monaco (FRA), Internazionale (ITA), Manchester City (ING) e Roma (ITA).

3 – Nicholson (William Edward "Bill" Nicholson)
Tottenham (ING) – 1938
Centromédio que teve a carreira ligada ao Tottenham (ING), clube onde atuou de 1938 a 1951. Como serviu à Inglaterra na Segunda Guerra Mundial, houve um intervalo neste período, e o jogador perdeu cerca de metade da sua carreira. Manteve a ligação com o clube inglês após encerrar a carreira, tornando-se treinador e dirigente do clube, sendo inclusive homenageado com um busto no estádio White Hart Lane.

4 – Lambert (Paul Lambert)
Celtic (ESC) – 2005
Meio-campista defensivo que começou no St. Mirren (ESC), em 1986. Depois de passar pelo Motherwell (ESC), foi contratado em 1996 pelo Borussia Dortmund (ALE), sendo campeão da Champions League de 1996. Atuou no Celtic (ESC) de 1997 a 2006 e encerrou a carreira de jogador no Livingston (ESC), clube onde começou a nova fase como treinador.

6 – George Lucas (George Lucas Coser)
Santos – 2009
Diferentemente do seu xará, sua carreira não foi nem estrelar e muito menos uma grande aventura. Pintou bem no Grêmio, clube que o formou, jogando ainda no Atlético (MG), Celta (ESP) e Santos. Após a passagem pelo Sporting Braga (POR), em 2010, sua carreira entrou em decadência.

5 – Tarantino (Roberto Tarantino)
Chacarita Juniors (ARG) – 1978
Volante pegador que teve os melhores momentos jogando pelo Chacarita Juniors (ARG).

8 – Zarif (Omar Zarif)
Chacarita Juniors (ARG) – 2009
Meio-campista com dupla nacionalidade: argentino e libanês. Jogou em vários clubes pequenos da Argentina antes de chegar ao Rosario Central (ARG), em 2008. Em 2009, passou para o Chacarita Juniors (ARG), retornou para o Rosario e desde 2012 defende o Banfield (ARG).

10 – Suat (Mamat Suat)
Turquia – 1954
Marcou três gols na Copa do Mundo de 1954, na Suíça, sendo um dos principais jogadores da Turquia na competição. Atuou nas principais equipes do seu país.

7 – Allan Delon (Allan Delon Santos Dantas)
Vitória – 1995
Surgiu no Vitória como uma grande revelação, chamando a atenção pelos seus gols e pelo próprio nome. Não é nenhum galã como seu xará, mas viveu uma excelente fase no time baiano, atuando de 1995 a 2004. Passou rapidamente pelo Vasco, em 2005, e desde então rodou por equipes menores. É o maior artilheiro da história do Barradão, estádio do Vitória, com quarenta gols.

9 – Burton (Deon John Burton)
Seleção Jamaicana – 1998
Atacante que jogou a Copa do Mundo de 1998 pela Jamaica. Jogou principalmente em times ingleses, como Portsmouth (ING) e Derby County (ING). Também passou pelo futebol do País de Gales, Azerbaijão e dos Estados Unidos.

11 – Hoffman (Jonas Hoffman)
Borussia Dortmund (ALE) – 2012
Promessa do futebol alemão, que estreou no time profissional do Borussia Dortmund (ALE), em 2012. Para ter mais oportunidades para jogar e amadurecer, foi emprestado em 2014 para o Mainz 05 (ALE), também equipe da elite da Bundesliga. Desde 2016 atua pelo Borussia Mönchengladbach (ALE).

SELEÇÃO APRESENTADORES

1 – Jimenez (Carlos Jimenez)
Coritiba – 1981
O Coxa Branca venceu a concorrência com o Corinthians e contratou o goleiro boliviano Jimenez após duas atuações de gala em partidas contra o Brasil, válidas pelas Eliminatórias para a Copa do Mundo de 1982. Chegou com status de ídolo ao Coritiba, mas não correspondeu às expectativas e logo voltou para o seu país. Representou o Bolívar (BOL) por vários anos e foi o primeiro jogador boliviano a atuar num clube brasileiro.

2 – Eduardo Ratinho (Eduardo Correia Piller Filho)
Corinthians – 2005
Lateral-direito que surgiu no Timão em 2005, quando se sagrou campeão brasileiro. Passou ainda pelo CSKA (RUS), Toulouse (FRA), Fluminense Sport, entre outros clubes menores. Ganhou o apelido ainda nas categorias de base do Corinthians por ser rápido, ágil e o menor da turma.

3 – Luciano (Luciano Williams Dias)
Grêmio – 1995
Zagueiro revelado no Grêmio e, apesar de ser reserva imediato dos zagueiros Rivarola e Adílson, disputou várias partidas importantes por jogar tanto do lado direito como do esquerdo. Em 1999, foi negociado com o Corinthians e com o futebol japonês na temporada seguinte. No Grêmio foi campeão da Libertadores de 1995, Brasileiro de 1996 e da Copa do Brasil de 1997. Já pelo Corinthians fez parte do grupo campeão brasileiro de 1999 e do Mundial de Clubes da Fifa de 2000.

4 – Gil (Carlos Gilberto Nascimento Silva)
Cruzeiro – 2009
É considerado um dos melhores zagueiros do futebol brasileiro na atualidade. Com forte presença física, faz

da antecipação e colocação as suas principais virtudes. Foi revelado no Americano (RJ), mas começou a chamar a atenção jogando pelo Atlético (GO), onde foi campeão da Série C do Brasileirão em 2008. Chegou ao Cruzeiro em 2009, permanecendo até 2011. Após atuar no futebol francês, o Corinthians o contratou em 2013. Pelo Timão conquistou o Brasileiro de 2015, transferindo-se para o futebol chinês em 2016. Tem sido presença constante nas listas de convocação do treinador Dunga.

6 – André Marques (André Filipe Farias Marques)
Sporting (POR) – 2005
Lateral-esquerdo português que começou no Sporting (POR) e que acumulou passagens por times menores do seu país. Jogou ainda na Grécia e na Suíça.

5 – Fausto (Fausto dos Santos)
Vasco da Gama – 1928
Volante de grande capacidade técnica, que recebeu o apelido de A Maravilha Negra, pelo futebol apresentado na Copa do Mundo de 1930. Foi formado no Bangu, brilhou no Vasco e durante uma excursão do time carioca pela Espanha, em 1931, Fausto e o goleiro Jaguaré foram contratados pelo Barcelona (ESP). Jogou na Suíça e voltou para o Vasco, encerrando a carreira no Flamengo. Faleceu de tuberculose aos 34 anos.

8 – Luís Ricardo (Luís Ricardo Silva Umbelino)
Portuguesa – 2010
Após passagens apagadas por Grêmio, Marcílio Dias e Avaí despontou na Ponte Preta como ponta-direita. Foi negociado com a Portuguesa, em 2010, e acabou sendo improvisado na lateral-direita, posição em que se destacou. Na Lusa fez parte do time campeão da Série B do Brasileirão de 2011. Foi para o São Paulo em 2014, mas quase não jogou. Em 2015, foi jogar no Botafogo.

10 – Bruno Meneghel (Bruno Reboli Meneghel)
Vasco da Gama – 2005
Atacante que pintou bem no Vasco, mas que logo caiu no esquecimento. Teve passagens pelo Brescia (ITA), Bahia, Goiás, Náutico, Criciúma e América (MG). Está no futebol chinês desde 2012. Apesar do mesmo sobrenome, não é parente da apresentadora Xuxa.

7 – Sílvio (Sílvio Antônio Garlizoni)
Palmeiras – 1977
Ponta-direita revelado no Palmeiras e que fazia parte do time vice-campeão brasileiro de 1978. Com poucas oportunidades no Verdão, partiu para novos ares e jogou em clubes como Remo, Goiás e Ferroviária de Araraquara.

9 – Serginho (Sérgio Bernardino)
São Paulo – 1974
Despontou no São Paulo como um centroavante alto, forte e com fama de durão. Pelo Tricolor jogou entre 1973 a 1982 e foi o maior goleador da história do clube com 242 gols. Em 1983, desembarcou no Santos, seu time de coração. No total teve quatro passagens pelo Peixe como jogador. Disputou a Copa do Mundo de 1982, no histórico time do Brasil. Conquistou a vaga de titular após o corte do atacante Careca por contusão. Perdeu a Copa do Mundo de 1978 por estar suspenso por um ano, após agredir um bandeirinha. Tornou-se técnico.

11 – Jô (João Alves de Assis Silva)
Atlético (MG) – 2012
Começou no Corinthians, sendo o jogador mais jovem – 16 anos – a vestir a camisa do clube profissionalmente, em 2003. No Timão foi campeão brasileiro, em 2005. A partir de 2005 passou a jogar no futebol europeu, atuando na Rússia, na Inglaterra e na Turquia. Em 2011, foi contratado pelo Internacional (RS), sendo dispensado por indisciplina. Chegou ao Atlético (MG) em 2012 e tornou-se um jogador muito importante no título da Libertadores de 2013. Seu bom momento no clube mineiro chamou a atenção de Scolari que o convocou para a Copa das Confederações, em 2013. Mesmo reserva, Jô teve papel relevante no título da competição e carimbou a sua participação na Copa de 2014, porém decepcionou nessa competição. Foi negociado com o futebol dos Emirados Árabes e posteriormente foi jogar na China.

SELEÇÃO NOVELAS

1 – Félix (Félix Mielli Venerando)
Fluminense – 1968
Como o personagem da novela, muitos acreditavam que Félix poderia ser o vilão do Brasil na campanha da Copa do Mundo de 1970. A posição não tinha uma unanimidade e Félix, que na época jogava no Fluminense, ganhou a camisa 1 e foi importante com boas defesas na conquista do tricampeonato mundial.

2 – Nilo (Nilo Roberto Neves)
Coritiba – 1968
Foi no Coritiba que teve a melhor fase da sua carreira, clube que defendeu de 1968 a 1978. Também jogou no Internacional (RS) e Atlético (PR). Ao largar o futebol tornou-se técnico e quando dirigia o Sinop lançou um jovem goleiro de 17 anos, chamado Rogério Ceni.

3 – Odorico (Odorico Araújo Goulart)
Internacional (RS) – 1956
Zagueiro que se destacou no Internacional (RS) e na Portuguesa. Fez parte da Seleção Brasileira formada apenas por jogadores gaúchos, que disputaram e venceram os jogos Pan-Americanos de 1956, no México.

4 – Cirilo (Jéferson Cirilo Mesquita Martha)
Brasil (RS) – 2012
Também é conhecido como Cirilo Mesquita. Trata-se de um zagueiro cuja carreira foi marcada por passagens por vários clubes do interior do Rio Grande do Sul.

6 – Carlão (Carlos Roberto da Cruz Júnior)
Corinthians – 2006
Volante, zagueiro e lateral-esquerdo que surgiu no Corinthians. Em 2014, disputou a Champions League pelo Apoel, do Chipre.

5 – Roque (Marcelo José Ribeiro)
Portuguesa – 1993
Volante que quebrava um galho na zaga. Era forte na marcação e fez parte de um time histórico da Portuguesa, ao lado de outros jovens revelados na Lusa como Dener e Bentinho.

8 – Lucca (Lucca Borges de Brito)
Cruzeiro – 2013
Jovem meia-atacante que se destacou no Criciúma no Brasileirão de 2012. No ano seguinte foi contratado pelo Cruzeiro, fazendo parte do elenco campeão brasileiro no mesmo ano. Sem espaço no clube mineiro, foi emprestado para o Criciúma, em 2014. Contratado pelo Corinthians em 2015, foi fundamental na conquista do Brasileiro daquele ano.

10 – Muricy (Muricy Ramalho)
São Paulo – 1975
Era um meia-armador de boas qualidades técnicas e que no Brasil jogou no São Paulo, clube que defendeu de 1973 a 1979. Perdeu a Copa do Mundo de 1978 por ter ficado mais de um ano parado devido a uma séria contusão no joelho. Foi negociado com o Puebla (MEX), tornando-se ídolo e referência no clube. Iniciou a carreira de técnico no próprio Puebla (MEX) e depois foi auxiliar-técnico de Telê Santana no São Paulo. Depois de rodar por clubes menores, teve as primeiras oportunidades como técnico de equipes de ponta no Internacional (RS) e no São Paulo. Seus principais títulos como treinador são quatro títulos brasileiros (três pelo São Paulo e um pelo Fluminense) e a Taça Libertadores da América de 2011 pelo Santos.

7 – Molina (Maurício Alejandro Molina Uribe)
Santos – 2008
Meio-campista colombiano que jogou pelo Santos de 2008 a 2009. Além do Brasil e de seu país natal, Molina acumulou passagens pelo futebol do México, Emirados Árabes Unidos, Argentina, Paraguai, Sérvia e Coreia do Sul.

9 – Sassá (Luiz Ricardo Alves)
Botafogo – 2012
Meia-atacante esperto que pintou bem no Botafogo, mas que perdeu espaço e passou a ser emprestado. Jogou no Oeste de Itápolis e teve atuação discreta na Série B do Brasileirão de 2014 pelo Náutico. Retornou para o Botafogo em 2015.

11 – Mezenga (Bruno Ferreira Mombra Rosa)
Flamengo – 2005
Atacante canhoto que foi revelado pelo Flamengo em 2005, com apenas 16 anos. Jogou emprestado em diversas equipes a partir de 2007. Voltou a vestir a camisa do Mengão no Brasileiro de 2009, substituindo Adriano, que havia queimado o pé em uma lâmpada, mas só permaneceu até a temporada seguinte. Tornou-se um cigano e já atuou na Austrália, Turquia, Polônia e Sérvia.

SELEÇÃO INFÂNCIA

1 – Johnny "Superboy" Herrera (Johnny Cristián Herrera Muñoz)
Corinthians – 2006
Goleiro chileno que teve breve passagem pelo Corinthians em 2006, retornando para o seu país após falhas consecutivas.

2 – Yago Pikachu (Glaybson Yago Souza Lisboa)
Paysandu – 2014
Versátil, pode jogar tanto nas laterais como na meia. Revelação e ídolo da torcida do Paysandu nos últimos anos, foi contratado pelo Vasco em 2016.

3 – Patric (Patric Cabral Lalau)
Sport – 2014
Com passagens pelas bases da Seleção Brasileira, começou no Criciúma. Em 2009, foi contratado pelo Benfica (POR), clube que o emprestou para o Cruzeiro e Avaí. Chegou ao Atlético (MG) em 2011, porém não foi aprovado no Galo e voltou a ser emprestado para diversas equipes. No Brasileirão de 2014 se destacou com a camisa do Sport. Em 2015, retornou para o Atlético (MG).

4 – Balu (Luís Carlos Carvalho dos Reis)
Cruzeiro – 1989
Não se trata do simpático urso amigo do Mogli, mas sim do lateral-direito que se destacou no Cruzeiro e foi escolhido o melhor na sua posição no Campeonato Brasileiro de 1989. Jogou ainda na Ferroviária de Araraquara (SP), Portuguesa Santista e Paraná Clube.

6 – Wellington Saci (Wellington Aleixo dos Santos)
Corinthians – 2008
O Corinthians foi o seu primeiro time de destaque, onde foi campeão da Série B do Brasileirão, em 2008, e da Copa do Brasil de 2009. Voltou a conquistar a Série B nacional em 2014, desta vez pelo Joinville.

5 - Fernando Bob (Fernando Paixão da Silva)
Fluminense - 2008
Volante pegador revelado pelo Fluminense, mas que teve poucas oportunidades nas Laranjeiras, sendo emprestado constantemente para diferentes clubes. Jogou no Paulista de Jundiaí, Boavista (RJ), Avaí, Atlético (GO) e Vitória. Na Ponte Preta ganhou espaço e foi considerado um dos principais jogadores do time, tendo brilhado na histórica campanha do vice-campeonato da Copa Sul-Americana, em 2013. Chegou ao Internacional em 2016.

8 - Cuca (Alexi Stival)
Grêmio - 1989
Mesmo tendo sido um bom meia de ligação, a carreira de Cuca como técnico ganhou maior importância. Como jogador atuou no Grêmio, Valladollid (ESP), Internacional (RS), Palmeiras, Santos, Portuguesa e Coritiba. Já como treinador, dirigiu vários grandes clubes, como o Flamengo, Fluminense, Botafogo, Grêmio, Goiás, Coritiba, Santos, São Paulo e Cruzeiro. Mas ele alcançou o auge no Atlético (MG) ao conquistar a inédita Copa Libertadores da América de 2013. Em 2014, seduzido por um contrato milionário, foi trabalhar no futebol chinês.

10 - Super Mario (Mario Gómez García)
Bayern de Munique (ALE) - 2009
Ganhou o apelido em referência ao personagem dos videogames, o Mário Bros. Já o nosso Super Mario é um centroavante de área alemão que fez história com as camisas do Stuttgart (ALE), do Bayern de Munique (ALE), do Fiorentina (ITA) e do Besiktas (TUR). Frequentou a Seleção Alemã desde o Sub-15. Pelo time principal disputou a Copa do Mundo de 2010.

7 - Hulk (Givanildo Vieira de Souza)
Zenit (RUS) - 2012
Começou no Vitória, em 2000, e foi negociado com o futebol japonês no ano seguinte. Ganhou projeção para o futebol mundial quando atuava pelo Porto (POR). Transferiu-se para o Zenit (RUS) em setembro de 2012 por 60 milhões de euros. A primeira oportunidade na Seleção Brasileira veio em 2009. Ganhou espaço a partir da chegada de Luiz Felipe Scolari, disputando e conquistando a Copa das Confederações de 2013. Na Copa do Mundo de 2014 revezou entre ser titular e reserva do time.

9 - Fred (Frederico Chaves Guedes)
Cruzeiro - 2004
Fred tornou-se conhecido no futebol ao marcar o gol mais rápido de todos os tempos no Brasil. Na partida do seu time, o América (MG) com o Vila Nova (GO), pela Copa São Paulo de Futebol Juniores de 2003, Fred chutou do meio de campo na saída de bola e balançou as redes aos dois segundos de partida. Em 2004, foi negociado com o Cruzeiro, onde rapidamente assumiu o papel de artilheiro e ídolo do time. Jogou no futebol francês e retornou para o Fluminense, em 2009. No Tricolor Carioca viveu uma relação de amor e ódio com a torcida. No Fluzão foi campeão do Brasileirão de 2010 e 2012. Jogou apenas 15 minutos na Copa do Mundo de 2006 e retornou a jogar na competição em 2014, porém teve um desempenho apagado e abaixo do esperado. Viveu seu melhor momento na Seleção Brasileira na Copa das Confederações de 2013, sendo um dos principais jogadores na conquista do torneio.

11 - Iván "Bam Bam" Zamorano (Iván Luis Zamorano Zamora)
Real Madrid (ESP) - 1992
Atacante chileno que é considerado um dos maiores jogadores de toda a história do seu país. Após começar a carreira no Cobresal (CHI), foi jogar na Suíça. Destacou-se no Sevilla (ESP) e foi contratado pelo gigante Real Madrid (ESP). Teve passagem brilhante pela Internazionale (ITA) e pelo América (MEX), encerrando a carreira no Colo-Colo (CHI). Jogou a Copa do Mundo de 1998.

SELEÇÃO ESTÚDIOS DISNEY

1 – Tarzan (Cilso Tirbino)
Internacional (RS) – 1942
Goleiro que se destacou no Internacional (RS) e no Fluminense. Também atuou pelo Santos, Palmeiras e Flamengo. Ganhou o apelido devido à sua força e habilidade, iguais às do herói das telas de cinema.

2 – Peter (Peter dos Santos Barbosa Júnior)
Cruzeiro – 2007
Lateral-direito que surgiu no Cruzeiro, mas que rodou muito após deixar o clube mineiro.

3 – Huguinho (Hugo Filipe Sousa Pereira)
Boavista (POR) – 2015
Defensor português que joga pelo lado esquerdo do campo. Sua carreira, até o momento, é formada por passagens por equipes menores de seu país natal, com exceção do Boavista (POR), equipe que defendeu rapidamente e sem destaque.

4 – Luizinho (Luiz Carlos Ferreira)
Atlético (MG) – 1978
Zagueiro clássico e de muita habilidade, começou no Villa Nova (MG), mas ganhou espaço jogando pelo Atlético (MG). Atuou ainda no Sporting (POR) e no Cruzeiro. Foi o titular da zaga brasileira, ao lado de Oscar, na Copa do Mundo de 1982.

6 – Heitor (Heitor Camarin Júnior)
Flamengo – 1983
Lateral-direito de apoio ao ataque e que tinha um chute forte. Começou na Ponte Preta e jogou no Flamengo de 1983 a 1984. Jogou pouco no Brasil, transferindo-se para Portugal em 1984, onde permaneceu até encerrar a carreira. Foi campeão mundial Sub-20 em 1983 pelo Brasil, num time que contava com Dunga, Bebeto, Paulinho Carioca, entre outros. Entrou para a política e é o atual prefeito de Laranjal Paulista (SP).

5 – Dunga (Carlos Caetano Bledorn Verri)
Internacional (RS) – 1983
Diferentemente do doce Dunga dos desenhos, este volante deveria ter ganhado o apelido de Zangado. Em campo ele não fazia cerimônia para dar bronca nos seus companheiros, independentemente de quem fosse. Prova disto é que até Romário, ídolo e principal jogador da Seleção Brasileira na Copa do Mundo de 1994, teve que obedecer às ordens do comandante e capitão do time. Dunga tornou-se treinador e dirigiu o Brasil na Copa do Mundo de 2010, retornando ao cargo logo após a má campanha da Seleção na Copa de 2014.

8 – Cícero (Cícero Santos)
Fluminense – 2007
Volante e meia que sai para o jogo e conclui com facilidade, sempre deixando uns golzinhos por onde passa. O Fluminense foi o time onde mais se destacou, tendo duas passagens pelo clube carioca, sendo campeão da Copa do Brasil de 2007. Também jogou no Bahia, Figueirense, Hertha Berlin (ALE), Wolfsburg (ALE), São Paulo e Santos.

10 – Donald (Mitchell Donald)
Ajax (HOL)
Meio-campista holandês que surgiu como promessa no Ajax (HOL) em 2007, porém acabou não se concretizando como craque. Passou ainda pelos holandeses Willem II (HOL) e o Roda (HOL). Joga atualmente no Estrela Vermelha (CRO).

7 – Aladim (Aladim Luciano)
Bangu – 1966
Ponta-esquerda driblador e ofensivo que surgiu no Bangu. Logo no primeiro ano como profissional fez parte do time campeão carioca em 1966. Em 1970, foi negociado com o Corinthians e, em 1973, foi para o Coritiba, onde tornou-se ídolo. No futebol paranaense jogou ainda no Atlético (PR) e no Colorado.

9 – Mickey (Adalberto Kretzer)
Fluminense – 1971
Depois de jogar em times menores de Santa Catarina, passou pelo Fluminense entre 1969 a 1972, sendo campeão da Taça de Prata de 1970 como reserva do atacante Flávio. Passou pelo futebol colombiano e pelo Olaria até retornar para o Fluminense, em 1974. Jogou ainda no Bahia, São Paulo, Ceará e Avaí, tendo que encerrar a carreira por problemas no joelho.

11 – Pinóquio (Anderson Marques de Andrade)
Gênius (RO) – 2014
Meio-campista que disputou a Série D do Brasileirão de 2014 pelo Gênius (RO). Como a equipe é semiprofissional, Pinóquio exerce outras profissões, como porteiro e está fazendo curso para ser motorista de ônibus. Ganhou o apelido do avô, que não é o Gepeto, por causa do nariz fino e não por ser perna-de-pau.

SELEÇÃO TURMA DO CHAVES

1 – Barbirotto (Antônio Barbirotti Júnior)
São Paulo – 1984
Goleiro revelado pelo São Paulo, ficou a maior parte do período como reserva de Waldir Peres. Passou por diversos clubes medianos e menores. Tornou-se técnico. Curiosamente, Barbirotto é conhecido por muitos jovens, que não o viram jogar, pela citação no seriado *Chaves*, no episódio em que Chaves e Quico disputam pênaltis e o garoto do barril diz querer ser o goleiro.

2 – Ramon (Ramon de Morais Motta)
Vasco da Gama – 2009
Lateral-esquerdo revelado pelo Internacional (RS), que se destacou no Vasco da Gama com os títulos do Campeonato Brasileiro – Série B de 2009 e da Copa do Brasil de 2011. Também jogou no Corinthians, mas não se fixou como titular, apesar de fazer parte do elenco campeão do Brasileirão de 2011 e da Libertadores de 2012. Passou pelo Flamengo e foi negociado com o Besiktas (TUR).

3 – Chiquinho (Francisco de Jesus Fernandes)
Flamengo – 1973
Zagueiro do estilo xerife, que começou no Botafogo e viveu o ápice da sua carreira no Flamengo. Jogou também no Grêmio. Ganhou o apelido de Chiquinho Pastor por fazer pregações religiosas nos vestiários a fim de converter seus companheiros de clube.

4 – Florindo (Flávio Pinho)
Internacional (RS) – 1951
Foi um dos maiores zagueiros da história do Internacional (RS) e formou o segundo "Rolo Compressor". Jogou no Colorado de 1951 a 1959. Formou também a Seleção Brasileira que conquistou o Campeonato Pan-Americano de 1958, no México, e que era um time composto apenas por jogadores gaúchos. Nesta oca-

são a imprensa que cobria o torneio apelidou Florindo de Gigante de Ébano.

6 – Marinho Chagas "Bruxa" (Francisco das Chagas Marinho)
Botafogo – 1972
Com excelente apoio ao ataque, só não obteve mais sucesso por se tratar de um jogador polêmico e irreverente. Viveu um grande momento com a camisa do Botafogo de 1972 a 1976. Foi com a camisa do Fogão que disputou a Copa do Mundo de 1974, sendo considerado o melhor na sua posição naquela competição. Jogou antes no ABC e Náutico e depois do Botafogo no Fluminense e no New York Cosmos (EUA), ao lado de Franz Beckenbauer. Em 1981, voltou para o Brasil e vestiu a camisa do São Paulo. Na fase final da sua carreira teve passagens pelo Bangu, Fortaleza, América (RN), futebol norte-americano novamente e alemão. Tentou a carreira de treinador, mas não se destacou na função.

5 – Jaiminho (Jaime Aparecido Alves)
São Paulo – 1981
Era um meio de campo habilidoso, porém seu jeito temperamental atrapalhou a sua trajetória. Surgiu no São Paulo e depois passou pelo futebol norte-americano, Internacional (RS) e equipes de menor expressão.

8 – Bolaños (Christian Bolaños Navarro)
Saprissa (CRI) – 2001
Meia-atacante costarriquenho que surpreendeu na Copa do Mundo de 2014, quando a sua seleção foi a primeira colocada do "Grupo da Morte", formado por Uruguai, Itália e Inglaterra, chegando até às quartas de final. Bolaños disputou também a Copa do Mundo de 2006, mas com resultados mais humildes. Jogou no Saprissa (CRI) e no futebol dinamarquês e norueguês.

10 – Chávez (Andrés Chávez)
Boca Juniors (ARG) – 2014
Jovem atacante argentino revelado pelo Banfield (ARG), clube onde atuou nos anos de 2011 a 2013. Em 2014, desembarcou no Boca Juniors (ARG), tornando-se rapidamente titular e um dos preferidos da torcida.

7 – Luís Bolaños (Luís Alberto Bolaños León)
Santos – 2009
Meia-atacante que ficou conhecido no Brasil pelas suas passagens pelo Santos e pelo Internacional (RS), ambas em 2009, nas duas ocasiões sem destaque. Seus melhores momentos foram atuando pela LDU Quito (EQU).

9 – Enrique Borja (Enrique David Borja Garzia)
América (MEX) – 1969
Centroavante mexicano que jogou no América (MEX). Disputou as Copas do Mundo de 1966 e 1970 por sua seleção. Borja era o grande ídolo do personagem Chaves. Porém esta particularidade passou despercebida no Brasil porque a dublagem em nosso país ressaltava os craques locais, como Rivellino e Pelé. O próprio Enrique Borja declarou que ficou muito conhecido fora do México graças ao *Chaves*.

11 – Kiko (Francisco Miguel Narvaéz Machón)
Atlético de Madrid (ESP) – 1996
Atacante espanhol que jogou no Cádiz (ESP) e Atlético de Madrid (ESP). Frequentou a Seleção Espanhola desde as categorias de base. Também estava no grupo espanhol que conquistou a medalha de ouro nos Jogos Olímpicos de 1992, realizados em Barcelona (ESP). Disputou também a Eurocopa de 1996 e a Copa do Mundo de 1998.

SELEÇÃO

SÉRIES DE TV

1 – Bino (Setembrino da Costa Alves)
Corinthians – 1943
Goleiro ágil e que ganhou o apelido de Gato Preto, porque se vestia de preto. Foi titular do Corinthians em grande parte do primeiro jejum histórico do Timão, de 1941 a 1950. O primeiro título de Bino pelo Corinthians foi o Torneio Rio-São Paulo de 1950.

2 – Pedro (Pedro Alves da Silva)
Palmeiras – 2002
Lateral-direito que se destacou no Sporting (POR). Foi formado no Palmeiras e passou rapidamente pelo Vitória, Santos e Corinthians.

3 – Agostinho (Agostinho dos Santos)
Corinthians – 1940
Formou a histórica defesa corintiana campeã paulista de 1941 ao lado de Ciro e Chico Preto. Jogou ainda no Santos.

4 – Cris (Cristiano Marques Gomes)
Cruzeiro – 2003
Zagueiro de muita força física e que às vezes pecava pela violência. Foi revelado no Corinthians e mesmo ganhando títulos importantes, como a Copa do Brasil de 1995 e o Brasileirão de 1998, nunca caiu no gosto da Fiel. Em 1999, foi jogar no Cruzeiro, clube onde se destacou e foi campeão de várias competições, sendo as principais a Copa do Brasil de 2002 e a tríplice coroa: Mineiro, Copa do Brasil e Brasileirão de 2003. Transferiu-se para o futebol europeu, em 2003, e jogou na Alemanha, França e Turquia, vivendo o seu melhor momento no Lyon (FRA), clube onde ficou de 2004 a 2012. Voltou para o Brasil e jogou no Grêmio e no Vasco. Disputou a Copa do Mundo de 2006.

6 – Rick (Richarlyson Barbosa Felisbino)
São Paulo – 2005
Rick, ou Richarlyson, é filho do ex-atacante Lela e irmão do atacante Alecsandro. Trata-se de um jogador

versátil que joga de lateral-esquerdo, volante, meia e zagueiro. Surgiu muito jovem no Ituano, quando fez parte do elenco campeão paulista do mesmo ano. No Santo André chamou a atenção e foi contratado pelo São Paulo. No Tricolor foi importante na conquista do tricampeonato brasileiro de 2006, 2007 e 2008 e do Mundial de Clubes da Fifa de 2005. Em 2011, foi jogar no Atlético (MG) e ajudou o Galo na conquista da Libertadores de 2013. No ano seguinte se transferiu para o Vitória, tendo anunciado no final do Brasileirão que estava encerrando a carreira, principalmente pelos erros de arbitragem que teriam influenciado diretamente a queda do time baiano.

5 – Lula (Luiz Bomfim Marcos)
São Paulo – 1993
Zagueiro revelado pelo Santa Cruz, fez parte do elenco do São Paulo na conquista da Taça Libertadores da América de 1993. Também jogou pelo Santos e no futebol português.

8 – Juba (Juberci Alves da Cruz)
Brasil de Pelotas – 2011
Meia-atacante que teve passagens principalmente por clubes do Rio Grande do Sul, como o Novo Hamburgo (RS) e o Brasil de Pelotas (RS).

10 – Ribamar (Ribamar José Denis)
Sport – 1987
Meia que foi muito importante na conquista do Campeonato Brasileiro do Sport em 1987. Apesar desse título, Ribamar ficou marcado por ter sido envolvido, em 1989, na troca entre Corinthians e Palmeiras, quando o Timão cedeu o meia e o lateral-esquerdo Dida, e o Verdão entrou com o meia Neto, que se transformaria num dos grandes ídolos da história do Corinthians, e o lateral-esquerdo Denys. Também atuou em outros clubes de destaque, como Santos, Fluminense e Coritiba.

7 – Vavá (Edvaldo Izídio Neto)
Vasco da Gama – 1952
Atacante bicampeão mundial pelo Brasil nas Copas de 1958 e 1962. Ganhou o apelido de Leão da Copa, em 1958, por causa da sua força de vontade e vigor físico. Sua atuação na Copa de 1962 foi primordial, ainda mais depois que o Brasil perdeu Pelé contundido. Vavá assumiu, ao lado de Garrincha, a responsabilidade de comandar a Seleção, além de ser um dos artilheiros desta edição com quatro gols. Foi revelado no futebol pernambucano e contratado pelo Vasco, em 1952. Jogou ainda no Atlético de Madrid (ESP), Palmeiras, América (MEX), futebol norte-americano e encerrou a carreira na Portuguesa (RJ). Foi treinador no México e também compôs a comissão técnica do Brasil na Copa de 1982, na Espanha.

9 – Walter (Walter Henrique da Silva)
Fluminense – 2014
Ficou marcado por ter problemas para manter o peso. Mesmo gordinho, conseguiu dar um enorme trabalho para as defesas adversárias. Surgiu no Internacional (RS) e teve passagens pelo Porto (POR) e pelo Cruzeiro. Mas foi no Goiás que conseguiu chamar a atenção, quando foi muito importante na conquista da Série B do Brasileirão, em 2012.
Desembarcou no Fluminense em 2014. Jogou pouco pelo time das Laranjeiras. Desde 2015 está no Atlético (PR).

11 – White (Ellen White)
Seleção Inglesa Feminina – 2011
Ellen White é uma atacante da Seleção Inglesa de futebol feminino. Durante a Copa do Mundo de 2011 foi a autora de um gol na vitória por 2 X 0 sobre o Japão, pela primeira fase do torneio. Também disputou os Jogos Olímpicos de 2012, desta vez pela seleção da Grã-Bretanha.

SELEÇÃO HISTÓRICA

1 – Júlio César (Júlio César de Souza Santos)
Corinthians – 2005
Goleiro formado pelo Corinthians, que ficou no clube no período de 2005 a 2014. Teve a oportunidade de ser titular do Timão em 2010, com a saída do goleiro Felipe. Apesar das boas atuações, não transmitia confiança aos torcedores e teve sérias dificuldades para manter-se com a camisa 1. Esse foi um período de instabilidade, perdendo a vaga por diversas vezes, principalmente após sofrer uma fratura exposta no dedo em 2011, mas acabava retornando ao time e atuando. Tal situação permaneceu até a desclassificação no Paulistão de 2012, quando Júlio falhou na derrota decisiva para a Ponte Preta, cedendo o lugar definitivamente para Cássio. Na metade de 2014 se transferiu para o Náutico.

2 – John Lennon (John Lennon Silva Santos)
Botafogo – 2012
Jogador que surgiu no Botafogo e que jogou no Atlético (GO). Em recente entrevista disse que apesar de ter o nome do ex-Beatle, gosta mesmo é de funk.

3 – Graham Bell (Armando Graham Bell)
Corinthians – 1943
Beque uruguaio que teve passagens relevantes pelo Botafogo (1939 a 1942) e pelo Corinthians (1943 e 1944). Atuou apenas uma vez pelo Internacional (RS) e encerrou a carreira na Portuguesa Santista. Ao passar a ser técnico, ganhou respeito dirigindo clubes do interior de São Paulo.

4 – Homero (Homero Oppi)
Corinthians – 1951
Zagueiro de futebol firme, porém técnico, que foi ídolo do Corinthians na década de 1950. Também jogou pelo extinto Ypiranga (SP) e pelo Santos.

6 – Ivan (Ivan Rocha Lima)
São Paulo – 1988
Jogava como zagueiro e lateral-esquerdo. Foi revelado no São Paulo, onde foi campeão paulista, brasileiro e da Libertadores de América, em 1992. Apesar dos títulos, foi bastante contestado no Tricolor. Negociado em 1992, permaneceu por nove anos no futebol espanhol. Atualmente é agente da Fifa.

5 – Mahatma Gandhi (Mahatma Gandhi Heberpio Mattos Pires)
Atlético (GO) – 2012
Revelado nas categorias de base do Atlético (GO). É um volante de boa qualidade na saída de bola e teve as primeiras oportunidades no final do Campeonato Brasileiro de 2012.

8 – Carlos Magno (Carlos Magno de Oliveira)
Goiás – 1983
Meia clássico e de excelente qualidade técnica que surgiu no Goiás em 1983. Formou um dos melhores times do Verdão de Goiás ao lado de nomes como Uidemar e Túlio Maravilha, na década de 1980. Também jogou pelo Botafogo e Sport. Tornou-se treinador.

10 – Marco Antônio (Marco Antônio Miranda Filho)
São Paulo – 2003
Começou como um meia de futebol refinado, porém lento e instável. Com o passar do tempo, acabou recuado para atuar como volante, sua posição atual. Fez parte do elenco do São Paulo campeão da Libertadores de 2005. Destacou-se na Portuguesa, sendo um dos líderes da equipe na conquista do Campeonato Brasileiro da Série B em 2011, sendo negociado em seguida com o Grêmio. Fez um bom Campeonato Brasileiro em 2014 com a camisa do Figueirense.

7 – Cabralzinho (Carlos Alberto Ferreira Cabral)
Santos – 1961
É daqueles casos que é mais lembrado por sua carreira como treinador do que como jogador. Era um bom atacante e jogou no Santos, Bangu, Palmeiras, Fluminense e Flamengo, além do futebol norte-americano. Foi campeão carioca de 1966 pelo Bangu. Como treinador ficou conhecido pelos trabalhos realizados em equipes do Catar, Arábia Saudita, Egito e Tunísia, além do Santos, onde foi vice-campeão brasileiro, em 1995.

9 – Alan Kardec (Alan Kardec de Souza Pereira Júnior)
Vasco da Gama – 2007
Atacante de boa qualidade técnica, foi revelado pelo Vasco. Jogou ainda no Internacional (RS), Benfica (POR) e Santos. Em 2014, foi pivô de uma negociação conturbada com o Palmeiras, clube onde se destacou e para o qual estava emprestado. Só que Alan Kardec acabou indo jogar no São Paulo, que o contratou em definitivo do Benfica (POR). Foi campeão brasileiro da Série B duas vezes: em 2009 pelo Vasco e em 2013 pelo Palmeiras. Fez parte da lista de suplentes para a copa do Mundo de 2014.

11 – Malcom (Malcom Filipe Silva de Oliveira)
Corinthians – 2014
Atacante que se destacou na Copa São Paulo de Futebol Juniores de 2014 pelo Corinthians. Pela falta de atacantes no elenco principal, Malcom foi promovido e, apesar de oscilar, acabou o Campeonato Brasileiro de 2014 como titular do Timão. Seu pai lhe deu o nome em homenagem ao político e ativista norte-americano Malcolm X. Entrou no desmanche do Corinthians no início de 2016, após ser campeão brasileiro, e foi negociado com o Bordeaux (FRA).

SELEÇÃO IMPÉRIO ROMANO

1 – Júlio César (Júlio César Soares Spíndola)
Flamengo – 1997
Iniciou a carreira no Flamengo e viveu o melhor momento na sua carreira na Internazionale (ITA), quando foi considerado um dos melhores goleiros do mundo. Foi o terceiro goleiro na Copa do Mundo de 2006 e titular nas edições de 2010 e 2014. Transferiu-se para o Benfica (POR) logo após a disputa da Copa de 2014. Seus principais títulos foram a Champions League de 2009/10 e o Mundial de Clubes da Fifa de 2010.

2 – César (César Aparecido Rodrigues)
São Caetano – 2000
Lateral-esquerdo e meia que despontou no São Caetano e que jogou no futebol italiano, pela Lazio (ITA) e Internazionale (ITA). Teve uma passagem rápida pelo Corinthians antes de voltar para a Itália, onde encerrou a carreira de jogador e iniciou a de treinador. Um fato marcante foi a sua prisão em 1994, acusado de ter participado de um assalto ao Juventus (SP), clube onde jogava na época. Chegou a cumprir pena no antigo complexo do Carandiru, em São Paulo.

3 – Otávio (Otávio Henrique Silva)
América (MG) – 2009
Zagueiro revelado pelo América (MG) e que jogou pela Ponte Preta, Joinville e XV de Piracicaba.

4 – Del Nero (José del Nero)
Palestra Itália – 1936
Grande ídolo do Palestra, tendo atuado no clube de 1936 a 1942 e de 1944 a 1945, quando o clube já havia passado a se chamar Palmeiras. É o pai de Marco Polo Del Nero, ex-presidente da Federação Paulista e atual presidente da CBF.

6 – Augusto (Augusto Pedro de Souza)
Goiás – 1996
Lateral-esquerdo que se projetou no Goiás em 1996. Também jogou pela Portuguesa, antes de ser contra-

tado pelo Corinthians, em 1999. No Timão foi muito cobrado pela torcida e acabou não rendendo o esperado. Tornou-se treinador.

5 – Galeano (Marcos Aurélio Galeano)
Palmeiras – 1989
Volante de marcação que teve a sua carreira vinculada principalmente ao Palmeiras, clube que o revelou e onde viveu a sua melhor fase, inclusive como campeão diversas vezes, sendo o da Libertadores da América de 1999 o título principal. Outros clubes de projeção onde jogou foram o Botafogo, Bahia, Ponte Preta e Goiás, além de ter experiência internacional no futebol coreano e turco.

8 – Marco Aurélio (Marco Aurélio Moreira)
Ponte Preta – 1977
Era um meio-campista que conseguia marcar e armar jogadas com a mesma eficiência. Jogou na Ponte Preta de 1976 a 1982. Também foi bem no Fluminense e no Coritiba, onde se sagrou campeão brasileiro de 1985. Tornou-se treinador.

10 – Cláudio (Cláudio Christovam de Pinho)
Corinthians – 1954
Jogou nos quatro grandes clubes de São Paulo. Foi considerado um dos maiores ídolos do Corinthians, além de ser o maior goleador de todos os tempos do Timão, com 306 tentos. Foi revelado pelo Santos e no Palmeiras marcou o primeiro gol do clube após mudar seu nome de Palestra Itália para o atual. Jogou pelo Corinthians de 1945 a 1957, aposentando-se pela primeira vez e iniciando a carreira como técnico. Em 1959, voltou a jogar pelo São Paulo, mas por um curto período de tempo.

7 – Giuliano (Giuliano Victor de Paula)
Internacional (RS) – 2010
Revelado pelo Paraná Clube, ganhou espaço no futebol brasileiro com a camisa do Internacional (RS), sendo campeão da Libertadores da América de 2010. Após jogar de 2011 a 2014 na Ucrânia, voltou para o Brasil para jogar no Grêmio.

9 – Adriano Imperador (Adriano Leite Ribeiro)
Flamengo – 2000
Brilhou no Flamengo e na Internazionale (ITA), onde recebeu o apelido de L'Imperatore [O Imperador], em alusão ao imperador romano. Jogou apenas a Copa do Mundo de 2006. Tem passado por sérios problemas pessoais que comprometeram diretamente a sua carreira. Suas passagens por São Paulo, Roma (ITA), Corinthians e Atlético (PR) não deixaram saudades e refletiram quanto Adriano pode render atualmente.

11 – Kléber Gladiador (Kléber Giacomance de Souza Freitas)
São Paulo – 2003
Começou no São Paulo e muito jovem se transferiu para o futebol russo. Em 2008, desembarcou no Brasil e tornou-se ídolo no Palmeiras. No ano seguinte foi anunciado como reforço do Cruzeiro. Voltou para o Palmeiras, em 2010, mas não conseguiu o mesmo brilho da primeira vez. Foi negociado com o Grêmio e, sem espaço no Tricolor Gaúcho, foi emprestado para o Vasco da Gama para a disputa da Série B do Campeonato Brasileiro de 2014 e atualmente está no Coritiba.

GRUPOS

ANIMAIS

NATUREZA

GASTRONOMIA

MERCADO

FÉ

FAMÍLIA

GEOGRAFIA

ESPORTES

CORPO & ALMA

MÚSICA

ARTES

VALE -TUDO

GRUPO

VALE-TUDO

SELEÇÕES

CANÁBICA
VIOLENTA
TRANQUILIDADE
POTENTE
CIRCO
MANICÔMIO
HOSPITAL
ARMAS
GUERRA

SELEÇÃO CANÁBICA

1 – Neuer (pronuncia-se: Nóia) (Manuel Peter Neuer)
Bayern de Munique (ALE) – 2011
Goleiro tetracampeão mundial pela Alemanha na Copa do Mundo de 2014, que se destacou pelo estilo de jogar adiantado e recebeu o prêmio Luva de Ouro da Fifa. Também foi titular na Copa de 2010, quando a Seleção Alemã acabou com o terceiro lugar. Começou a carreira no Schalke 04 (ALE), mas foi no Bayern de Munique (ALE), clube que defende desde 2011, que se tornou mundialmente conhecido, principalmente com as conquistas da Champions League 2012/13 e do Mundial de Clubes da Fifa de 2013, entre outros títulos. Devido ao seu excelente desempenho na temporada de 2014, disputou o prêmio de Melhor Jogador do Mundo da Fifa com Messi e Cristiano Ronaldo.

2 – Brasinha (Sidnei Santos de Oliveira)
Vasco da gama – 2008
Defensor que surgiu nas categorias de base. Ainda amador, passou pelo Brescia (ITA). Desde que se profissionalizou, atua por pequenas equipes do Rio de Janeiro.

3 – Marcelo Matos (Marcelo de Matos Terra)
Corinthians – 2005
Sua posição original é volante, mas também atua na lateral-direita e na zaga. Após passagem pelo Japão, jogou pelo São Caetano, sendo um dos principais jogadores do time no título paulista de 2004. Transferiu-se para o Corinthians, tendo duas passagens pelo clube e conquistando o Brasileirão de 2005. Em 2010, foi contratado pelo Botafogo. Também jogou na Grécia. Após passar pelo Vitória, chegou ao Vasco em 2016.

4 – Orlando Fumaça (Orlando Monteiro do Nascimento)
Vasco – 1983
Vasco, Cruzeiro, Atlético (PR), Ponte Preta e América (SJRP) foram as suas principais equipes. Era um zagueiro forte e viril.

6 – Vinicius Fininho (Vinícius Aparecido Pereira de Santana Campos)
Corinthians – 2003
Formado pelo Corinthians, acabou se queimando no clube após mostrar o dedo médio para a torcida que o vaiava, ao ser substituído numa partida válida pela Copa do Brasil e realizada no Pacaembu, em 2005. Jogou também no Vitória, Juventude, Figueirense, futebol russo, Sport e na Ucrânia.

5 – Pituca (Cláussio dos Santos Dimas)
Atlético (GO) – 2006
Seus melhores momentos foram com a camisa do Atlético (GO), clube onde atuou por três períodos distintos.

8 – Javi Hervás (Javier Hervás Salmoral)
Sevilla (ESP) – 2012
Meia espanhol que teve breve passagem pelo Sevilla (ESP) entre 2012 e 2013.

10 – Beckham (David Robert Joseph Beckham)
Manchester United (ING) – 1993
Foi um dos primeiros atletas a se tornar celebridade, principalmente após casar com Victória, cantora do grupo pop Spice Girls. Em campo, o meia começou bem cedo. Aos 18 anos ganhou as primeiras oportunidades no Manchester United (ING), clube onde viveu o auge de sua carreira. Formou o time de galácticos do Real Madrid (ESP) e atuou ainda no Los Angeles Galaxy (EUA), Milan (ITA) e Paris Saint-Germain (FRA). Pela Seleção Inglesa disputou as Copas do Mundo de 1998, 2002 e 2006. Em 2010, não pôde jogar a Copa, porém acompanhou a Inglaterra como assistente técnico.

7 – Palhinha (Jorge Ferreira da Silva)
São Paulo – 1992
Apesar de ter passado por diversos clubes relevantes, foi no São Paulo que despontou e viveu o seu melhor período. Pelo Tricolor conquistou importantes títulos, como a Libertadores da América e o Mundial de Clubes de 1992 e 1993, Também foi bem no Cruzeiro, sendo campeão da Copa do Brasil de 1996 e da Libertadores de 1997.

9 – Tuca (Ricardo Ferretti de Oliveira)
Botafogo – 1971
Tuca foi um atacante que não chegou a se destacar no cenário nacional, apesar de ter vestido as camisas do Botafogo, de 1971 a 1975, e Vasco, entre 1975 a 1976. Após passar pelo Bonsucesso, aceitou convite para atuar no futebol mexicano, que a partir da segunda metade da década de 1970 passou a investir pesado na contratação de atletas brasileiros. Tuca jogou em importantes equipes, como o Atlas (MEX), Pumas (MEX) e Monterrey (MEX). Ao encerrar a carreira de jogador, tornou-se um destacado técnico também no México.

11 – Matosas (Gustavo Cristian Matosas Paidón)
São Paulo – 1993
Meio-campista uruguaio que ficou conhecido no Brasil pela sua passagem pelo São Paulo, onde jogou de zagueiro, volante, meia e até atacante, no período de 1993 a 1994, conquistando a Libertadores da América de 1993. No Brasil ainda teve passagens apagadas pelo Atlético (PR) e Goiás.

SELEÇÃO VIOLENTA

1 – Tombolini (Laureano Tombolini)
Rosario Central (ARG) – 2009
Goleiro revelado pelo Rosário (ARG) e que passou por equipes de menor expressão. Sua experiência é vista com bons olhos pelos clubes que disputam as divisões de acesso, como o Instituto de Córdoba (ARG) e Olimpo (ARG).

2 – Russo "Cangaceiro" (Ricardo Soares Florêncio)
Vitória – 1997
Começou no Sport e jogou em clubes expressivos como Vitória, Cruzeiro, Santos, São Caetano, Vasco e o Spartak Moscou (RUS). Fez parte do grupo da Seleção Brasileira que conquistou a Copa das Confederações de 1997. Ganhou o apelido de Cangaceiro pela forma dura de jogar.

3 – Clóvis "Açougueiro" (Clóvis Pinheiro dos Santos)
Náutico – 1961
Zagueiro que abusava da violência para intimidar seus adversários. Iniciou a carreira no Santa Cruz, passou pelo Palmeiras e viveu o melhor momento no Náutico.

4 – Márcio Paulada (José Márcio Divino)
Atlético (MG) – 1977
Zagueiro viril e que muitas vezes apelava para a violência. Teve passagem marcante pelo Atlético (MG), sendo constantemente lembrado por ter sido um dos jogadores que perderam a cobrança na decisão por pênaltis do Campeonato Brasileiro de 1977, quando o Galo perdeu o título para o São Paulo.

6 – Odiah (Chidi Odiah)
Seleção Nigeriana – 2010
Zagueiro nigeriano que disputou a Copa do Mundo de 2010. O CSKA (RUS) foi a sua principal equipe, tendo atuado por ela de 2004 a 2012, quando se aposentou.

5 – Agreda (Francisco Agreda)
Oriente Petrolero (BOL) – 2011
Volante boliviano de marcação que jogou de 2010 a 2012 no Oriente Petrolero (BOL), um dos principais times do país.

8 – Roberto Cavalo (Roberto Fernando Schneiger)
Vitória – 1993
Volante de marcação, que se especializou na proteção à zaga. Seu chute de fora da área, assim como as suas cobranças de faltas, eram temidas pelos adversários. Ganhou projeção no Vitória, em 1993, ao fazer parte do time vice-campeão brasileiro daquele ano. Passou ainda pelo Criciúma, Botafogo, Sport e Avaí. Tornou-se um requisitado treinador de equipes intermediárias do futebol brasileiro.

10 – Abate (Rodolfo Abate)
Chacarita Juniors (ARG) – 1978
Meio-campista organizador de jogadas no melhor estilo argentino que foi o maestro do Chacarita Juniors (ARG) em 1978. Apesar de hábil, não jogou em equipes expressivas.

7 – Quizumba
Leônico (BA) – 1975
Atacante que fez carreira no futebol baiano. Ganhou o apelido pelas diversas confusões que se metia dentro de campo desde muito jovem.

9 – Kléber Gladiador (Kléber Giacomance de Souza Freitas)
São Paulo – 2003
Sua coragem e luta em campo lhe valeram o apelido de Gladiador, personagem que lutava pela própria vida nas arenas romanas. Começou no São Paulo e viveu os melhores momentos da carreira jogando pelo Palmeiras e Cruzeiro, decepcionando no Grêmio e no Vasco. Atualmente está no Coritiba.

11 – Barbáro (Alejandro Barbáro)
Banfield (ARG) – 2011
Veio das categorias de base do Banfield (ARG), que também foi a sua primeira equipe profissional, permanecendo no clube de 2010 a 2013. Atuou pelo All Boys (ARG) por uma temporada e transferiu-se em 2014 para o San Lorenzo (ARG). Jogou a Libertadores de 2016 pelo Nacional (URU).

SELEÇÃO **TRANQUILIDADE**

1 – La Paz (Jorge Américo La Paz)
Internacional (URU) – 1954
Goleiro uruguaio que fez parte do elenco campeão da Copa do Mundo de 1950. Jogou no Liverpool (URU), Nacional (URU), Peñarol (URU), Cruzeiro de Porto Alegre (RS), América (RJ) e Internacional, onde brilhou entre 1954 a 1959.

2 – Lucas Zen (Lucas de Lacerda Lima Gonçalves)
Botafogo – 2010
Iniciou a carreira no Botafogo e teve as primeiras oportunidades como titular a partir de 2010. Graças às boas atuações, ganhou a posição de titular do Glorioso em 2011, porém uma grave lesão no joelho em 2012 atrapalhou a continuidade da sua carreira, não retornando a se destacar. Em 2014, disputou o campeonato baiano pelo Vitória, mas retornou a seguir para o Botafogo.

3 – Sereno (Henrique Sereno Fonseca)
Porto (POR) – 2012
Defensor português com passagens pelo Vitória de Guimarães (POR), Valladolid (ESP), Porto (POR), Colônia (ALE) e Kayserispor (TUR).

4 – Pazienza (Michele Pazienza)
Napoli (ITA) – 2010
Volante italiano forte na marcação. Sua carreira conta com atuações pelo Foggia (ITA), Udinese (ITA), Fiorentina (ITA), Juventus (ITA), Napoli (ITA) e o Bologna (ITA).

6 – Alberto Valentim (Alberto Valentim do Carmo Neto)
Atlético (PR) – 1995
Lateral-direito que viveu os melhores momentos da sua carreira com a camisa do Atlético (PR), onde jogou por quatro oportunidades. Também atuou pelo

São Paulo, Cruzeiro e Flamengo. Entre 1999 a 2006 jogou na Itália, pela Udinese (ITA) e Siena (ITA). Ao abandonar os gramados, tornou-se assessor da presidência do Atlético (PR) e depois passou a exercer a função de assistente técnico permanente do Palmeiras, chegando a assumir a equipe profissional temporariamente.

5 – Domingos Paciência (Domingos José Paciência de Oliveira)
Porto (POR) – 1987
Ponta-de-lança clássico com muita qualidade técnica que brilhou no Porto (POR), clube que defendeu em duas oportunidades, entre 1987 a 1997 e de 1999 a 2001. Também atuou pelo Tenerife (ESP). Logo após encerrar a carreira, tornou-se treinador, sendo atualmente considerado um dos mais importantes do futebol lusitano.

8 – Plácido (Plácido Assis Monsores)
América (RJ) – 1935
Atacante que marcou época no América (RJ) entre 1935 e 1943. Jogou ainda no Bangu, onde começou e encerrou a carreira como atleta, e no Ypiranga (BA). Tornou-se um respeitado treinador do futebol carioca.

10 – Rubén Paz (Rubén Walter Paz Marquez)
Internacional (RS) – 1982
Meia e volante uruguaio de grande capacidade técnica. Surgiu no Peñarol (URU) e brilhou no Brasil jogando pelo Internacional (RS). Racing de Paris (FRA), Racing (ARG), Genoa (ITA) foram outros clubes de destaque no seu vasto currículo, que conta ainda com atuações em clubes uruguaios e argentinos de menor expressão. Pela Seleção Uruguaia disputou as Copas do Mundo de 1986 e 1990, além de ter se sagrado campeão do Mundialito de 1981, tendo sido também eleito o melhor jogador da competição.

7 – Calmon (Carlos Antonio Cauhy Calmon)
Paraná Clube – 1997
Atacante rodado do futebol brasileiro. Seus clubes mais expressivos foram o Avaí, Fortaleza, Caxias, Treze (PB), Joinville, ASA e CRB , onde encerrou a careira em 2010. Também jogou na China e no México.

9 – Luca Tranquilli (Luca Tranquilli)
Schafhausen (SUI) – 2012
Jovem meia-atacante italiano que atua no Schafhausen (SUI), pequeno clube suíço que disputa a segunda divisão nacional.

11 – Manso (Damián Manso)
Newell's Old Boys (ARG) – 1996
Meia e atacante argentino andarilho e que jogou em vários países: França, Grécia, Equador, México e Arábia Saudita. Em seu país, defendeu o Newell's Old Boys (ARG), com quatro passagens, Independiente (ARG) e Chacarita Juniors (ARG).

SELEÇÃO POTENTE

1 – Vigorito (Mauro Vigorito)
Cagliari (ITA) – 2009
Goleiro italiano que começou no Cagliari (ITA), em 2009. Após jogar por equipes menores italianas, chegou em 2013 no Vicenza (ITA), onde permanece até hoje.

2 – Vitali (Martin Vitali)
Racing (ARG) – 2001
Revelado no Ferro Carril (ARG), teve passagem pelo Independiente (ARG), porém foi no Racing (ARG) que se tornou peça-chave da equipe que conquistou o Campeonato Argentino Apertura de 2001, após 35 anos de fila. Jogou ainda no futebol espanhol e cipriota, além de retornar mais uma vez ao Racing (ARG) e atuar pelo Nueva Chicago (ARG), encerrando a carreira em 2011.

3 – Vigorelli (Cláudio Vigorelli)
Sarmiento de Junín (ARG) – 1993
Zagueiro que marcou época no Sarmiento de Junin (ARG) na campanha de acesso para a segunda divisão argentina em 1993.

4 – Fortino (Cristian Fortino)
Victoriano Arenas (ARG) – 1998
Zagueiro que vestiu a camisa do pequeno Victoriano Arenas (ARG), um clube da província de Buenos Aires, e que disputa atualmente a quinta divisão nacional.

6 – Potenzoni (Mauro Potenzoni)
Deportivo Español (ARG) – 1993
Lateral-esquerdo argentino aposentado que jogou no Deportivo Español (ARG), Argentino Juniors (ARG) e Mallorca-B (ESP).

5 – Vitale (Luigi Vitale)
Livorno (ITA) – 2010
Lateral-esquerdo e volante italiano que começou no Napoli (ITA) em 2005. Desde 2007 tem sido emprestado para diversas equipes italianas, sendo as principais o Livorno (ITA) e o Bologna (ITA).

8 – Pilan (Manuel Pilan)
Newell's Old Boys (ARG) – 1958
Volante argentino que viveu o seu melhor momento no Newell's Old Boys (ARG), onde atuou nos anos de 1957 e 1958.

10 – Odair Fortes (Odair Fortes)
Rennes (FRA) – 2012
Meio-campista nascido no Cabo Verde e que atua no Rennes (FRA) desde 2012. É presença constante na lista da sua seleção desde 2010.

7 – Forte (José Alfredo Forte)
Ferro Carril (ARG) – 1992
Ponteiro-direito driblador e habilidoso com facilidade de chegar à linha de fundo. O ápice da sua carreira foi no Ferro Carril (ARG).

9 – Potente (Osvaldo Potente)
Boca Juniors (ARG) – 1979
Meio-campista que jogava na articulação e adiantado, próximo do centroavante. Começou a carreira e a encerrou no Boca Juniors (ARG), tendo jogado ainda no Rosario Central (ARG) e no The Strongest (BOL). Teve poucas oportunidades na Seleção Argentina, tendo participado de apenas três partidas amistosas. Aposentou-se em 1980.

11 – Potenza (Cláudio Potenza)
Banfield (ARG) – 1988
Atacante matador no melhor estilo argentino. Brilhou no Banfield (ARG) entre 1987 e 1988.

SELEÇÃO CIRCO

1 – Buffon (Gianluigi Buffon)
Juventus (ITA) – 2001
Goleiro italiano que esteve em cinco Copas do Mundo (1998, 2002, 2006, 2010 e 2014). No título da Copa do Mundo de 2006 sofreu apenas dois gols em todo o torneio, sendo uma das principais figuras da esquadra italiana. Iniciou a carreira no Parma (ITA), mas está associado à Juventus (ITA), clube que defende desde 2001 e onde conquistou cinco "scudettos" (campeonatos nacionais), além da Série B de 2006/07. É considerado um dos melhores goleiros da atualidade.

2 – Piolim (Laurindo Furlani)
São Paulo – 1942
Lateral-direito que foi campeão paulista de 1943, 1945 e 1946 pelo São Paulo.

3 – Garcia (Marcos Garcia)
Juventude – 2012
Zagueiro de vigor físico com passagens pelo Náutico, Juventude, Treze e diversos clubes do interior de São Paulo.

4 – Juninho Canhão (Anselmo Vendrechovski Júnior)
Botafogo – 2006
Zagueiro que tem um chute muito forte de longa distância, tanto que se especializou nas cobranças de faltas. Jogando pelo Botafogo ganhou destaque. Vestiu ainda a camisa do São Paulo, sendo campeão brasileiro de 2008, e depois foi jogar no futebol coreano e chegou ao Tigres (MEX), em 2010.

6 – Lucas Miranda, O Jogador Acrobata (Lucas Miranda)
Atlético (MG) – 1950
Jogou no Botafogo e no Corinthians, mas foi no Atlético (MG) que se destacou na década de 1940 e

1950, período em que foi campeão estadual em seis oportunidades. Era um atacante habilidoso e que ganhou o apelido de O Jogador Acrobata durante a excursão do Galo pela Europa em 1950.

5 – Deco, O Mágico (Anderson Luís de Souza)
Barcelona (ESP), 2004
Revelado no Corinthians, foi na Europa que estourou para o futebol mundial. Após um começo difícil em Portugal, se destacou no Porto (POR), conquistando vários títulos, sendo o principal a Champions League de 2003/04. Em 2004, jogou no Barcelona (ESP) e continuou brilhando com seu estilo clássico, voltando a conquistar a Champions League em 2005/06. Jogou ainda no Chelsea (ING) e encerrou a carreira no Fluminense, porém ainda deu tempo para ser campeão brasileiro de 2010 e 2012. Disputou as Copas do Mundo de 2006 a 2010 e as Eucocopas de 2004 e 2008 por Portugal.

8 – Kerlon Foquinha (Kerlon Moura Souza)
Cruzeiro – 2005
Mais um jogador que nunca passou de uma promessa. Surgiu em 2005, aos 18 anos, no Cruzeiro como um atacante com grandes qualidades técnicas. Inovou criando o drible da foquinha, que consiste em driblar os adversários fazendo embaixadas com a cabeça.

10 – Leônidas da Silva, O Homem Borracha (Leônidas da Silva)
São Paulo – 1943
Foi o inventor da bicicleta. Brilhou jogando no Flamengo, Vasco e Botafogo. Ao ser contratado pelo São Paulo, em 1942, a cidade homônima parou para recebê-lo na Estação da Luz. A chegada de Leônidas ao Tricolor foi fundamental na conquista de cinco títulos paulistas (1943, 1945/46, 1948 e 1949). Disputou as Copas do Mundo de 1934 e de 1938, quando foi o artilheiro da competição com sete gols. Ficou conhecido também por ser um jogador rebelde e contestador.

7 – Pablo "El Payaso" (Pablo César Aimar Giordano)
River Plate (ARG) – 1997
Com apenas 19 anos era titular no River Plate (ARG) e o melhor atleta do time. Atuava como meia-atacante e se destacou ainda com as camisas do Valencia (ESP), Real Zaragoza (ESP) e Benfica (POR). Disputou as Copas do Mundo de 2002 e 2006. Ganhou o apelido de El Payaso [O Palhaço] por causa do seu cabelo.

9 – Paulo Leão (Paulo Gracindo Leão)
Palmeiras – 1964
Centroavante revelado pelo Guarani e que jogou no Palmeiras, América (RJ), Botafogo (RP) e Francana, Formou-se em educação física e partiu para a carreira de treinador, tendo realizado os melhores trabalhos na Ponte Preta, Avaí e Guarani.

11 – Pimentinha (Anderson Wanderllan de Moraes Rodrugues)
Sampaio Corrêa – 2012
Atacante com características de ponteiro driblador. Pelas suas qualidades ganhou o apelido de Messi do Nordeste. Começou a carreira no Moto Club, mas foi no Sampaio Corrêa que encontrou o seu melhor futebol e ganhou projeção.

SELEÇÃO MANICÔMIO

1 – René "El Loco" Higuita (José René Higuita Buros Zapata)
Atlético Nacional (COL) – 1986
Goleiro que ficou famoso por suas loucuras e por ter feito parte da melhor geração do futebol colombiano. Extravagante, usava uniformes coloridos, uma grande cabelereira e adorava sair jogando com os pés, até que na Copa do Mundo de 1990 perdeu a bola para o atacante camaronês Roger Millar e tomou o gol. Outra loucura foi a defesa do escorpião, realizada no amistoso Inglaterra X Colômbia, em 7 de setembro de 1995, no lendário estádio de Wembley, em Londres, Inglaterra. Também gostava de cobrar pênaltis, o que o caracterizou como um goleiro artilheiro. É mais conhecido pelas suas atuações pela Seleção Colombiana, mas defendeu diversos clubes de seu país, além de atuar no futebol da Espanha, México, Equador e Venezuela. Um fato marcante da sua carreira foi a prisão em 1993, acusado de sequestro.

2 – Orlando Lelé (Orlando Pereira)
Vasco da Gama – 1977
Lateral que nunca aliviou nas entradas duras. Era um especialista nas cobranças de faltas, assim como na arte de polemizar. Revelado pelo Santos, passou por Coritiba e América (RJ), até viver o melhor momento da carreira no Vasco. Também jogou na Itália, na Udinese (ITA).

3 – Piro (Pablo Piro)
Gimnasia y Esgrima (ARG) – 1992
Zagueiro argentino aposentado que teve o melhor momento da carreira com a camisa do Gimnasia y Esgrima (ARG).

4 – El Loco Bielsa (Marcelo Alberto Bielsa)
Newell's Old Boys (ARG) – 1978
Conhecido pela sua carreira como treinador, foi um zagueiro com curta carreira e que teve o Newell's Old Boys (ARG) como principal clube, iniciando a carrei-

ra de técnico nas categorias de base do próprio clube. Dirigiu a Argentina na Copa do Mundo de 2002 e conquistou a medalha de ouro nos Jogos Olímpicos de 2004. Na Copa de 2010 treinou o Chile.

6 – Alloco (Fernando Alloco)
Independiente Rivadavia de Mendonza (ARG) – 2010
Zagueiro de 1,85 m que começou no Colón de Santa Fé (ARG), em 2004. Passou por equipes medianas e pequenas da Argentina, se destacando no Independiente Rivadavia de Mendonza (ARG). Desde 2011 está no futebol peruano, já tendo jogado no Sport Boys (PER), Real Garcilaso (PER) e Universitario (PER).

5 – Miloc (Dardo Miloc)
Gimnasia y Esgrima de La Plata (ARG) – 2010
Médio volante que acumula apenas duas equipes na sua carreira: Gimnasia y Esgrima de La Plata (ARG), de 2009 a 2014, e o Sarmiento de Junín (ARG), contratado no início de 2015.

8 – Locasso (Hastón Locasso)
Excursionistas (ARG) – 2007
Atacante argentino com pouca expressão, que jogou no Atlanta (ARG), Deportivo Armenio (ARG), Colegiales (ARG), Excursionistas (ARG), Atlético Colegiales (ARG) e Sportivo Las Heras (ARG), disputando as divisões menores do campeonato local.

10 – Loco Abreu (Washington Sebastián Abreu Gallo)
Botafogo – 2010
Centroavante uruguaio que se tornou ídolo do Botafogo no período em que jogou no clube, de 2010 a 2012. Seu apelido é decorrente das suas manias e superstições. Ficou conhecido pelas cobranças de pênaltis com cavadinha. Também é bastante rodado no futebol, já tendo defendido 19 clubes em seis países (Uruguai, Argentina, Espanha, Brasil, Israel e México). No Brasil jogou também no Grêmio e Figueirense. Jogou as Copas do Mundo de 2002 e 2010.

7 – Lelé (Manuel Peçanha)
Vasco da Gama – 1945
Atacante com características de meio-campista que foi revelado no Madureira e formava o ataque com Isaías e Jair Rosa Pinto. Esta linha recebeu o apelido de "Os Três Patetas". Em 1943, o Vasco contratou os três de uma vez. Jogou ainda no Flamengo, Ponte Preta e São Paulo, mas sem o mesmo brilho.

9 – César Maluco (César Augusto da Silva Lemos)
Palmeiras – 1967
Grande ídolo do Palmeiras, foi um dos principais jogadores da Academia. Com a camisa palmeirense conquistou vários títulos, como os Campeonatos Brasileiros de 1967 (Robertão e Taça Brasil), 1969 e o bicampeonato em 1972/73. Foi revelado no Flamengo e teve passagens pelo Corinthians, Santos e Fluminense. Ganhou o apelido de Maluco porque era um jogador rebelde.

11 – Hélio Doido (José Hélio Alexandre de Souza)
Palmeiras – 1983
Centroavante que jogou em vários clubes, com destaque para o Palmeiras, Fluminense, Bahia e Vitória. Mas seu ápice foi no Sport, clube onde se tornou ídolo. É pai do meia Bernardo, que disputou o Brasileirão de 2014 pelo Palmeiras.

SELEÇÃO HOSPITAL

1 – Cura (Nelson Cura)
Sportivo Tintina de Santiago del Estero (ARG) – 2011
Goleiro que ganhou destaque mais pelo nome curioso do que pelas suas atuações e carreira. Atuou pelo minúsculo Sportivo Tintina (ARG), clube que disputa as últimas divisões profissionais da Argentina.

2 – Medici (Ángel Medici)
Boca Juniors (ARG) – 1922
Defensor argentino que brilhou na década de 1920, quando jogou pela seleção de 1922 a 1928. San Telmo (ARG), Atlanta (ARG) e Boca Juniors (ARG) foram os times que defendeu.

3 – Sanad (Mohammad Sanad)
Seleção do Kuwait – 2010
Defensor que joga no Al Qadissiyah da Arábia Saudita e na seleção do Kuwait.

4 – Luan "Doutor" (Luan Bueno Ferreira de Brito)
Ponte Preta – 2014
Este zagueiro não é formado em medicina e mesmo não pretendendo seguir a carreira ganhou o apelido de Doutor por um motivo inusitado: graças ao seu estilo de jogo e vigor físico, Luan adora operar o tornozelo dos atacantes adversários.

6 – Jaroslav Plasil (Jaroslav Plasil)
Monaco (FRA) – 2006
Meio-campista tcheco com nome de remédio para estômago que atuou em equipes francesas como Monaco (FRA), Cretéil (FRA) e Bordeaux (FRA); espanhola Osasuña (ESP); Italiana Catania (ITA) e do seu país, onde iniciou a carreira Hradec Kralové (TCH). Esteve na Copa do Mundo de 2006 com a Seleção Tcheca, caindo logo na primeira fase.

5 – Krisztián Vermes (Krisztián Vermes)
Újpest (HUN) – 2004
Jogador que atua como lateral, volante e meio-campista húngaro. Apesar do seu nome não ser dos mais agradáveis, é considerado um dos melhores valores da sua seleção, que infelizmente não tem repetido as mesmas campanhas da época dourada da década de 1950, quando a Hungria tinha um dos maiores times do futebol mundial, sendo vice-campeã da Copa do Mundo de 1954.

8 – "Doctor" Khumalo (Theophilus Khumalo)
Ferro Carril (ARG) – 1995
Primeiro jogador sul-africano a jogar na Argentina, jogando pelo Ferro Carril por apenas um ano e estando em campo em apenas quatro oportunidades, anotando um único gol. Seu principal clube foi o Kaizer Chiefs (AFS), onde começou e encerrou a carreira. Após jogar na Argentina, também passou rapidamente pelos Estados Unidos, atuando pelo Columbus Crew (EUA). Jogou a Copa do Mundo de 1998 pelos Bafana Bafana. Tornou-se treinador.

10 – Manosalvas (Rafael Manosalvas)
Emelec (EQU) – 2003
Meio-campista que começou a carreira no Emelec (EQU) em 2001. Entre 2005 a 2007 deixou os gramados para estudar. Após sair do Emelec (EQU), jogou apenas por equipes pequenas da Série B do campeonato equatoriano.

7 – Hospital (Juan Hospital)
Seleção Argentina – 1912
Este é das antigas, trata-se do atacante que defendeu a Seleção Argentina de 1912 a 1916.

9 – Docteur (Diego Docteur)
Defensores del Chaco del Luján (ARG) – 2004
Apesar do nome pomposo, nunca se destacou como um jogador de ponta do futebol argentino, limitando-se a disputar as divisões profissionais inferiores.

11 – Goran Pandev (Goran Pandev)
Internazionale (ITA) – 2001
É o maior jogador da Macedônia de todos os tempos, sendo o maior artilheiro da seleção, além de capitão. Seus principais clubes na carreira são a Internazionale (ITA), Lazio (ITA), Napoli (ITA) e o Galatasaray (TUR). Trata-se de um atacante canhoto, com boa visão de jogo e faro de gol apurado.

SELEÇÃO ARMAS

1 – Machado (Galdino Machado)
Botafogo (RP) – 1964
Goleiro que fez fama em times do interior paulista, jogando pelo Botafogo (RP), Ferroviária de Araraquara (SP), XV de Piracicaba e Ponte Preta, além do Juventus (SP). Entrou para história do futebol brasileiro ao ser o arqueiro do Pantera no jogo contra o Santos no Campeonato Paulista de 1964, em que o Botafogo (RP) perdeu por 11 X 0, sendo que Pelé marcou oito gols.

2 – Valdemar Carabina (Valdemar dos Santos Figueira)
Palmeiras – 1954
Zagueiro que jogou de 1954 a 1966 pelo Palmeiras. Mesmo sendo defensor, ganhou o apelido de Carabina após marcar um tento com um chute a longa distância. O comentarista esportivo Mário Moraes descreveu o gol como o tiro mais forte do que o tiro de uma carabina e o apelido pegou imediatamente. Tornou-se técnico após encerrar a carreira e dirigiu o Atlético (PR), Náutico, Palmeiras, entre outros.

3 – Daga (Wálter Daga)
Sport Boys (PER) – 1967
Volante defensivo revelado no Sport Boys (PER). Em 1975, se transferiu para o Alfonso Ugarte de Puno (PER) e foi um dos responsáveis pela campanha histórica do vice-campeonato nacional, classificando a pequena e desconhecida equipe para a Libertadores de 1976.

4 – Bacamarte
Bahia – 1959
Lateral-direito e zagueiro que ficou conhecido no futebol baiano por atuar no Galícia e no Bahia, além de outros times do estado. Pelo Bahia fez parte do time campeão do histórico campeonato da Taça do Brasil de 1959, sobre o Santos, que credenciou o Tricolor de Aço a ser o primeiro clube brasileiro a disputar

uma Libertadores da América, na época chamada Copa dos Campeões da América.

6 - Vavá Metralha
Potiguar - 2014
Jogou por diversos clubes do Nordeste, como o CSA, Treze, Fortaleza e América (RN). Ganhou o apelido de Metralha depois que se virou para a torcida do Baraúna, metralhando os rivais no campeonato estadual de 2014, ao marcar um gol pelo Potiguar. O ato causou uma briga generalizada e a expulsão de nove jogadores.

5 - Bomba (Martín Bomba)
Aurora (BOL) - 2010
Volante que, ao contrário do seu nome, não estourou ainda no futebol, e tem jogado por equipes menos expressivas da Bolívia.

8 - Felipe Espada (Felipe Nunes Fernandes)
Baraúnas - 2014
Meia-atacante que jogou em várias equipes do Nordeste, como o Treze, Ferroviário (CE) e Sport. Ganhou o apelido porque brincava com os companheiros e repetia ser espada.

10 - Di Stéfano "Flecha Loira" (Alfredo Stéfano Di Stéfano Laulhé)
River Plate (ARG) - 1945
Um dos maiores atacantes do futebol mundial e argentino de todos os tempos, tanto que muitos o consideram superior a Pelé. Ganhou o apelido de A Flecha Loira por causa da sua velocidade. Como jogou em uma outra época, pôde defender as seleções da Argentina, da Colômbia e da Espanha. Brilhou jogando pelo River Plate (ARG), Huracán (ARG), Milionarios (COL) e, principalmente, Real Madrid (ESP), onde foi campeão da Champions League em 1956, 1957, 1958, 1959 e 1960. A maior mágoa de Di Stéfano foi não disputar uma Copa do Mundo. Ele passou muito perto, pois chegou a ir à edição de 1962 pela Espanha, mas uma contusão o impediu de entrar em campo. Também foi um treinador vencedor além de presidente honorário do Real Madrid (ESP) e da Uefa.

7 - Beretta (Giacomo Beretta)
Milan (ITA) - 2011
Jovem atacante italiano revelado pelo Milan (ITA) e que tem sido emprestado para pegar mais experiência, passando pelo Genoa (ITA), Ascoli (ITA), Juve Stabia (ITA), Pavia (ITA), Lecce (ITA) e Pro Vercelli (ITA). Joga pela Azurra desde o Sub-17.

9 - Santiago "El Tanque" Silva (Santiago Martín Silva Oliveira)
Corinthians - 2002
Centroavante uruguaio com pouca capacidade técnica, mas que compensa com muita determinação e raça. Passou rapidamente pelo Corinthians, em 2002, e após rodar por vários times, destacou-se em 2009, sendo o artilheiro do Banfield (ARG) na conquista do primeiro título nacional do clube. Jogou ainda no Vélez Sarsfield (ARG), Fiorentina (ITA), Boca Juniors (ARG) e Lanús (ARG).

11 - Pepe, O Canhão da Vila (José Macia)
Santos - 1954
Ponteiro-esquerda que jogou apenas no Santos em toda a sua carreira, entre 1954 a 1969. Foram 750 partidas, marcando 405 gols no Peixe, números que fazem de Pepe o segundo maior artilheiro da história do clube, atrás apenas de Pelé. Ganhou o apelido de Canhão da Vila devido ao chute extremamente forte de perna esquerda. Formou um dos maiores ataques do futebol mundial ao lado de Dorval, Mengálvio, Coutinho e Pelé. Seus principais títulos como jogador do Santos foram o campeonato brasileiro de 1961, 1962, 1963, 1964, 1965 e 1968; as Libertadores e os Mundiais de Clubes de 1962 e 1963. Já pela Seleção Brasileira, foi o bicampeonato da Copa do Mundo de 1958 e 1962, nas duas ocasiões como reserva de Zagallo. Tornou-se um importante treinador ao deixar os gramados, comandando clubes como o Santos, Atlético (MG), São Paulo, entre outros, além de trabalhar no futebol do Catar, Portugal, Japão e na Seleção Peruana. É dono de proezas como o título paulista de 1986 pela Internacional de Limeira (SP). Foi ainda campeão brasileiro dirigindo o São Paulo também em 1986.

SELEÇÃO GUERRA

1 – Granada (Andrés Granada)
Deportivo Aguablanca (COL) – 2005
Goleiro sempre a ponto de explodir. Sua carreira limitou-se a passagens por equipes pouco conhecidas da Colômbia.

2 – Coronel (Antonio Evani Silva)
Vasco da Gama – 1954
Lateral-esquerdo considerado um dos melhores marcadores que Mané Garrincha teve que enfrentar. O Vasco foi seu principal clube, além de ter tido uma boa passagem pelo Náutico. Ganhou o apelido pelo espírito de liderança demonstrado desde muito cedo.

3 – Armas (Wílson Armas)
Nacional (EQU) – 1987
Ex-zagueiro de estilo xerifão, até porque estava sempre "armado". Sua carreira foi desenvolvida apenas em clubes equatorianos: Deportivo Aucas (EQU), LDU Quito (EQU), El Nacional (EQU), Barcelona de Guaiaquil, Deportivo Universitário (EQU) e Deportivo Cuenca (EQU), onde encerrou a carreira em 2010. Jogou pela sua seleção de 1983 a 1985.

4 – Bolívar "General" (Fabian Guedes)
Internacional (RS) – 2003
Zagueiro conhecido pela brilhante fase que teve com a camisa do Internacional (RS). No Colorado ganhou cinco títulos estaduais, a Libertadores de 2006 e 2010, a Copa Sul-Americana de 2008, a Copa Suruga de 2009 e a Recopa Sul-Americana de 2011. No Botafogo foi campeão carioca de 2013, mas acabou dispensado no meio do Brasileirão de 2014 por divergências com a diretoria. É filho do também zagueiro Bolívar, campeão paulista de 1986 pela Internacional de Limeira. Suas últimas equipes foram o Novo Hamburgo e a Portuguesa, anunciando a aposentadoria no final de 2015.

6 – Bombardini (Davide Bombardini)
Bologna (ITA) – 2010
Meio-campista e lateral-esquerdo que surgiu como craque, mas não se confirmou como tal. Os principais clubes que representou foram: Pisa (ITA), Cesena (ITA), Roma (ITA), Atalanta (ITA) e Bologna (ITA).

5 – Capitão (Oleúde José Ribeiro)
Portuguesa – 1988
Volante que brilhou na Portuguesa, tanto que é o jogador que mais vezes vestiu a camisa do clube. Jogou ainda no futebol japonês e se destacou no São Paulo e no Grêmio.

8 – Guerra (Alejandro Guerra)
Atlético Nacional (COL) – 2016
Meia venezuelano técnico, dá o tom para o meio de campo das equipes em que joga. Coordenador de jogadas com boa chegada na área, chamou a atenção pelas atuações na Libertadores de 2016 pelo Atlético Nacional (COL), equipe com a melhor campanha no torneio até as semifinais. Após atuar pelo Caracas (VEN), Deportivo Anzoátegui (VEN) e Mineros (VEN), desembarcou na equipe colombiana a partir do segundo semestre de 2014. Vários clubes brasileiros têm cogitado a sua contratação.

10 – Soldado (Roberto Soldado Rillo)
Real Madrid (ESP) – 2005
Jogador espanhol formado no Real Madrid (ESP) com passagens pelo Osasuña (ESP), Getafe (ESP) e Valencia (ESP). Após jogar pelo Tottenham (ING), desde 2015 voltou para o futebol espanhol e veste a camisa do Villarreal (ESP).

7 – Bataglia (Roberto Ludovico Bataglia)
Corinthians – 1958
Ponta-direita oriundo dos aspirantes do próprio Corinthians e que foi considerado o sucessor natural de Cláudio. Jogou no Timão por dez anos, intercalados por passagens pelo futebol italiano e pelo Guarani. Era primo do jornalista Vital Bataglia.

9 – Guerrero (José Paolo Guerrero Gonzales)
Corinthians – 2012
Atacante peruano com extensa passagem pela Alemanha, onde jogou pelo Bayern de Munique (ALE) e Hamburgo (ALE). Em 2012, foi contratado pelo Corinthians e entrou para a história do Timão ao ser o autor dos gols marcados pelo time no Mundial de Clubes da Fifa no Japão, principalmente o da vitória sobre o Chelsea (ING), que garantiu o título para o Corinthians. No final de 2015, encerrou seu vínculo com o Alvinegro. Foi transferido para o Flamengo, em uma das contratações mais caras da história do Mengão. Porém, o atacante peruano ainda não conseguiu desempenhar o mesmo futebol da época do Timão.

11 – Douglas Tanque (Douglas Willian da Silva Souza)
Corinthians – 2013
Atacante forte fisicamente que foi apresentado como o sucessor de Adriano Imperador. O Corinthians foi seu principal clube, mesmo tendo poucas oportunidades no Timão. Viveu seus melhores momentos no Paraná Clube e no Penapolense.

CONHEÇA OUTROS TÍTULOS DA PANDA BOOKS

LADRÕES DE BOLA
Rodrigo Mattos
16 X 23 cm | 184 pp.
ISBN 978-85-7888-597-7

O jornalista esportivo Rodrigo Mattos narra com detalhes os escândalos do futebol mundial revelados por operação do FBI, com destaque para o Brasil. Nomes como Ricardo Teixeira e José Maria Marin, e torneios como a Copa do Mundo e a Copa Libertadores da América recebem atenção especial.

TITE
Camila Mattoso
14 X 21 cm | 240 pp.
ISBN 978-85-7888-595-3

Camila Mattoso traça um perfil do técnico Tite, que alavancou o Corinthians ao conquistar, no período de 2010 a 2013, nada menos do que cinco campeonatos. Além da trajetória profissional do treinador, o texto aborda detalhes de sua vida pessoal e episódios inéditos dos bastidores do futebol.

INFOGRÁFICOS OLÍMPICOS
Marcelo Duarte
14 X 21 cm | 96 pp.
ISBN 978-85-7888-602-8

Recheado de números e informações rápidas, o livro conta a história das Olimpíadas por meio de infográficos. Marcelo Duarte, especialista em esportes e curiosidades, instiga o leitor com comparações inusitadas e dados impressionantes de todas as edições dos Jogos na era moderna.

SUPER-HISTÓRIAS
Joni Galvão
16 X 23 cm | 208 pp.
ISBN 978-85-7888-518-2

O empresário Joni Galvão apresenta o conceito de *storytelling* e ensina como aplicá-lo no mundo corporativo. O objetivo é trocar discursos previsíveis e tediosos pela contação de histórias realistas e inspiradoras, que têm o poder de emocionar e transformar pessoas.

TOUCHDOWN!
Paulo Mancha
14 X 21 cm | 168 pp.
ISBN 978-85-7888-502-1

O jornalista Paulo Mancha conta cem histórias que traçam uma linha do tempo do futebol americano. De regras bizarras aplicadas nos primórdios do jogo até situações inusitadas ocorridas em campo, os divertidos casos atraem todos os curiosos de plantão.

AVIÕES DAS GRANDES GUERRAS
Tomas Prieto
21 X 28 cm | 240 pp.
ISBN 978-85-7888-531-1

Este álbum traz mais de 340 aviões de combate da Primeira e Segunda Guerra Mundial. As ilustrações detalhadas são acompanhadas de informações sobre quando eles entraram em serviço, quais funções exerciam, sua motorização, que tipo de armamento tinham, quantas unidades foram produzidas e muito mais.